The Shape of the Turtle
MYTH, ART, AND COSMOS IN EARLY CHINA

艾兰文集之一

龟 之 谜
——商代神话、祭祀、艺术和宇宙观研究
（增订版）

〔美〕艾兰 著

汪 涛 译

2019年·北京

图书在版编目(CIP)数据

龟之谜:商代神话、祭祀、艺术和宇宙观研究/(美)艾兰(Allan,S.)著;汪涛译.—增订版.—北京:商务印书馆,2010.12(2019.1重印)
(艾兰文集)
ISBN 978-7-100-07489-6

Ⅰ.①龟… Ⅱ.①艾… ②汪… Ⅲ.①文化史—研究—中国—商代 Ⅳ.①K223.03

中国版本图书馆 CIP 数据核字(2010)第 212433 号

权利保留,侵权必究。

龟 之 谜
——商代神话、祭祀、艺术和宇宙观研究
(增订版)
〔美〕艾兰 著
汪涛 译

商 务 印 书 馆 出 版
(北京王府井大街 36 号 邮政编码 100710)
商 务 印 书 馆 发 行
三河市尚艺印装有限公司印刷
ISBN 978-7-100-07489-6

2010 年 11 月第 1 版　　开本 880×1230 1/32
2019 年 1 月第 3 次印刷　　印张 9 5/8
定价:40.00 元

《艾兰文集》总序

李 学 勤

美国达慕思大学艾兰(Sarah Allan)教授,是著名汉学家,久为中国学术界所熟悉。近知商务印书馆将陆续出版她的中译本著作集,使中国学者能更系统全面地了解她的学说和贡献,这自然是非常值得欣幸的事。

在讨论国际汉学研究时,我曾说过:"对于一位学者,以至一个学派的研究,总是应将之放在其所处社会、文化的具体环境里面去考察。""汉学家常有自己的师学系统,同时其学说观点又必然受当时思潮的影响,特别是哲学、社会学与史学理论的变迁,不时会在汉学家的作品中得到体现。若不注意这一点,就很难体会一些汉学家特有的思想与风格。"在读艾兰教授的著作时,我想也应该由此着眼。

艾兰教授出身加州大学伯克莱分校东方语言系,受业于卜弼德(Peter A. Boodberg)、艾博华(Wolfram Eberhard)、陈世骧等名家,可称学有师承。她1969年的硕士学位论文《周汉文献所见太公望》,发表在1972—1973年的《华裔学志》第30卷,是她涉足中国古代研究的肇端;1974年完成的博士学位论文《世袭与禅让》,吸取了列维-斯特劳斯(Claude Lévi-Strauss)的结构主义理论,在中国古史传说研究中别开生面,极有创新性,受到汉学界的广泛注意。

实际上,在艾兰取得博士学位之前,她已于1972年赴历史悠久的英国伦敦大学亚非学院(SOAS)任教。当时该校的汉学人才济济,同事如葛瑞汉(Angus Graham)、刘殿爵、谭朴森(Paul Thompson)等,均甚知名。作为SOAS这个一时之选的学术团队的一员,她受到多方面的促动和影响,这在她的若干作品里都有反映。尽管如此,虽然她在那里工作长达二十多年(因此有些中国学者误以为艾兰教授是英国人),但她的学术宗旨和方法仍然是独特的,具有自己的明显特色。

艾兰教授有一段自述,是很有代表性的。她说:"就我本人来说,我的研究工作多数都不是去了解古代中国发生了什么,而是去了解古代的中国人,为什么会用一种能够流传给我们的方式,记录下他们的所作所为。换句话说,我主要是对中国的思想史感兴趣。"这里讲的"思想史",并不是国内学术界常用的意义。如艾兰所说:"我认为历史是延续性的,虽然思想观念变化不一,但它们又都是来自某些过去的思想观念。此外,我也认为所有的思想观念都是整个知识结构的部分,如果我们要去理解任何具体的措辞是什么意思,我们就必须去理解这个结构,因为这些思想结构就是在这个结构中运作的。"艾兰教授正是从这样的角度,深入思考中国历史文化以及中西思想文化的异同的。

我猜想艾兰教授自己恐怕也记不清她曾经多少次访问过中国。如她所说,自1977年起,几乎每年都到中国内地。1980年,她还和巴尔奈特女士合写过题为《中国》的导游书。艾兰教授应邀出席过许多中国古代史、考古学、古文字学等方面的学术研讨会,同时也多次组织或参与过这些方面的学术会议,有的在中国,有的在国外举行，都有良好的成果。例如1998年在达慕思大学召开的关于郭店楚简《老子》的研讨会，后来出版为《郭店老子——东西方学者的对话》一书，影响相当深远。

我与艾兰教授初次相见，是在1981年。那时我在剑桥大学访问研究，常有机会搭乘火车前往伦敦，到达国王十字车站，然后步行去SOAS和不列颠博物院，非常方便。我们一起观察了博物院所藏殷墟甲骨，并就辑录英国所藏甲骨在中国出版达成共同意见。此后我多次往访SOAS，又得中国社会科学院历史研究所齐文心研究员参加合作，纂成了四大册《英国所藏甲骨集》。

尤其令人难忘的是1986年，艾兰教授和我从英国出发，在欧洲作了六个星期的学术旅行。我们尽可能走访公私藏家，观察流散的中国古物，重点是青铜器和甲骨。记得在旅行临近结束时，我们在一处博物馆观看架上器物的底部，蹲身弥久，两人竟都累得几乎站不起来。这段工作最后的结果，是著录二百余件铜器的《欧洲所藏中国青铜器遗珠》。书名是艾兰教授起的，我想是她喜读《殷契遗珠》的缘故。这次工作的另一成果，是《瑞典斯德哥尔摩远东古物博物馆藏甲骨文字》的编纂，也幸有齐文心研究员的合作。

如果细读过艾兰教授的大作，不难认识到她的主要兴趣虽在"思想史"，但绝没有架空蹈虚的弊病。她在中国文献学、考古学和古文字学等方面均有深厚修养，且多创见，这里试举两个例子：

一个是甲骨文特殊写法"方"字的释读。卜辞有"亞"字，前人多释作"巫"，然而以此读其原文，如"巫帝"、"四巫"等，实际无一可通。艾兰《"亞"形与殷人的宇宙观》一文，力主此字应释为"方"，如此，"方禘"、"四方"、"东方"、"北方"等等，文通字顺。关于这个问题，她还有详细的论证和发挥。

再一个是"家谱刻辞"真伪的论定。现在不列颠图书馆的一版"家谱刻辞",著录于《库方二氏所藏甲骨卜辞》1506、《英国所藏甲骨集》2674,自从出现以来,学者间对其真伪一直存在争论。艾兰教授创造了通过显微照片考察甲骨契刻形态的鉴定方法,以确凿的物证推定"家谱刻辞"为真,详见她的《论甲骨文的契刻》一文。

在她著作的中译本中,艾兰教授一再引用她的老师卜弼德的话:"虽然我们是外国人,不可能像中国学者在那种传统的熏陶下知识渊博,但是我们仍然可以有所贡献。这是因为,我们的研究方法和理路对各种研究材料来说都是新的,也有别于那些研究同一材料的中国学者。"这当然是过分谦虚了,但也说明了我们中国同行应该从外国汉学家那里了解和学习什么。

通读艾兰教授的文集,可以看到她的研究在不断前进发展。特别是如她在《世袭与禅让——古代中国的王朝更替传说》中译本前言里所说,她已经超越了结构主义普遍理论的一些方面。这在她最新的作品中,也有明确的表现。

听说艾兰教授正在酝酿一部新著,希望问世后即付翻译,更快地同中国广大读者见面。

2009年1月6日
于清华大学国际汉学研究所

《艾兰文集》自序

我发现，中国人常常不解于当代西方学者何以要研究古代中国。对我而言，个中原因很是简单：中国不是欧洲。中华文明与欧洲文明之间没有传承关系，它们的地位完全平等。曾经激发欧洲文明的近东文明或许早于中华文明，但中华文明有更强的连续性。而且，两种文明都有历史悠久、系统复杂而又成熟的文字和审美传统，因此，它们具有独一无二的可比性。学习我们自己的文化，我们能够理解我们是怎样发展到今天；学习有别于我们的异域文化，我们不仅能够了解它们如何发展到今天，而且可以知道人类何以为人。古代中国与现代欧美在时间、空间和文化起源上的间距是何其遥远。然而，当我或其他任何一位西方人凝视一块古玉或一尊青铜器的时候，或者吟诵《诗经》中的一首风谣或《庄子》中的一段散文的时候，我们都会被它们的美所感动。由此我们可以认识到，无论古今中西之人在时间、空间和文化语境上多么的迥异，但我们都享有共同的人性。

我们都会爱，怀抱希望与遭遇失望，恐惧死亡，有好美之心。我们不仅情感相近，而且思维过程相似。下面的事实便是明证：我能够读懂两三千年前写的中文古代文献。我甚至能把它译成英文而为所有讲英语的人所理解。译文自然不会完美地表达原文，但足以达其大意。人类有着同样的理解力。然而，无论谁试图把现代汉语（更不要说古代汉语）译作英语，或者反过来把英语译为现代汉语，他都能体会到原文与译文之间总是有着巨大的断裂。

对古代中国的研究为了解欧洲地中海沿岸早期文明的发展提供了一个参照系。翻译出现问题的原因是根本性的，它既是语言问题，也是文化问题。不同的字词代表不同的客观存在，这是个重要事实。但原因并非如此简单，语言还组织了我们的思想，而且，有些观念有着深远的文化影响。例如，关于人死后灵间世界的观念就有根本性的重要意义。至少从商代甚或从新石器或二里头时代开始，中国人就相信，人死后还要吃饭，子孙如果不向祖先供奉食物，祖先将招灾引祸于他。这个观念与关注如"孝"和"礼"等概念的中国伦理的发展密切相关。

另一方面，犹太教与基督教传统假定，存在着一个永恒的天国或是一个绝对的实体，其与个体生命的现世生活相对立。而且，它还设想有一个上帝，他不仅创造了人，而且在人死时，他将根据神圣经典所记的道德准则来审判每个人。这种宗教背景对西方人的个人责任观念的形成是根本性的。虽然，时至今日，中国学者几乎不相信祖先还需要供奉食物的祭祀，西方学者也不太相信死后在天堂或地狱会有永久的生活。但是，这些观念在我们的文化价值与认知的形成中已经如此根深蒂固，以至于我们无法摆脱它们。

对西方人来说，研究古代中国可以使我们一睹一种别样的思维与对待生活的方式。与此同时——这一点的重要性不亚于前者——它使我们意识到我们自己的历史和思维方式的独特性。例如，研究中国哲学促使西方学者意识到，自己的哲学体系乃立足于绝对价值的超验存在的前提之上，宗教传统是其根基。这个前提非常有用，特别是对于逻辑的发展。然而，它最终并不比认定天人感应的中国宇宙论的整体主义的体系更真实有效。

我们都倾向于认为自己的文明是正常的,而任何其他的文明都是特殊的,而所谓"后学"(post studies)的价值之一是使我们愈发清醒地意识到我们西方自我优越感的局限性。然而,现代西方学术的理论性强,而其理论又每以诉求普遍的应用性为其职志。这也许是那种假定有一个绝对存在的宗教传统的精神遗产。可是,如果在西方语境中发展而来的普世学说是有效的,那么,它们就应该同样适用于欧洲与中国,但实际上,当我们试图应用它们时总会遇到诸多问题。

问题之一是,如此多的西方理论都宣称放之四海而皆准,可是一旦试着去运用于中国的研究,它们简直风马牛不相及。要不然,在比较研究中,头脑中的理论术语是用欧洲文化建构的,所以来自中国文化的证明必然显得相对脆弱。这是因为,建构理论(以至于观念本身)所用的语言不具有普遍性,它们必然与特定的历史——通常可追溯到古希腊和古罗马——有着整体性关联。这从欧洲文化内部看并不明显。同样,中国文化的自负(常上溯至商周)对讲汉语的人来说,也不是显而易见的现象。即使学者们意识到观点立场的特殊性问题,如若没有一个选择性的"视阈",我们也无法看清自己。对欧洲人(这里包括了美国人,因为美国文化源于欧洲文化)而言,中国提供了一个我们用以突破"前概念"(preconception)的途径。当然,不可能完全成功——就连西方汉学家也还会像欧洲人那样思考,但这个尝试是值得的,因为它会扩展我们思想所及的可能性的幅度。

在此,我愿以神话研究为例——我个人研究的重心之一。神话是古希腊与古罗马传统的核心。这些神话是关于神的故事,诸神是超自然的且生活于他们自己的世界。此类神话被假定为早期人类的普遍现象。然而，当西方学者（中国学者也一样）审视先秦文献中的"神话"的时候，他们几乎没有发现符合这种定义的神话。由此产生了"古代中国为何如此缺少神话"的问题。然而，中国早期宗教的结构系基于不同于古希腊的"预设"之上的，中国人的祖先起着与希腊神灵同样的角色作用，一旦认识到这一点，我们就会明白，我们不应该奢望古代中国有希腊意义上的神话。

另一个问题是，许多学者（中国学者和西方学者都一样）采用以欧洲和近东为根据发展出来的一般性理论，以此来解读中国文化。中国的材料一旦被按照西方理论阐释，常导致歪曲证据的结果。恰当的方法应该是，把中国当作对理论有效性的一个检验。如果该理论与中国的史实不符，应该根据中国的证据修正或抛弃它。最终，中华文明应该与欧洲和中东一道作为普世学说得以建构的文化资源。

在我个人的大多数研究中，我是用西方理论解释中国传统的面貌，这对生于斯长于斯的中国学者而言并非显而易见。我在加州大学伯克莱分校上研究生时的老师之一是卜弼德（Peter A. Boodberg），一个从中国上海移居到美国的俄国人。他曾对我说，作为西方人，我们读的中国文献，不可能像自幼开始接受本土教育的地道的中国人那样多。然而，因为我们的方法不同，我们仍然可以有所成就、有所贡献。这一席话给我留下了深刻印象，即使那时美国尚未与中国恢复邦交，而我也还没遇到众多的中国的饱学之士。

对于特定的理论问题以及中国的个案能否用来推翻欧洲中心说，我亦抱有兴趣。中国读者将会发现，尽管我使用了当代西方学者提出的各种理论学说,而我的各种著作中所阐发的理论和方法在某种程度上几乎总是属于我个人的,其基于我研究古代中国的经验,且不同于其他西方著作中的理论模式。我希望,我的这些基于中国史料得出的理论,将能吸引研究其他文化的理论家和学者的兴趣。但不幸的是,迄今为止,我对汉学家的吸引远胜于对理论家的吸引。然而,最令我喜出望外的惊讶是,我关于古代中国的著作,虽然是写给西方观众的,但已毫无疑问地引起中国读者的浓厚兴趣。所以,我非常感激商务印书馆,尤其是责任编辑常绍民先生,为我这些著作及新近完成的论文提供出版增订本的可贵机会。

在此次出版的这套文集中,我最早写的是《世袭与禅让——古代中国的王朝更替传说》,它曾于1981年以英文版出版,英文书名为 *The Heir and the Sage: Dynastic Legend in Early China*。这部书运用了一种从神话学改造而来的结构主义方法,分析直到西周初年的有关尧舜权力转移的历史记载。我指出,王朝循环的观念在以德为治还是权力世袭的原则之间含有一个内在矛盾,并指出,有关前王朝时代禅让的传说,重述与调和相同主题的文献,见于有关商朝与周朝创立的记载中。我附上了两篇文章。第一篇《周汉文献中所见太公望》("The Identities of Taigong Wang in Zhou and Han Literature")最初是我在伯克莱的硕士论文(1969年通过)。它所提出的"历史"对古代中国人意味着什么问题,为我以后的许多研究工作指明了方向。1998年,荆州博物馆以《郭店楚墓竹简》为题出版了许多前所未闻的写在竹简上的哲学著作,这些竹简发掘于湖北荆门郭店的一个墓葬中。其中包括一篇题作《唐虞之道》的珍贵文献,讨论了尧舜禅让问题。近年,上海博物馆将收集到的另外一些楚竹简,以《上海博物馆藏战国楚竹书》为名陆续出版,其中一些也涉及禅让问题。我认为,这些出土文献证实了我在该书提出的以世袭或美德传位问题在战国思想中的重要性。所以,在商务印书馆重印之际,我也把一篇分析竹简文献《唐虞之道》思想内涵的论文附于书后。

我的第二部著作——最早发表的中文著作——《龟之谜——商代神话、祭祀、艺术和宇宙观研究》,英文版以 The Shape of the Turtle: Myth, Art and Cosmos in Early China 为名于 1991 年出版,中文版出版于 1992 年。鉴于《世袭与禅让》分析了战国时代的历史传说,本书试图重构属于商代后期的神话思想的早期层面。在书中,我考察了商代宗教思想的各个侧面——神话、艺术、宇宙观、占卜与礼仪,基本的假定是它们彼此之间都有着整体性关联。此分析的一个要点是,后世有关天有十日的神话系源于商。在本书新版的附录中,我重新考察了商代和西周早期上帝与天的角色以及天命观念的起源。针对郭沫若与顾立雅(H. G. Creel)提出的上帝是商的最高神而天是周的最高神的假说,我指出,只有十日才与商有特别关联,上帝作为北极星,是商与周共有的最高神,而天则是泛指天空的一般术语。

我的第三部著作《水之道与德之端——中国早期哲学思想的本喻》,英文本于 1997 年以 The Way of Water and Sprouts of Virtue 为名出版。该书的文字风格较为特别。在书中,我采用当代的"隐喻"理论以诠释和梳理中国早期的哲学概念。我指出,中国早期哲学思想中最有意义的概念都以源于自然界尤其是水与植物的本喻为模型。而当《郭店楚墓竹简》于 1998 年出版时,我发现其中有一篇直接有关的哲学佚文。它以开篇于"大(太)一生水,水反辅大(太)一,是以成天。天反辅大(太)一,是以成地……",并被附在现见于《老子》的一组简文上。这里,水被当作天体演化的原始要素。在商务印书馆的这个版本中,我附上了一篇对这部文献及其与郭店《老子》之关系进行详细分析的论文。

我的第四部书《早期中国历史、思想与文化》,是陆续所写的研究论文的结集,初版于1999年。在商务印书馆的这个版本中,我增加了一篇关于"二里头与中华文明源头"的新论文作为附录。

余不一一,是为总序。

艾兰
2006年夏于美国达慕思大学

目 录

中文本序 ·· 李学勤 1
自 序 ··· 4
第一章 导论 ·· 9
第二章 商代神话和图腾体系的重建 ······················· 21
  1. 一个太阳还是十个太阳 ······························· 23
  2. "扶桑"神话传统 ····································· 25
  3. 太阳与三足乌 ······································· 30
  4. 帝俊和他的妻子 ····································· 34
  5. 后羿神话 ··· 38
  6. 商人起源的神话 ····································· 42
  7. "商"与"桑" ··· 44
  8. 伊尹诞生的神话 ····································· 47
  9. "空桑"和"咸池" ····································· 49
  10. 商代的图腾主义 ···································· 52
  11. "东(東)"和"西" ···································· 54
  12. 甲骨文里的先公之名 ································ 59
  13. 商王庙号与太阳 ···································· 65

第三章　从神话到历史 …………………………… 69
1. 从尧到舜 ………………………………………… 72
2. 关于"夏"的神话 ………………………………… 79
3. 黄帝与黄泉 ……………………………………… 81
4. 昌意和颛顼 ……………………………………… 85
5. 鲧的故事 ………………………………………… 88
6. 禹和启的故事 …………………………………… 89
7. 一个断裂:从太康到少康 ………………………… 91
8. 夏王世表的讨论:从予到桀 ……………………… 92
9. 结语 ……………………………………………… 93

第四章　商人的宇宙观 …………………………… 95
1. "四方" …………………………………………… 96
2. "亞"形 …………………………………………… 112
3. 中心象征说 ……………………………………… 118
4. "五"和"六" ……………………………………… 129
5. 龟的形状 ………………………………………… 132

第五章　商代的祭祀和占卜 ……………………… 139
1. 问题背后的问题 ………………………………… 141
2. 卜辞的分类和含义 ……………………………… 144
3. 宇宙观与占卜的关系 …………………………… 150

第六章　商代艺术及其含义 ……………………… 153
1. 解释商代青铜器纹饰的可能性 ………………… 158
2. 饕餮纹的秘密 …………………………………… 165
3. 龙和有水的下界 ………………………………… 181

4. 其他的纹饰母型 …………………………………… 204

第七章　结论 ……………………………………………… 207

参考文献 …………………………………………………… 215

附录：商周时期的上帝、天和天命观念的起源 …………
　　　　　　　　　　　　　　　刘学顺　译 231

商代 ………………………………………………………… 236
　　1. 上帝：上天的统治者 ………………………………… 237
　　2. 商和十日 …………………………………………… 239
　　3. 上帝：至上神 ……………………………………… 243
　　4. 帝的甲骨字形 ……………………………………… 248
　　5. 字形分析 …………………………………………… 252
　　6. 禘 …………………………………………………… 257
　　7. 甲骨文中的天 ……………………………………… 260

西周 ………………………………………………………… 264
　　1. 上帝和周人的先祖 ………………………………… 265
　　2. 天命 ………………………………………………… 274
　　3. 结论 ………………………………………………… 279

译者后记 ………………………………………… 汪涛 287

中文本序

李 学 勤

英国伦敦大学亚非学院艾兰博士与我相识多年,她的各种著作我大都读过。现在这部专著的中文本即将在中国出版,蒙她不弃,要我在书首写几句话,我是很感欣幸的。

世界上每个古老民族都有自己的神话传说。古代的人们生活在他们的世代,其思想观念,对周围世界的看法,和我们现代人迥然不同。神话传说凝聚着古代人的观念和憧憬,从现代人的眼光来看,虽觉有些美丽奇幻,有些诡异可喜,却常苦于不易理解,这是由于沧桑流变,时过境迁的缘故。实际上,神话传说自有其意义,要认识古代人及其思维,不可离开这方面的研究。

很多人提到,中国的古代神话传说比世界其他古国要少而零散,但考察文献中流传下来的片鳞只爪,已足见其内涵颇为深刻。由此推想在古代的时候,神话传说本来是系统丰富的,只是大部分已被湮没遗忘而已。造成这种现象的原因之一,可能是儒家的理性主义观点。大家知道,孔子不语怪力乱神,主张敬鬼神而远之,他对远古的神话传说每用理性主义观点加以解说。对夔一足和禹杀防风氏等神话的解释,是很典型的例子。其精神就是抹去故事的神话色彩,改造成往圣先贤的业绩。不难推想,经籍中会有很多故事曾通过这样的改造,看来是合理化了,然而古代人的思想特色也消失殆尽。

现存神话传说最集中的古书,首推《山海经》。此书《汉书·艺文志》收于数术一类,列在一起的书本有190种、2528卷,今天只有此书存留下来。刘秀(歆)所作《山海经》叙录体现了当时儒者看待神话传说的态度。他提出此书为禹、益所作,"皆圣贤之遗事,古文之著明者也,其事质明有信"。他还举出汉武帝时东方朔据《山海经》知异鸟之名,宣帝时刘向以《山海经》解说上郡石室中发现的"反缚盗械人"(应为一有石椁的屈肢葬)等事,来说明此书的用处。这种对待神话传说的态度,正是孔子理性主义的传统。刘向、刘歆父子这些汉朝人没有想到,他们的思想到现代竟被有些人指责为乌烟瘴气,纯属迷信。

近几十年来,越来越多的中国学者注意到神话传说的重要性。一些考古学家在这方面做了先驱的工作。例如徐旭生(炳昶)先生1943年出版的《中国古史的传说时代》一书,还有他1947年和苏秉琦先生合写的《试论传说材料的整理与传说时代的研究》论文,都对怎样利用神话传说研究古代历史文化进行探索,有重要的成绩。1984年天石先生为《中国古史的传说时代》新版撰序,阐述了徐旭生先生的论点,并指出神话也反映着历史的影像,和传说一样,对古代文化研究有一定的意义和价值。

《山海经》也得到很多学者的重视。胡厚宣先生在1941年、1942年和1956年,几次著文讨论甲骨文四方风名与《尚书·尧典》《山海经》的一致。《尧典》位居过去儒者尊奉的经籍之首,甲骨文则是九十年前发现的中国最早的系统文字,而《山海经》竟成为解开其中秘密的钥匙。这个事例表明,古史和考古学的研究都和神话传说的解析考察有密不可分的关系,要重建古史,不能离开神话学。甲骨文的研究尤其是这样。甲骨本来是古代占卜数术的遗物，以当时的信仰和神话为背景，卜辞的内涵又多系对诸神和祖先的祭祀。因此，不深入了解古代的神话传说以及这些神话传说所蕴涵的思想观念，就不能真正懂得甲骨文。30年代，陈梦家先生曾撰有《古文字中之商周祭祀》、《商代的神话与巫术》等文，至今在海内外颇有影响，可惜在他之后类似的论作太少了。

艾兰博士是研究中国古代神话传说和甲骨、青铜器的专家。她在美国加利福尼亚大学柏克莱分校东方语文系取得博士学位后，在英国任教多年，发表有许多关于中国古代历史文化的论文。1979年，她〔和寇恩（Alvin P. Cohen）〕主编《中国的传说、传奇与宗教》论文集；1981年，又出版专著《世袭与禅让》。在后一书里，艾兰博士对中国古代朝代传承的文献记载，从神话学结构的角度作了分析。1985年，她同我们合作，编纂《英国所藏甲骨集》，业已由中华书局印行。我们还合作考察和研究欧洲各国所藏中国古代青铜器，成果不久亦可问世。

艾兰博士熟悉中国，也熟悉中国古代文化，曾多次来访，参加有关学术会议。她这部书的一部分，曾以要旨在1987年于安阳举行的中国殷商文化国际讨论会上演讲，甚获好评。我确信，所有对中国古代历史文化抱有兴趣的读者，都可以从艾兰博士这部著作中得到启发和借鉴。

1989年8月于中国社会科学院历史研究所

自　序

本书首先用英语于1991年出版。1992年，四川人民出版社出版了《龟之谜——商代神话、祭祀、艺术和宇宙观研究》，这是本书的中文原版，译者为汪涛。那时候，汪涛正在伦敦大学亚非研究学院学习，是我的研究生；他现在仍在那儿执教。他翻译时所用底本是我当时还在进行修改的英文手稿。对于中文译文，我和他紧密合作。正是在那次翻译过程中，我意识到，中文读者的需求和兴趣和英文读者颇为不同。一方面，我可以预想中文读者有一些关于中国古代社会和中国考古的知识，但是，我不能期望英文读者也具有这些知识。另一方面，我不能期望中文读者已经阅读过使用欧洲语言发表的相关的理论或汉学论著。因此，我对英文手稿作了些变动以便适应中文读者的需求。最重要的改动是，我撤掉了英文版第一章内有关商代考古和史料的简要回顾，我觉得它们对于中文读者来说太简单了。取而代之的是我对相关理论的更进一步的讨论。

本书的焦点是商朝（约公元前1600—约公元前1050）的宗教思想。[①] 任何关于某种古代文化的重建都会有一个难处：身处两

[①] 本书给出的商朝年代是约公元前1600—约公元前1100年。夏商周断代工程的最近成果显示，周克商在公元前1050年左右（最可能的时间是公元前1046年）。

三千年之后的现代,我们只有一些偶然保留至今的证据,而且,这些证据之间的相互关系也常常模糊不明。因此,重建古代文化的过程就像是这么一种拼图游戏:虽然已经丢失了多数拼图碎片,但人们还是想利用剩余的碎片来拼出原图。就商王朝来说,现在仅存的文字资料是甲骨文和铜器铭文,一条这样的资料通常只有几个字。此外,考古发掘的物质证据也可对这些文字资料作些补充。但是,所有现存的这些史料却常常不能直接回答我们最想知道的问题。

现存的原始商代史料既然通常不能直接回答我们的问题,由此就引出了有关研究方法的重要问题:鉴于原始史料的这种局限性,我们可以利用后世的文献或其他资料来理解商代的观念吗?如果我们这样做,对于这些后世文献或资料的内容,我们又怎样区分哪些是商人的观念,哪些是商人观念在后世的发展?在本书中,我假定中国传统有其历史延续性。这样的话,后世文献中就会保留各种各样的早期信息。然而,这些文献反映的实际上是它们的编撰时代的思想,我们不能认为这些文献所反映的就是商人观念的直接记载。在此,我想点明我在研究方法上的最重要的发明:早期的一个观念可能会在后世衍生出不止一种传统,这取决于该早期观念在哪儿流传,由谁使用及如何使用。例如,我设想商的十日神话肯定在后世发生了变化,但由于各地的社会环境不同,它在各地所呈现的变化方式也不相同,不同的变化方式反映了不同地区人民的需求和兴趣。基于这一假设,即早期的一个观念可能会顺着不止一种途径发展,我们可以把后世的史料和甲骨文及考古中所见第一手商代证据作对比。我相信,我这样做就能够复原出商代神话思想的总体特征。

一个西方学者作这类研究会面临下述困难:很多西方的关于神话、艺术和礼仪的理论著作根本就和中国古代的情况不相干。因此,在本书内,我力图创立自己的理论模式从而使我得以在比较宽泛的世界宗教的框架内理解中国的情况。从许多方面来看,本书是尝试运用研究方法的结晶。我使用的方法是结构主义及总体分析。通过对神话、宇宙观、占卜、祭礼、艺术等不同方面的审察,我尽力勾勒出一幅关于商代宗教思想的图画。我这样做的基础是一个假设:它们之间的关系是一个整体的诸部分之间的关系。换句话说,在我看来,商的神话、礼仪、艺术、宇宙观、占卜等以及不同种类的物体(刻辞、艺术品和考古遗物)都是同一思想系统的体现。

本书的核心观点是,从图腾角度来看,商代统治者把自己和十个太阳相联系,他们还把这十个太阳想像为鸟。在这里,我对图腾的定义取自克洛德·列维-斯特劳斯(Claude Lévi-Strauss)的一本著作。他主张图腾不是一种制度而是一种跨越文化界限的分类系统。这本著作的另一重要特点是它还提出了下述论点:中国宗教和希腊模式有根本性的不同,后者融入了许多有关神话本质及神话和艺术与礼仪的关系的西方思想。两者结构上的不同体现在一个重要方面,那就是,叙事所起的重要作用是不一样的。

自本书第一次出版,大约有 20 年了。在这段时间内,书中提出的那些论点程度不一地被学界接受了。一个必然现象是,在学术界,比起对研究兴趣为宗教理论的学者来说汉学家更加特别关注本书;但是,即使是汉学家,他们的阅读兴趣也赶不上我撰写期间对它所拥有的兴趣。我相信,我的关于夏代的神话本质的观点对西方学者产生了重要影响,他们常常不接受夏是个历史朝代,但多数当代中国学者却把夏视为一个历史朝代。我在此要提出的一个观点是，商人有一个关于比他们还早的那族人的神话，那族人和商互相对立，就像黑暗和光亮、月亮和太阳那样；这个神话后来被周人历史化了，周人利用它创立了一个朝代循环理论。本书的一个根本性的假设是，神话是一种思维方式，而这种方式却并非必然以历史事实为依据。但是，要说明的是，夏是否作为一个历史朝代存在过并非本书的主要论点，我在本书主要阐述商代神话的本质和商代神话在后世历史传统中演变的方式。

我提出的一个观点是：龟是商宇宙观的模式，大地被商理解为一个亞形，即东、南、西和北四方连缀在中间的一个方块上。这个观点看来已经被广泛接受，最为成功。在《水之道与德之端》（也由商务印书馆再版）的新附录《郭店楚墓竹简〈老子〉与〈太一生水〉》一文中，我对式盘在早期文献中的隐喻作用进行了讨论。式盘也提供了一种把宇宙观形象化的模式，可它和龟所代表的宇宙观模式不同。我推测，正是由于式盘的影响，天圆地方的观念才变得流行起来。

对于商代艺术的意义，我也有自己的观点，而且它引发的争论最多。我尝试在本书创建一种关于"原始艺术"的意义的新理论，这个新理论将容纳商代艺术并提供一种可以用来解释商代青铜器上所见图案的意义的手段。对于我的理论构架和结论，几个艺术史家已经明确提出了异议。① 现在，我正在写一本和美学理论有关的书，它更宽泛，将既讨论欧洲艺术，也讨论中国艺术。我还希望，它会化解一部分异议。

---

① 参见韦陀（Roderick Whitfield）所编《关于中国古代青铜礼器的意义的问题》，亚洲艺术和考古研讨会第十五辑，柏西沃·戴卫德中国艺术基金会（Percival David Foundation of Chinese Art）、亚非学院，伦敦：1993年。

在即将出版的新版《龟之谜：古代中国的神话、祭祀、艺术和宇宙观》中，我增添了一篇新论文。我在这篇论文中讨论了上帝和天的意思、它们之间的关系和天命观念在西周早期的起源。我先假设上帝是北极星神，进而论述说，虽然十日神话为商人所独有，但上帝却是商周两族人的至上神。作为一个笼统词语，天可以指天空；但它也可以委婉地用来指代上帝，即控制天空的北极星。"天命"观念源于文王时期天上出现的一种天象，这种天象被解释为一个推翻商朝的命令。

艾 兰

2006 年 8 月 26 日

于美国达慕思大学

（刘学顺翻译）

第一章　导论

　　神话学是近二十年来西方学术界争论的一个焦点。在这二十多年之间中国的情况又是怎样的呢？新的考古发现，以及对早期铭刻文字日益精确的诠释，戏剧性地改变了我们对古代中国的认识。可是，关于中国神话学的主要著述大都是上半个世纪所写的，比如说中国有顾颉刚等编著的《古史辨》，西方有马伯乐（Henri Maspero）、葛兰言（Marcel Granet）和高本汉（Bernhard Karlgren）的著述。我写这本书的目的是想对中国古代的神话问题重新做一番探讨，广义地说就是一种神话思想的研究，包括宇宙观、祭祀占卜和艺术诸方面。这是我计划对中国早期思想发展进行系列研究的第一部著作，它主要集中于商代晚期的思想，也参照了后来时代的情况。

　　中国古史研究上的一部开山著作《古史辨》于二三十年代在上海和北京陆续出版。它最先受到了胡适提出的"疑古"口号的启发推动，那些作者们意识到了他们所要挑战的儒家社会和国家的基础就是古史上的正统观念。以顾颉刚为首的一群学者们用论辩的形式去批判地估价中国古史传统，他们想把虚构编造和历史事实做一番清理。

　　顾颉刚首先发现，中国历史上的人物就像戏曲舞台上的人物，某些重复性的主题、典型在不同历史时期的历史人物身上重演。

顾颉刚的理论可以归纳为史前史的"分层积累规律",他认为越早的帝王在历史文献里出现越晚,最底下的一层是西周时期的文献,历史是从禹开始的,禹是夏代的创始者;可是到了春秋战国时期,尧和舜被放到了禹的前面;最后到了汉代,黄帝和颛顼又被放到了尧舜的前面。顾颉刚更深一层观察到,在一些历史文献中,很多古代帝王身上不仅带有超自然的成分,并且,他们的历史角色还反映出了周汉之际的政权组织和社会结构。我们知道这些文献是在这个时期内编纂成篇的,它们并不是在故事中帝王所生活的时代(考古上的新石器时期)写下来的。

马伯乐 1924 年发表了《〈书经〉里的神话和传说》①一文,这篇论文的范围主要限定于《尚书》里的神话。马伯乐应用了现代民族学材料,包括中国少数民族和其他东南亚民族的神话;同时也比较了不同的文献版本,最后他指出那些先王尧舜禹和他们的臣子的历史记载都是上古创造神话被历史化的结果,他称之为"历史即神话论"(euhemerization)。

马伯乐用这一术语来形容中国古代作者将神话变成了历史的过程。这个术语来自公元前 4 世纪西西里哲学家幽黑默尔(Euhemerus),幽黑默尔认为神就是国王,他们生时受到崇拜,死后继续受到崇拜。"历史即神话论"这个术语现在常常被西方理论家用来指那种没有人再相信的理论,即认为神话是从历史演化出来的。可是马伯乐使用这个术语是指与幽黑默尔差不多同时代的中国作者也跟幽黑默尔一样,认为在传下来的神话背后潜伏着历史的真

---

① 马伯乐(Henri Maspero):《〈书经〉里的神话和传说》("Légendes mythologiques dans le Chou king"),*Journal Asiatique* 204(1924),第 11—100 页。

实。他们没有看到历史的变化演进,把神话里的幻想成分当作是后来添加的,于是,他们将早先神话里超自然的英雄脱胎成跟他们同时代的帝王臣子。这种并不是事实的"历史"一直流传了下来。

　　凡是对中国上古思想史有兴趣的人,没有一个不被葛兰言关于中国历史和文学中神话性的真知灼见所折服,特别是他的大作《中国古代的舞蹈和传说》。① 葛兰言受到当时流行的神话是由祭祀延伸出来这种理论影响很深,他着重考虑了并试图重建他所认为与古代神话传说相关的祭祀仪式和舞蹈。他的思想影响了后来成为争论焦点的列维-斯特劳斯(Lévi-Strauss)的结构主义理论,他的《中国古代婚姻和亲属关系的分类》是列维-斯特劳斯《亲属关系的基本结构》一书的重要来源。② 然而,遗憾的是葛兰言著书立论的时代,安阳考古发掘还未开始,他本人没有使用甲骨文这份珍贵材料。这样,他对中国社会发展史的重建,例如他认为早期都市生活和首领制是由周代时散布的孤立聚落群发展而来的,这一理论今天看来完全错了。

　　《古史辨》的中国学者、西方的马伯乐和葛兰言都一致认为中国早期历史传统中隐藏着一个神话和神话性主题的潜层。高本汉

---

　　① 葛兰言(Marcel Granet):《中国古代的舞蹈和传说》(*Danses et légendes de la Chine ancienne*),Paris:Presses Universaires de France,1959 年,第 305 页。由 Presses Universitaires de France 重印,Paris:1959 年(两册)。另见葛兰言:《中国古代节日和歌谣》(*Fêtes et chansons de la Chine ancienne*),由艾德华(E. D. Edwards)译成英文:*Festivals and songs of ancient China*,London:Routledge,1932 年。

　　② 葛兰言:《中国古代婚姻和亲属关系的分类》("Catégories matrimoniales et relations de proximité dans la Chine ancienne"),Paris:Alcan,1939 年;列维-斯特劳斯(Claude Lévi-Strauss):《亲属关系的基本结构》(*Les structures élémentaires de la parenté*),1949 年,英文版 *The Elementary Structures of Kinship*,London,Eyre & Spottiswoode,1969 年。

的《中国古代的传说和宗教》①一文试图从另一方面去发现他所认为的神话里潜伏的历史真实,他认为早期文献里的那些神话性英雄原来是王族的祖先,后来被他们的子孙神话化了。在艾博华(Wolfram Eberhard)详细有力的辩驳之后,②高本汉的这种神话源于历史的假说如今很难成立了。更往后的列维-斯特劳斯《神话学》(*Mythologiques*)充分地论证了一个结论:神话是相续而生的,要是我们把构成神话叙述的母型抽取出来看,就会发现它们不仅是在重复着差不多一致的主题,而且常常互为倒装形式;神话所表现出来的是对现在的思考方式,而不是关于过去的真实。

我这部书从广义上讲也应用了结构主义理论,我相信要理解中国古代神话思想,不能只看单个的、孤立的神话故事,而必须看神话之间的关系,考虑到宗教思想的整个体系;在研究神话的同时,也研究艺术、宇宙观和祭祀占卜等内容。它们都是同一个底层结构上的产物,只有在这整个体系的语境中才能理解它们的含义。结构主义理论是说,仅仅分析单个的故事和某一个特别的行为并不能发现神话思想的含义,它们不是偶然的,而是有系统和逻辑的,它们是从一个大分类的相互关系中得出的;要想明白这种逻辑,就必须先理解我们所研究对象的思想分类。

---

① 高本汉(Bernhard Karlgren):《中国古代的传说和宗教》("Legends and cults in ancient China"),*Bulletin of the Museum of Far Eastern Antiquities* 18,Stockholm;1946年,第199—365页。

② 见艾博华(Wolfram Eberhard)的著作《中国古代地方文化》(*Lokalkulturen in alten China*)[第一部分发表在《通报》第37期,Leiden;1942年;此书英译本《东亚和南亚地方文化》("Local cultures in South and East Asia"),Leiden;1968年;第二部分发表在 *Monumenta Serica*,Monograph 3,北京;1942年];还有 *Artibus Asiae* 9.4,1946年上的书评,第355—367页。

虽然我在这里研究系统和它各部分的逻辑关系,但是,我并不把结构主义当作一种"主义",而是把它当作一种研究方法,它让我们更好地去理解那些或许隐藏着的意义。我也采用了各家之说来充实我自己的理论,目的是为了更好地理解和阐释材料。

过去的半个多世纪,中国和西方学者的历史批评和估价给我们今天理解历史提供了基础。然而,近年来不少中国和外国的学者开始重新怀疑前一辈人的学术成果,不仅是顾颉刚和杨宽论证为不可知的"夏代"被一些考古学家跟河南二里头的"夏"文化挂上了钩,甚至大禹治水,还有舜和其他神话人物如少昊、黄帝等都在新石器文化分期和解释中被援引为据。

这种态度的改变有多种原因:其中最主要的是考古学碳14断代法使我们对新石器文化遗址可以进行科学的分期,这不可避免地让人们把它们跟传统说法中的史前期联系起来。再一个原因是比较发达的新石器文化常常在地理分布上跟传统说法中上古帝王活动地域大致符合,特别是当古代文献与后来的地方传统相符合时,就更使人们相信他们是真实存在了。然而,对这种现象也许可以做这样的理解,他们并不是上古的帝王,而是那些部落神话性祖先的记载;这些部落以后仍然居住在那些地区。由于没有发现殷墟以前的文献记载,这个问题只能从古代记载的来源以及它的发展演化过程得到解释。

《古史辨》作者的历史批评是建立在这样一个假说上的,即早期的神话被周代的文人理性化了,从而变成了"历史"。然而这里还有一个问题,中国古代到底有没有我们所说的神话,一个被后来学者重新解释过的信仰体系及其结构?如果有的话,这个体系的本质是什么?神话并不是一种孤立的现象,神话存在于社会和一个智力结构中,脱离开这个结构它们就显得不可理解和完全的非理性化。我在第六章里将详细讨论中国神话的这种表面上的非理性现象。确切些说,对自然现实的违背和突破是神话的基本特征,它标明这些故事是神圣的非尘世的。

在这本书里,我将探索商代宗教思想的各个方面,主要使用三个方面的材料:考古发现、当时的铭刻和后来的文献。考古文物是那个思想的物质产物,例如墓制、随葬礼器及其纹饰都反映出一定的思想情况。甲骨文提供了另一种当时的证据,它们是研究那个时代宗教思想的丰富材料,它们的基本主题是祭祀和占卜的陈述。可是,它们虽然某种程度上代表着商代的宗教思想,但因为是专门的占卜记录,没有更多的讲解叙述,于是,我们仍得参照后来的文献。这些文献之所以有用,不仅是由于它们记录了后来传统中的商代情况,它们本身还反映了从商代发展而来的思想体系。

在使用稍晚的文献时,首先,我认为商代跟后来的中国文明之间有一种继承性。只要我们能意识到这些文献并非商代思想的直接代表,而只是这种思想后来的演变,我们就能结合当时的材料来合理地使用它们。就说甲骨文吧,所有的释读都建立在中国语言文字持续性的假定上,不然释读无法开始。正如汉字字形字义的延续发展,神话、宇宙观,还有艺术母型等也是如此。更进一步看,这些早期的神话、观念引发了后来由于地点环境不同而相异的产物(雅文化和俗文化),这些相互联系的形式之间的不同可以帮助我们重建起商代材料的面貌。这种方法类似中国现代方言在重建古音学,现代欧洲语言词汇在重建古印欧语系上所起的作用。

另一方面,虽然我承认商代跟后来的中国文明之间存在一种继承性,但我同时也认为商代思想和传下来的周代文献之间有一种根本上的区别。我这里不是说那种随着时间变迁而发生的不可避免的变化,也不是说商人信仰体系如何与周人不同。我相信这些不同都是存在的,它们对理解中国早期思想发展很重要,这从我后面的论述中可以看出。我在这里所说的不同主要是指在西周之际发生的一场革命性变化,这就是随着文字使用在这个时期的扩展,文献的多样性开始发展起来了。

商代的思想仍然是"原始的"(我宁愿称之为"神话性")。正如杰克·古堤(Jack Goody)指出的,一种"过去的过去性"(pastness of the past)历史感取决于永久性的书写记录。我不妨引用他的一段颇有启发性的原话:

> "……提乌人(Tiv)有他们的世系,有关于世界起源和人类获得文明的神圣故事。但是,他们全部关于过去的概念化都不能不被对现实的思虑所统治。世系混乱,谁也没有说清楚……神话和历史融合为一:文化继承里那些与现实无关的因素很快被忘掉,或者是改变了。因为每一代人里的个人都获得他们自己的词汇、他们自己的世系、他们自己的神话。他们没有留心到那些不同的字、专名和故事已经消隐失落,要不就是被改名换姓……"[1]

对历史的兴趣总是关系到对现实的思虑,我们关于过去的概念受到书写记录某种程度上的限制。神话跟历史之间的区别,并不是由于有文字的社会里历史更准确一些,神话不是历史简单的

---

[1] 杰克·古堤(Jack Goody)和伊恩·瓦特(Ian Watt):《文字记载的连续性》("The consequences of literacy"),见古堤编的《传统社会里的文字记载》(*Literacy in traditional Societies*),Cambridge:Cambridge University Press,1968年,第34页,这篇文章对中国书写系统没有很深的理解,他修改了这篇文章以后收入《书写和口头的相连性》(*The interface between the written and the oral*),Cambridge:Cambridge University Press,1987年,第36—37页。

翻版；也并不是因为神话没有文字记录，因而产生不准确。神话可以自由设想，无拘无束；它所涉及的事件不仅是没有发生的，而且可以是不可能发生的；神话是幻想，它不仅打破真实的限制，还突破了可能性。这都因为神话是不属于这个世界的，它的性质就是神圣化。神话、艺术、祭祀和占卜，还有宇宙观都是神话性社会里一个完整的信仰体系的各个部分，它们都出自一个相同的宗教结构。用列维-斯特劳斯的话来说，原始人"用神话来思想"，这种思想可能会用到过去的真实事件，但它并不为真正发生过的事件所累，也不为此过多地思虑。

神话思想的产物——神话、艺术、祭祀等——它们在表现方式上受到传统的局限，它们直接从其所创造、上演、传送的时间里那个潜伏的结构上产生出来。然而，一旦故事和事件被记录下来，这个记录就开始有了它自己的命运，人们开始考虑到神话，而不再是用神话来思想了。人们开始比较不同的版本，为它们的不一致而发愁，为它们的真实性而困惑。

关于那些神话和历史混为一体的情况，有的可以作出区别，神话常常有一种特别的宗教气氛；有的却不容易区别，比如像我下面要讨论的中国例子。理性主义的文人作者在审理传下来的传统时，他可能决定这些神话是修饰过的，于是删掉那些超现实的和违背逻辑的成分。

我在原先所写的一部书《世袭与禅让》里讨论了中国公元前5世纪至前1世纪的文献中记录"历史"的方法。[①] 我的结论是这种

[①] 见拙作《世袭与禅让——古代中国的王朝更替传说》(*The heir and the sage：a structural analysis of ancient Chinese dynastic legends*)，San Francisco：Chinese Materials Center，1981年。

方法随着哲学观点的改变而规律性地改变着,例如上古帝王"尧"跟"舜"之间的关系可以是多种的:禅让、篡位,或者简单地只是民众的归顺,因作家不同而有异。我还进一步指出了历史传说的功能跟神话的功能一样,都是为了调解一种固有的社会冲突。就拿围绕着权力交替的那些传说来看,里面总是贯穿以世袭还是以美德来治理天下,为一人之家还是为更大的社会集团这种典型的冲突。

虽然在上古帝王传说里留有一些早期神话的残余,可是我所说的那些与神话功能相同的传说大部分是以一种忠于现实的方法重新叙述过的;在有朝代之前跟有朝代之后没有区别,所有帝王的行为都接近真实,可以说是陈规化的,就像作者同时代人的行为一样。相同的母题在两个不同时代的传说中重复着,它们在同一个结构上互相发生关系。这样,我们就有可能去推断作家是如何把一个传说跟一个时代挂上钩,他又是怎样去复述另一个时代的传说的;例如要是一个作者写"舜"是如何篡"尧"之位的,那么,他也会说周代的武王伐纣是弑上。在这些传说里没有过去的、一个已经改变了的世界的感觉。然而,我在这里要论证的是这些故事并非来自原先的文献记载,而是从早期神话体系里演化出来的。

许多学者都以有无文字记录作为标准来评断所谓原始社会跟先进社会之间的差别。然而,并不是书写系统的存在和阅读能力带来了这种改变,标志着这种改变的是文献,即一种聚合在一起的历史记载和故事形式。从此,记载可以查阅和比较了,这使得我们有可能把我们自己的思想跟祖先的思想分开来,这是分析批评所需要的第一步。这种意义上的文献只可能在书写系统之后的某一个阶段才可能发展起来,我相信中国古代就是这样的例子。

中国书写系统起源于什么时间、什么地点仍然是个谜。最近在河南舞阳发掘出了龟甲上带刻画符号的最早实物(距今约8500—7500年)。这些符号不可辨认,但它们跟后来的汉字有相同之处,可能是一种文字原始阶段的形式。新石器时期的一些零星刻画符号和某些陶器文字,还有郑州出土的三片甲骨,它们也许跟后来的汉字系统有关系,但是,中国的考古学家们至今仍未找到直接与殷墟甲骨文相联系的前身。

殷墟甲骨文以第一期武丁时期的卜辞数量最多,内容最丰富多样。书写系统这时已经完全地发展起来了,甲骨文中有各种各样的字,虽然有时一些语法词汇可以省略化,甲骨文字的构成原则跟现代汉字的构成原则基本相同,具有意符和音符;一些文字的象形符号比后来的文字容易辨认,但也已经高度规范化和抽象化了。虽然目前没有发现更早的实例,但是我们有理由推想这种书写在甲骨上的文字系统一定有殷墟以前的发展阶段。

我们说商代已经文字化了,起码商王和他们的贞人是识字的,可是比起那些周代传下来的文献,甲骨文还不能算是文学。甲骨文是祭祀占卜的专门记录,不包括更多的讲述;它们是商代占卜的实证和祭祀的直接体现,但没有其他的叙述。这种占卜记录很可能会引向书写系统的自我意识和标准化,但是,甲骨文仍然是在神话中思想(这里用"祭祀"一词更合适),而不是思考着神话。

我们还不能完全肯定书写在商代的实际情况,随时都有发现新证据的可能。早期中国书籍写在竹简上,串联成书,因为殷墟甲骨文里有"⺍"(册)的象形字,我们得知竹简(或者是木简)在商代是存在的。这个符号还出现在一些别的相关字中,例如"㣇"(㣇)、"㣇"(㣇)、"㣇"("典)、"㣇"、"㣇"等,这些字都表示记录祭祀誓约的竹简被放置在祖先的祭坛上,或者是沉到河里;这个"册"字也用于记录有关任命军事首领的占卜中,显然是想把这种任命神圣化。这些甲骨文中的例子表明,商代时,书写具有允诺的神力;从此我们也可以感到它所体现的文字传统发展的潜力。但是甲骨文除了有少数记事卜辞外,没有显露出商代文字使用超出了祭祀目的范围以外的情形。

我们虽然不能完全肯定商代到底有没有与祭祀无关的文献,在周代的文献里没有真正商代逸文的证据。《尚书·多士》:"惟尔知,惟殷先人有册有典,殷革夏命",这是一篇西周早期的文献,周人试图说服商逸民他们统治者的灭亡是天命,神的许诺。可是其他的早期文献里都没有提到这份记载,关于所猜测的商代记载见不到继续存在的证据了;即使商代真有这样的记载,周人的文献里也没有留传下我们所期望的商代逸文。

中国现存最早的文献是《尚书》,其中一些写于周人灭商后不久,这些文献看来是从青铜器铭文发展来的。青铜器铭文大部分在殷墟时期都很简单,只记录名字和简单的祖先献词。然而,青铜器铭文到了殷墟晚期开始变长了,到了西周早期,青铜器铭文常常是整篇歌功颂德,赏赐训导,语言上跟《尚书》里同时代的文献有相似之处。这意味着这个文献传统是从青铜器铭文发展来的,起码可以说是相连而生的,没有更早的商代文献来源。

继《尚书》之后,早期传统文献有《易经》卦爻辞和《诗经》里的最早的篇章,都是周代前期的记录,但两者都看不出商代文学传统的体现。《易经》与周人有关,它体现的是另一种与甲骨相异的占卜传统;《诗经》原是周代记录的歌谣,原属于一种口头而非文字的传统。所有周代早期文献都暗示出了书写的使用在西周早期,或许在殷商晚期已经逐渐地延伸开来了,随着一种文献汇集的发展，以及不同类型文献的出现带来了思想结构的改变，这部书里将揭示这种改变的过程。我将另写一书专门追溯和解释它后来的演变。

第二章　商代神话和图腾体系的重建

在这一章里，我将对商周时代的文献和铭刻中关于"十日"的神话及其信仰体系进行一番探索考查。首先，我将对周代和汉代文献资料中"十日"出于"扶桑"的神话记载，包括羿射日的故事进行辨析。接下来，我将分析商人起源神话和商朝创立历史传说，追溯这个传统与"扶桑"传统两者之间的关系。最后，我将根据甲骨文的研究来证明这两个传统的滥觞。

按照我的推论，在商代就存在了"十日"神话的原型，商代统治集团按照他们跟太阳的图腾关系组合在一起。① 这个神话对商人来说很特别，从整体上与他们的统治不可分割。等到只相信有一个太阳的周人推翻了商朝，"十日"神话也随之失去了它原先的意义和系统的完整性。然而，这个神话的母型经过改变后继续流传了下来，出现在其他的一些地方里。普遍来说，人们仍然相信有十个太阳从东方的"扶桑"树上交替出现，这个传统在中原各国为人

---

① 另外一些把"十日"神话跟商代文化结合在一起研究的学者有日本的赤塚忠：《中国古代の宗教と文化：殷王朝の祭祀》，东京：角川书店，1977年。德国的张聪东（Chang Tsung-tung）：《甲骨文中的商代宗教》（*Di Kult der Shang-Dynastie im Spiegel der Orakelinschriften：eine Palaeographische Studie zur Religion im archaischen China*），Wiesbaden：Otto Harrassowitz，1970年，第131—132、202—203页。

知晓,但是"十日"被划归于神话般的过去;传说有一天十个太阳同出,羿射落了九个。商人和商朝继续跟这个传统中许多母型发生关系,商人之祖诞生于"玄鸟"卵的故事就是"十日"出于"扶桑"神话的演变,虽然对"十日"的信仰在周代已经丧失了。在下一章里我还将讨论正史中尧舜禅让的历史传说同样包含了商代原本宇宙生成的太阳神话的另一变型。

如果说一种早期的神话思想到了周代被周代的人改变了,那么我们应该在商代甲骨文里发现这种思想留下的痕迹和反映。现在对甲骨文的诠释日益精确,它们提供了本世纪初学者所不了解的更多的早期思想情况。但是由于甲骨文主要是祭祀卜辞,它们的目的是对祖先和自然神灵进行祭祀,以求得实惠,让他们不怀敌意,这些卜辞并不讲述神话故事,也见不到其他任何文学性叙述。这些卜辞本身储存大量关于商代宗教本来面目的信息,但是那些受祭的名字并没附有故事,我们可以看出祭祀崇拜的大致情况,但不能完全了解它们之间一种连贯的合理性,而只能按照后来的文献传统来进行推论和阐释。

重建商代宗教体系的一个问题,就是商代灭亡后的那一段时期内留下来的文献十分稀少,从商代灭亡到我们所见到的文献汇集出现,其间有近五百年的断缺。另外一个问题,就是中国早期文献即使把神话当作历史,通常也并不对此多加细说。我们必须把这些零星的材料拼凑在一起,组成一个协调的、有内在联系的智力结构体系(我把它称作"传统")。这些信仰和故事不只在一个地方留传,我推断这种类型的文献传统一定反映了某种口述传统,但它所流传的时间、地域一般只能大致地作一个划分。

从口述传统记录下来的名字常常不一致,这反映出它没有一个系统性。记录的时间、地点不相同,在某些情况下这些名字的不同只是文字的异写而已,异写字之间有发音或书写上的近似,人物的角色关系是一样的;然而更多的情况是,当我们把同一来源的两种传统放在一起比较时,人物名字并没有书写发音上的关系,或者只有部分关系,可是人物却有着同样的角色和某些相同的亲属关系。我把这两种情况作出区分,当后一种情况发生,传统里的人物角色一致时,我就把他们称作"结构上的等同"。

我这部书跟以前对同样材料进行研究的著作有一个重要的不同,虽然我推论说这些神话故事随着它们流传记录的环境、时间、地点而不断发生改变,但是我认为这种发展不是单线型的。这里可以跟历史语言学作一个类比,我们知道,凡是现代语言中有字源上相通关系的字一定有共同的来源,我们可以通过研究后来的各种异体字来重建原字的字意发音。同样,后来不同的传统不论是历史性的还是神话性的,它们都是从早期的商代传统里延伸发展而来的,这并不是说所有后来的传统都是由商人而来,我们必须在商代的材料中找到依据并进行研究才可以确定。

1. 一个太阳还是十个太阳

在周代时,只有一个太阳的传统被广泛地接受了。孟子引用孔子的话说:"天无二日,民无二王。"①这个传统可以说统治了从周代起中国天文学的论著;以至于马伯乐、索绪尔(De Saussure),

---

① 见《孟子·万章上 4》(9/7 上)、《礼记》(6/4 下,15/13 上,20/16 上)。为了读者方便,我在书中的引文尽量依据《四部丛刊》,上海:商务印书馆,1919—1927 年,形式按照"卷数/页码"。

一直到最近的李约瑟(Joseph Needham)，他们都是从中国人相信只有一个太阳的假定入手的。① 可是，虽然在天文学史上无迹可寻，神话研究却透露了中国在古代曾经有过一个很强的传统，就是"十日"交替代出的信仰。这个传统影响极深，以至于王充在公元1世纪为此兴起了一场否定"十日"处于"扶桑"可能性的激烈辩论；《论衡·说日》(11/17上)："扶桑，木也；十日处其上，宜燋枯焉。"

王充《论衡》中对"十日"神话的记载主要是从两部先前的著述得来的，一是《山海经》，它是聚合了从上古流传至汉代的不同时期和材料来源的神话地理著述；再一部是淮南王刘安率宾客编纂的一部综合性哲学文集《淮南子》，这部书于公元前139年献呈汉武帝。另外这个神话传统的痕迹在《楚辞》，特别是《天问》中比比皆是，虽然《天问》的现存形式大概不会比号称是其作者的屈原本人早多少(屈原生活在公元前3世纪)，但它看起来是从更古老的口述传统来的。

"十日"神话在《楚辞》、《淮南子》里如此普遍，这一点显露了"十日"神话跟中国南方传统的关系。当然可以争论说它是起源于周代时的楚国，并非是留传下来保留在南方的。然而长期以来所推测的商楚文化之间联系的假说，近年来由考古发掘得到了证实，②在南方楚域内发掘出了一系列的商代遗址，其中一些埋藏有

---

① 见德索尔(L. De Saussure):《中国天文学的起源》(*Les origines de L'astronomie chinoise*), Paris: Maisonneuve, 1930年；马伯乐(H. Maspero):《中国汉代以前的天文学》("L'astronomie chinoise avant les Han")，发表在 *T'oung Pao* 24(1929)，第267页；李约瑟(Joseph Needham):《中国古代科技史》(*Science and Civilisation in China*)第3册，Cambridge: Cambridge University Press, 1959年。

② 见杨宽:《中国上古史导论》，收在《古史辨》第七册，第151—153页；大卫·霍克(David Hawkes)在他1985年的新版《楚辞》译本《南方之歌》(*Songs of the South*)(Penguin, 1985)里强调了夏与楚的关系，而不是楚与商的关系。然而，如果我在书中所讨论的命题成立的话，即"夏"是商人神话中的倒装形式，那么与此并不冲突。

器身和质量都很令人惊讶的青铜器。这些发掘包括了湖北黄陂盘龙城一座带墙城址,盘龙城遗址早于殷墟,此处出土的青铜器跟郑州二里冈内商都城出土的青铜器很相似。就商代晚期来看,河南北部淮水南岸的罗山天湖也发掘了除殷墟外最丰富的文物,①这个遗址出土的一些青铜器跟殷墟的青铜器二者风格上几乎完全一致;这些商遗址上直接叠压着春秋战国时期的楚墓,这些楚墓的随葬品带有典型的楚文化特征。而奇怪的是,在中国南方发掘到的西周遗址却相对少得多。

南方楚域发现了大量的商代遗存,而很少西周时期的,这一现象提示了商人与南方的交通往来要容易和频繁得多,而后来周人的渗透和影响受到了较多的限制。西周时期的楚国和东南部的吴国保持着独立的状况,这也可以从他们称自己的统治者为"王"得到佐证,虽然孟子说"民无二王",周朝的统治者也宣布"王"这个称号只可以用于"天子"本人;但是,在商代时许多方国的首领用这个称号,并且得到商王的承认。②

2. "扶桑"神话传统

当今的学者都是从这个故事熟晓了"扶桑"传统的:上古的一天,十个太阳一起出来,羿射落了其中九个,于是,天空中从此只剩下了一个太阳。表面上,这个故事可以用来说明"一日"和"十日"两种相互冲突的传统之间的差异,更细一层分析,它其实包蕴了

---

① 见《考古学报》,1986年第2期,第153—198页。
② 见齐文心:《关于商代称王的封国君长的探讨》,《历史研究》,1985年第2期。

"十日"神话传统的基本母型因素:

(1)"扶桑"位处东方,下有太阳谷,咸池;

(2)"若木"位处西方,下面也有水流;

(3)有水贯穿地下;

(4)太阳的数目有十个;

(5)太阳也可以等同于鸟;

(6)"羲和"是太阳的母亲。

据《说文解字》:"桑,神木;日出所也。"桑,是一种能结红色或是白色果实的树。这个"桑"字在甲骨文中写作 ,是一棵树的象形,树的枝条间有口,这跟神话叙述中太阳栖于扶桑树枝条间倒是很贴近的一个暗喻。人们通常把"扶"(*b'iwo)[①]和"榑"解释为桑树的名字;有时干脆称作"扶木"或"榑木"。《说文》中对"榑"的解释也跟太阳树有关,[②]经常写作同音字"扶";学者们就这个字的字源和字义作了各种解释,有的说指木"扶"(动词,支撑之意)太阳而出,[③]有的说两木相依为"扶";[④]可是我们在《诗经》里看到这个音节(*b'iwo)常常冠称于许多植物名称之前,[⑤]而这些植物是各种各样的,这意味着音节(*b'iwo)本来只是一个跟植物名

---

① 我在这里以及书中所依据的古音系统(标志是*)是高本汉:《汉语语法重建》(*Grammata serica recensa*),收入 Bulletin of the Museum of Far Eastern Antiquities 29,Stockholm:1957 年。

② 对"榑"的解释是把它称作"榑桑"与"桑"完全一样;《吕氏春秋》(22/8下)里说:"禹东至榑木之地……日出九津",这个"榑木"就是"扶桑"。

③ 见葛兰言:《中国古代的舞蹈和传说》,第 305 页。

④ 见《文选》(15/8 上),李善注释张衡《思玄赋》所引《十洲记》。我在其他的早期文献中找不到描写这棵树的证据。

⑤ 见高本汉:《汉语语法重建》,第 101 页。

合称的音节,并非树木的本名。这样看来,那棵被称为"扶桑"(榑桑)"扶木"(榑木)的神话之树,其实只是"桑"、"木",它们都是指同一棵树。

关于"扶桑"神话的记载,在《山海经》、《淮南子》和《楚辞》中都大同小异。最明显的描述见于《山海经》:

"湯谷上有扶桑,十日所浴,在黑齿北居水中有大木,九日居下枝,一日居上枝。"《海外东经》(9/97 上—下)

"大荒之中,有山名孽摇頵羝,上有扶木,柱三百里,其叶如芥;有谷曰温源谷,湯谷上有扶木,一日方至,一日方出,皆载于乌。"《大荒东经》(14/65 上—下)

从这些引文我们可以发现一些线索。太阳谷的名称这里写作带偏旁"氵"的"湯"(周代文献中商朝开国君主的名字为"湯")。这个字还可以写作同音字(*diang)"暘"、①"陽"、②"崵"③中的任何一个。"湯"字的本意是热泉。郭璞作注(9/97 下)时就是把"湯"跟"热泉"联系在一起的。这个解释也许可以从《大荒东经》中的"温源谷"找到附会,但这在其他的文献中没有见到过,只是一种附会之说。④

当太阳谷被称之为"湯谷"时,这个名称也包括了那个太阳濯浴的水池。可是当这个"湯"字的偏旁由"氵"换成"日",或"阝"时,这个所谓的"温源谷"就变成了"陽谷"、"暘谷"。于是,那个水池有时也就有了另外的名称;例如《淮南子》(3/9 上—下)中说:"日出于

---

① 见《淮南子》(3/9 上,14/8 下)。
② 见《归藏·启筮篇》,收入《玉函山房辑佚书》(12 上),长沙:1884 年。
③ 见台北华冈出版社 1976 年出版的《中文大辞典》第三册,第 4431 页所引的《尚书·尧典》,我本人所用的版本里没有这种写法。
④ 郭璞的注释是"湯谷也";葛兰言《中国古代的舞蹈和传说》一书中的用语跟此类似。

旸谷,浴于咸池。"热泉的名字变成了"咸池"。"湯"、"旸"、"陽",偏旁的多样性说明了这个字的本意并不在于偏旁的这一半,音符"易"本字就蕴涵了太阳的含义。① 从神话中来看,总是有一个太阳(陽)濯浴池中的山谷;这才是神话的母型因素。

神话中与东方有"扶桑"(具体位置说法不一)相对称,西方有"若木"。十个太阳从"扶桑"出来,遨游穿过天空最后栖息"若木"枝头。这是一种神话学上的对应关系。更有意义的是《淮南子》(4/3上)的记载中还出现了第三棵树"建木"。见引文:

"扶木在陽州,日之所曊;② 建木在都广,众帝所自上下……若木在建木西,末有十日,其华照下地。"

这个"建木"就是爱利德(Mircea Eliade)所说的"地心"(axis mundi)。③ 这里有一个值得注意跟它相关联的用辞,"众帝"似乎是指高居天上的许多神灵。④

"若木"底下也有一个深渊名为"虞渊",有人把它确定为"羽渊",我在后面还要谈到这地方也是神话中后羿射日,太阳鸟堕其羽的地方。同"旸谷"一样,"虞渊"里也有水流称作"若水"。《楚辞·天问》里说太阳"出自湯谷,次于蒙汜",这里可以看出"若水"

---

① 见库佛尔(S. Couvreur):《古汉语辞典》(*Dictionnaire de la langue classique chinoise*),台北:世界书局翻印本,1963 年,第 423 页;亦见《中文大辞典》第四册,第 6482 页把这个字与"易""陽"等同。

② 这里有一个很少见的字"曊",高诱注释为"犹照",可是我猜想它跟"拂"字有关,"日拂于扶桑",葛兰言把它跟"扶"联系起来。

③ 见爱利德(Mircea Eliade):《萨满主义》(*Shamanism: archaic techniques of ecstasy*),London: Routledege & Kegan paul,1964 年。

④ 参见第四章关于"帝"的讨论。《左传·昭公二十九年》中用了"有帝"一词;倪德卫(D. Nivison)对"有"字作了讨论,他的文章发表在《古代中国》(*Early China*)第 3 册,1977 年,第 1—18 页。

第二章 商代神话和图腾体系的重建

跟"蒙汜"之间其实有一种等同关系。"若水"的具体位置在文献里有些混淆,《山海经》中说:"南海之内,黑水青水之间,有木名曰若木,若水出焉。"一些学者还把"空桑"跟"扶桑"相提并论。① 关于"蒙汜"一词颇可推敲,"汜"是一种回水其源的流水:这一点启示了我们的想像,它会不会绕一个圈又流回"汤谷"去呢?

日本学者水上静夫先生根据甲骨文中"若"( )字跟"桑"( )字字形上的相似性,以及它们在神话中的混淆,他试图论证"扶桑"跟"若木"原来是一回事。② 然而,根据《楚辞》和《淮南子》的原始材料,它们明显是两棵树,而且一棵是在西方,太阳鸟夜间所栖,叫作"若木";这刚好跟"扶桑"在东方,太阳鸟早晨升出的说法形成一种逻辑上的对应关系。对那些记载"若水"在东西两方出现的文献可以做这样的解释,即"若水"并非一条真正的河,它是下界的流水("蒙汜"),也就是我们所称的"黄泉"的别名,"黄泉"穿流下界,最后在东西两方的"扶桑"和"若木"下涌出地面。这个大胆的推设为太阳怎样从西边又回到东边提供了一种有趣的答案,"黄帝"是土地之神,他能化为龙形;太阳会不会是从西方的"若木"经过"黄泉"回到了东方的"扶桑"呢? 我在后面还要详细讨论"黄帝",读者可以参看。

在汉代陵墓艺术中,下界被描绘成了充满了龟龙,还有其他一些很大的鱼类生物的地方。③ 我所见到的文献对"黄泉"最早的提

---

① 见葛兰言:《中国古代的舞蹈和传说》,第435页。
② 见水上静夫:《桑树信仰论》和《若木考》两篇论文,分别发表在《日本中国学会报》第十三期,1961年,第5—6页;《东方学》21,1961年,第1—12页。参见《说文解字诂林》(226/7下)段玉裁的注释,以及管东贵:《中国古代十日神话之研究》,发表于台湾《"中央研究院"历史语言研究所集刊》第三十三,1962年,301页。
③ 见马王堆汉墓出土的帛画(文物出版社,1973年,第二册,图77;和《文物》,1974年第7期,图5)以及《山东临沂金雀山九号汉墓发掘简报》,《文物》,1977年第11期,第4页。

及是《左传·隐公元年》，庄公与母亲不和，发誓说："不及黄泉，无相见也。"这是说人死了入黄泉；后来庄公后悔自己太过分了，于是他接受了颍考叔的建议"若厥地及泉，隧而相见，其谁曰不然"。这里意味着所有的地下泉水都是"黄泉"的支流。在《孟子》、《荀子》和《淮南子》中都有蚓能下饮黄泉的说法。① 汉代王充《论衡》中说："穿圹穴卧，造黄泉之际，人之所恶也。"

这样来理解，这些说法里其实存在着一种上下两分法；天地相对，地下流淌着泉水。有时候这种两分法表现得十分明显，例如《庄子》(6/26下)里说真人能够"跐黄泉而登大皇"，《淮南子》(19/6下)把上天跟黄泉对举："不称九天之顶，则言黄泉之底。"当泉水掀及上天时，洪水就成了治水的大问题。文献中夏人的祖先经常跟"若水"，黄色，还有下界联系起来。在甲骨文中有很多不同的泉水之名，至今我们还可以看到从安阳地区黄土下涌出来的许多泉水，要说居住在这里的人信仰有泉水穿流下界，这不是一个过分的假设。在神话里，太阳从东方的"扶桑"出来，从西方的"若木"落下，由那里进入下界的"黄泉"。黄是土地的颜色，"黄"和"玄"是颜色的自然初级分类；在甲骨卜辞里它们用作祭牲的颜色。

3. 太阳与三足乌

在神话中，那些在"咸池"沐浴，在"扶桑"栖息的太阳有时候也被看成是乌。《山海经》(14/65上—下)中说太阳"皆载于乌"；《淮南

---

① 见《孟子》(6/15下)、《荀子》(1/10上)、《淮南子》(3/5上)。这个信仰与蛇有关，蛇在甲骨文中与灾祸有关，在对商人祖先祭祀的青铜器上，它的位置很突出。

第二章 商代神话和图腾体系的重建

附图1 帛画(湖南长沙马王堆一号墓)

子》(7/2上)中说:"日中有踆乌,而月中有蟾蜍"。汉代陵墓艺术中所见到的跟这种说法相吻合,画像砖上常常绘着太阳里有鸟,月亮中有蟾蜍,或者是兔子和桂树。①

大部分汉代陵墓艺术中通常只表现有一个太阳和一个月亮;但也见有绘着扶桑树和不止一个太阳的例子,其中之一就是1972年在湖南长沙马王堆一号墓中出土的一幅彩绘帛画(见附图1)。墓的断代是西汉早期,在这幅彩绘札幌上画着有一棵树,弯曲的树干表明它是桑树,树的枝间有九个太阳,其中八个太阳都简单地画作橘红色的圆形,在帛画右上角树顶的那个太阳里面有一只黑色的鸟,双足站立,象是一只乌鸦,帛画的另一对角绘有一轮钩月,上面是一只蟾蜍。这里没有出现第十个太阳,引起一些争论,②我想这也许因为帛画是表现人死后到阴间去的升天图,那第十个太阳也许正在人间的上空遨游吧,所以没有在阴间出现。

在汉代画像砖上常常绘有扶桑树和大羿张弓射鸟,鸟简单地代表太阳:后羿张弓备射透露出画面的含义。③ 无论是乌在日中,

----

① 见芬士特布克(K. Finsterbusch):《汉代画像石图表和主题索引》(*Verzeichnis und Motivindex der Han-darstellungen*),Wiesbaden:Otto Harrassowitz,(1)1966年,(2)1971年。

② 鲁惟一(Michael Loewe)在《升天之途》(*Ways to paradise:the Chinese quest for immortality*)(London:George Allen and Unwin,1979年,第50—52页)中讨论了这个问题。我同意他认为"九日"跟上帝有关的看法,但是我觉得《楚辞·远游》中的"九日"似乎是从下界轮流出来。洪兴祖在《楚辞补注》中把"阳"解释为太阳。参见管东贵的论文《中国古代十日神话之研究》。

③ 见陕西省博物馆编《陕北东汉画像石刻选集》,图版8,1959年;鲁道夫(R. C. Rudolph):《中国西部的汉墓艺术》(*Han tomb art of West China*),Berkeley and Los Angeles:University of California Press,1951年,图版55(芬士特布克,第152页);沙畹:《中国画像石》(*La sculpture sur pierre en Chine*),Paris:Ernest Leroux,1893年,图版20,其中的两幅上有一匹马和车系在扶桑树上,我猜想是指《离骚》中的屈原;还有《文物》1964年第4期上的《山东安丘石画像石墓发掘简报》,插图10。

第二章 商代神话和图腾体系的重建

日载于鸟,还是太阳就是鸟,这些定义其实都不得要领,因为这里太阳跟鸟的关系是神话性的;从神话学上来看,太阳和鸟是合为一体的,可是汉代绘画的艺术家却在这个地方遇到了麻烦。

《淮南子》(7/2下)中说"日中有踆乌",就是乌鸦。高诱的注解说:"踆犹蹲也,谓三足乌。"汉代王充《论衡》里也说:"儒者曰,日中有三足乌。"我认为这个鸟名"踆"跟"帝俊"有关系,"帝俊"是神话里的"羲和"之夫;由此推论下来他应是太阳鸟的父亲,"俊"跟"踆"仅是偏旁不同,我们可以猜测两个字的本源都是"夋"。

最早见到三足鸟的形象是在河南庙底沟出土的仰韶文化陶器上(见插图1)。可是,在汉代陵墓艺术中见到的鸟可以是两足(如

插图1　庙底沟型仰韶文化彩陶残片
引自《中国新石器时代陶器装饰艺术》51

同马王堆一号墓中的彩绘帛画,见附图1),也可以是三足。有的学者把鸟足的数目跟汉代早期"阴阳"、"五行"学说的发展挂起钩来,"三"是表示阳数,跟太阳有关系。① 我自己认为太阳鸟的三足到了汉代也许可以做这样的理解,可是太阳和"三"的联系还可以追溯得更早,比如说它们跟商代历法的关系,商代的历法是十天为

---

① 见出石诚彦:《中国神话传说の研究》,东京:中央公论社,1943年,第75—82页;参见鲁惟一:《升天之途》,第129页。

一旬，一月为三十天；这样，十个太阳刚好一月三次轮番出来。

4. 帝俊和他的妻子

每天清晨，太阳鸟从"陽谷"出来，巡游于天；它们先要让它们的母亲"羲和"在"咸池"里给它们洗个澡。《山海经》记载：

"东南海之外，甘水之间，有羲和之国。有女子名曰羲和，方浴日于甘渊；羲和者，帝俊之妻，生十日……"《大荒南经》（15/7下）

高诱为之做注时引用了《归藏》（12上）的一段文字："瞻彼上天，一明一晦，有夫羲和之子出于陽谷。"《归藏》原书汉代已佚，学者们一般以为它不可能早于公元4世纪，可是传统中以为它是与《易经》相当的商书，这似乎不是没有丝毫根据的，就上面所引这段文字来看，语言上并不像是从后来传世的文献里衍变出来的。①

《山海经》中除了"羲和"外，还记载了"帝俊"的另外两个妻子；一个是"常羲"："有女子方浴月。帝俊妻常羲，生月十有二，此始浴之"（《大荒西经》）。在神话中她的角色刚好跟东方的"羲和"配对，"常羲"浴月于西；"羲和"浴日于东，这也跟"扶桑"、"若木"的情形差不多。对"常羲"的信仰不及"羲和"那么风行，可仔细研究一下文献就会发现，"常羲"跟那位偷食了大羿不死灵丹后飞上月亮的女神"嫦娥"（姮娥），还有"帝喾"的第二个妻子"常仪"三个人之间有一种等同关系。从语音学上看，这三个字"羲"（*xia）、"娥"（*ngâ）、"仪"（*ngia），在古音中韵母十分接近、可以旁转假借（高本汉认为它们都

---

① 见马伯乐：《〈书经〉里的神话传说》，以及张心澂：《伪书通考》，上海：商务印书馆，1954年，第19—24、35—36页，注释84、85、86。

第二章 商代神话和图腾体系的重建

属于同一字族)。在神话结构中他们的角色也很近似,所以我认为这三个人物都是从同一位月亮女神的母型演变而来的。

"帝俊"的第二位妻子是"娥皇",她跟人间世界的联系更直接了一些。《山海经·大荒南经》中记载:"帝俊妻娥皇,生此三身之国,姚姓,黍食,使四鸟。"(这使人联想到"踆",三足鸟)《海内经》又说"帝俊生三身,三身生义均。"陈梦家已经注意到了"义均"跟"帝舜"那位没有继承王位的儿子"商均"也许有关系。这样就与商人有了关系,据说"商均"是因受封于商而得名。① 同样在《帝王世纪》的记载里,舜有一位妻子也叫作"娥皇",她和"三身国"同是"姚"姓,②这样"娥皇"、"三身国"同时跟"帝俊"、"帝舜"相联系,"义均"跟"商均"也可以从神话结构上看出相同性,他们其实就是同一个人物的不同称呼。"商均"的"商"字从一方面透露了他与商人的关系。

总之,在神话中"帝俊"、"帝喾"和"帝舜"三个人物之间有一种等同关系,他们都有同名的妻子"常羲"("帝俊"和"帝喾"之妻)、"娥皇"("帝俊"和"帝舜"之妻)。"帝喾"的私名是"夋",他的妻子吞玄鸟卵而神奇地受孕生商,因此他是商人的祖先。③ 郭璞注《山海经》时说"帝俊"和"帝喾"同为一人,他的说法经王国维研究肯定了以后被当今学者普遍接受了。④ 这里的主要原因是他们有相同的私名,共同的妻子,在神话结构中两个人物的角色是相同的。这两个名字不像是异写,而是可以替换的,很早就发生了关系,可能是指同一个本

---

① 见陈梦家:《商代的神话与巫术》,《燕京学报》第二十期,1936年,第490页。
② 见徐宗元编:《帝王世纪辑存》,北京:中华书局,1964年,第39页。
③ 同上书,第29页。
④ 见王国维:《殷卜辞中所见先公先王考》,收入《观堂集林》,卷九《史林一》,(2上—3下)、《续考》(18上—19上)。

来的神话人物。有时候"帝舜"跟"帝喾"的角色也可以互相替换。《礼记·祭法》(23/1上)中说:"殷人禘喾",《国语·鲁语》(4/8下)中却说:"商人禘舜";他们在祭祀中的地位是相同的。这样,"舜""俊""喾"三个名字也许来源相同吧。① [作者补记:舜与俊的相互替换关系由最新出土的楚简得到证明。例如,在郭店简《唐虞之道》、《穷达以时》和上博简《容成氏》、《子羔》中,舜的转写就是"夋"。] 他们的关系源流我还将在后面详细地讨论。请参看插图2。

上面我对"扶桑"神话的描述主要是根据《山海经》和《淮南子》中的材料,虽然这两部书的成书时间相对晚一些,但它们的叙述很明晰,为我们重建"扶桑"神话提供了直接的材料,而且它们所依据的原始材料一定要早得多。其实,这个神话的母型在《楚辞》里也出现频繁,比如说"扶桑"、"若木"、"阳谷"、"咸池"、"十日"、"太阳鸟"等。在《楚辞·招魂》里,萨满诗人(poet-shaman)进入了另一个世界,多次地用这些母型来表明他的超自然神力和升天出境,在那个境域中即使是死者的灵魂也难停留,"魂兮归来,东方不可以托些……十日代出,流金铄石些"。② 我们还可以举出《楚辞》中的一些例子:

"吾令羲和弭节兮……饮余马于咸池兮,总余辔乎扶桑。

---

① 关于帝俊、舜和喾的研究很丰富,可以参看出石诚彦:《中国神话传说の研究》,第582—584页;郭沫若:《中国古代社会研究》,第247—248页;以及陈梦家的《商代的神话与巫术》;白川静:《中国神话》(1975,东京),第165页;袁珂:《中国古代神话》,第142页;由于这些著作都引用了文献记载的细节,我在这里就不再重复了。

② 王逸用"并"来代替"代",他这样做的理由大概是联想到羿的神话,可是"十日并出"只是一次;按照原文把它理解为太阳在东方等候轮流出来更合乎逻辑。参看闻一多:《古典新义》,载《闻一多全集》(1948年,开明书店第二册,第453页)和管东贵(第291页)、出石诚彦(第80页)、大卫·霍克(第104页)论著里的讨论。

第二章　商代神话和图腾体系的重建

1　"扶桑"神话传统

```
俊＝娥皇        常羲      羲和
  │             │        │
三身之国       十二月     十日   （踆鸟）
  │
 义均
```

2　商人起源的神话

```
          玄鸟
        │
 喾＝简狄      常仪
    │
   商契
```

3　甲骨卜辞里的先公先王

𞤀（俊；夒？夔？）

𞤁（娥）　　𞤂（西母）　　𞤃（东母）

𞤄（王亥）
　│
　田（上甲）

4　历史文献传统

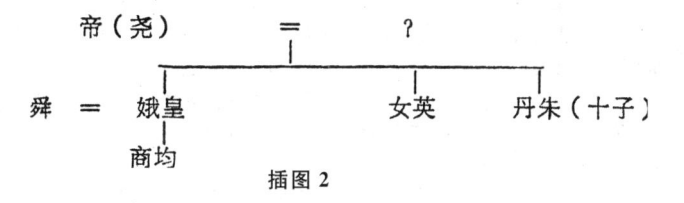

```
        帝（尧）  ＝    ？
              │
 舜 ＝ 娥皇              女英    丹朱（十子）
       │
      商均
```

插图 2

"折若木以拂日兮……"(《离骚》);①

"折若木以蔽光兮"(《九章》);

"左袪挂于榑桑"(《哀时命》)。

最有意义的是《楚辞·天问》里面隐晦地暗示到"扶桑"神话的地方,它说太阳"出自湯谷,次于蒙汜,自明及晦,所行几里?"这跟《淮南子》里的记载不谋而合。还有"羲和之未揚,若华何光?"②甚至还提到了"羿"的故事,"羿焉彃日,乌焉解羽?"③这个问题把我们引向下一个论题。

5. 后羿神话

从汉代起"扶桑"神话就通过"大羿"射日的故事为人知晓,据说上古尧时,十个太阳同时出来,天下大旱,草木枯焦。于是,尧令后羿仰射十日,结果射落了九个,剩下了一个。虽然这个故事里没有提到"羲和",可是它蕴涵了与"扶桑"神话相同的母型,透露了同样的含义。故事中有十个太阳、太阳鸟、扶桑树等,这些相同母型的存在使我们从时间上推断"后羿"神话只会在"扶桑"神话传统之

---

① 大卫·霍克本人遵从了王逸的注释,认为羲和就是"日御";然而在太阳是鸟跟东皇驾车行空这两种说法之间有一种逻辑上的矛盾。管东贵认为这个传说是由于对"日御"的错误理解而导致的;"日御"后来为官名,专门负责太阳行驶环绕。不论哪种情况都没有交代清楚"东皇"的叙述者是谁,也许是萨满诗人自己驾神车追随着太阳吧。我在其他的早期文献里也没见到太阳被车驱赶的记载。

② 见《楚辞》(3/4下)。《说文》对"揚"的定义是"飞举";洪兴祖注释里还列举了另一个版本作"陽"。这意味着这个字跟其他带"易"符一样与太阳有关系;"飞举"就是说太阳像鸟一样飞举和升起。

③ 见《楚辞》(3/12下);参见《归藏·郑母经》(9下)里面用类似的语言描述了羿射日的故事。

第二章　商代神话和图腾体系的重建

后。"后羿"神话中,"十日代出"被放到了遥远的洪荒时代,新的时代就是这样来勉强地解释旧传统,而不是针锋相对地与其对抗。我的解释是"扶桑"传统本来是商代的信仰,但到了周代被一个太阳的信仰所取代,于是,"大羿"射日的故事出现了;从前有过十个太阳,如今只有一个了。

早期文献中较清楚的记载见于《淮南子·本经训》(8/5上—下),文献的开头先描绘了一幅太平盛世图,"(民)托婴儿于巢上,置余粮于畮首,虎豹可尾,虺蛇可蹍,而不知其所由然",可是,这片太平景象被打破了:"逮至尧之时,十日并出,焦禾稼,杀草木,而民无所食。猰貐凿齿,九婴大风,封豨修蛇,皆为民害⋯⋯"于是尧命羿诛怪物,上射十日;因为他的功绩,他成了第一个统治者。《淮南子》中的这段记载是夹在更为宽泛的创世神话的上下文里,它的结构跟《尚书·尧典》里的神话基本相应。

接着尧之时的"十日并出"是舜之时的"共工"振滔洪水,上薄空桑,舜令禹疏河凿渠,导水入海。尧的时代已经是天地分离,和谐不再的时代了("十日"的乱序是不是暗喻了礼崩乐坏?)。从神话学上看,天上十个太阳的出现跟地下洪水泛滥刚好形成一种对应关系,一个时代属火,另一个时代属水。神话学上,羿射日的故事还有更深一层含义,他在一些传说故事中跟西方和月亮有关。民间传说里,羿从"西王母"处讨得长生不死药,结果被他的妻子"嫦娥"(即"扶桑"神话里的"常羲")偷食后逃奔月宫。羿射日的故事表达了西方月亮势力跟东方太阳的势力发生了争斗冲突。①

---

① 羿在夏代的神话里是一个很麻烦的人物;为什么说夏羿就是射日故事里的羿还不太明白。可以参见艾博华:《中国古代地方文化》,第80—87页。

关于羿射日的神话通常解释都是说羿上射十日,结果射落了其中九个,从此只剩下一个太阳每天出来了,比如王逸注《楚辞·天问》说:"日中九鸟皆死,堕其羽翼,故留其一日也。"这种解释承认"扶桑"传统,但是把它划归于过去的神话时代,由此可以看出,"十日"信仰在周代已经成了异端,而"羿"的神话却被接受了,它们都同时存在。

这两种信仰同时并存的情形可以从三段有关的记载得到证实。两段载于《庄子》(公元前5世纪),一段载于《吕氏春秋》(公元前3世纪)。在这些记载中,太阳的光芒是德行之喻,用来指尧的时代,它们的来源看起来相同。《吕氏春秋》(22/9下)里,尧欲让位许由,他说:"十日出而焦火不息,不亦劳乎?"《庄子》(1/9下)中同样的记载是尧对许由说:"日月出矣而爝火不息,其于光也,不亦难乎?"这里没有用"十日"一词,而用了"日月"。另外一处(1/37下)是舜答尧如何使其他部落归顺时这样说:"昔者,十日并出,万物皆照……"这可以跟上面讨论过的《淮南子》(8/5上)里的那段文字相应。从《庄子》现存的文字来看,作者的态度是跟周代人的思想相吻合的,他也认为"十日"是发生在遥远的过去。

然而,羿射日神话的解释并非总是十日中的九日都被射落了,也许它们不过是吓得变乖了,一有机会又出来,王充《论衡》里说:"尧上射十日,以故不并一日见也。"在一些文献中,"十日"后来还一起出来过,《淮南子》(15/6上)中说:武王伐纣,"当战之时,十日乱于上……"《竹书纪年》中有类似的说法,夏朝将亡,天空中"十日并出",①这是一种不祥之兆。

---

① 见《古本竹书纪年辑校订补》,1956年,第14页。

由于没有交代清楚那九个太阳是否真的被射落了,于是,这个神话就给那些继续相信十个太阳从"扶桑"升起的人留下了解释的余地。同时,其他人则接收了一个太阳的信仰。通过分析比较"羿"神话中所蕴涵的"扶桑"神话传统的母型因素,我们可以从时间上推断,虽然这两个神话在周代汉代的文献里是同时并存,但是"羿"神话只能是在"扶桑"神话之后而兴起传播的,两者分别代表了商人和周人的传统。"扶桑"传统在《楚辞》里十分流行,到了《淮南子》里稍逊一筹,这同马王堆彩绘帛画上的九个太阳一样,透露了周代汉代时这个传统跟南方的联系。然而,我所要强调的是,在这之前,商人的影响已经波及了楚域,楚在周代是一个半独立的国家。

我在上面讨论了"扶桑"神话传统原来是由商人的传统演变来的,当商朝被周人所灭后,商人的传统就失去了它自身的完整性,一个太阳的信仰取代了十个太阳的信仰而成了正统思想。现存的"扶桑"神话实际上是周代和汉代文献中南方体系的,它跟商人并没有直接的联系,可是,仔细研究一下就会发现,除了太阳的数目外,这个神话传统中许多因素跟周汉之际文献所记载的商人起源神话,商朝创立传说有密切的关系。下面我将探讨的论题是商人起源的神话,它跟"羲和"生"十日"的神话一样,也是从相同的源头发展出来的一个分支变形。"扶桑"神话的母型跟商人传说的关系可以从许多地方看出踪迹,比如说商人祭社的名称"桑林",商朝初年大旱的故事,伊尹诞生的故事,以及商朝创始人的名字。我下面将一一进行论述。

6. 商人起源的神话

在"扶桑"神话传统中,太阳跟鸟是等同的,太阳的母亲"羲和"在"扶桑"下"陽谷"中的"咸池"里给太阳洗浴,"羲和"是"帝俊"之妻,"帝俊"同时还有两位别的妻子,一位是月亮之母"常羲",另一位是诞生了"三身国"的"娥皇",他还诞生了"羲均"(即"商均")。我这里先要讨论的是商人起源神话中那只"降而生商"的玄鸟,它其实就是太阳鸟。

关于商人起源最早的记载见于《诗经》:

《玄鸟篇》:"天命玄鸟,降而生商,宅殷土芒芒,正域彼四方。"

(《毛诗》303)

《长发篇》:"濬哲维商,长发其祥,洪水芒芒,禹敷下土方,外大国是疆,幅陨既长,有娀方将,帝立子生商。"

(《毛诗》304)

周代商人的后裔封于宋国,《诗经·商颂》是在那个地方传下来的祭祖之歌。虽然《玄鸟篇》中的第一句就提到了"天",这可能是周代的影响;但是《长发篇》诗称上帝为"帝",这跟商代用词是符合的。我们可以说这些诗篇在记录成篇时经过了某些改变,可是无论如何,在留下来的周代文献中,它们可信度较高地接近于原来的商人传统。

我在下一章里将讨论关于夏代的神话,从夏神话的角度来看,"禹"在《诗经·商颂》里作为商人的祖先出现颇有含义。《诗经》里没有什么"夏颂",照理说如果有夏人的后人,那么也应该有这类记载。这里只提及了"禹",而且是在商人的前后文中出现的,他似乎是属于商人传统。有意思的是"尧"和"舜"在《诗经》里都没有出现,这情形正好符合我的推论,"尧"是"帝"的衍变,"舜"是"帝喾"的脱胎,他们其实是一回事。

《楚辞·天问》中提到这个神话时使人联想到"扶桑"神话传统,"简狄在台喾何宜,玄鸟致贻女何喜?"在这里"简狄"是有娀氏的名字;"喾"不是"玄鸟",而是一位祖先。《楚辞·天问》中这些问题的答案必须求教于较晚的文献,《史记》记载:"殷契,母曰简狄,有娀氏之女,为帝喾次妃,三人行浴,见玄鸟堕其卵,简狄取而吞之,因孕生契。"这段文字中没有提到什么"台",商人的祖先是因为简狄吞玄鸟卵而孕生的,从这可以比较清楚地看出这个神话跟"帝俊"的关系,"帝俊"是太阳中黑鸟(即"踆")的父亲,也是"三身国"之父;"三身国"生"羲均"("羲均"等同于"商均")。① 在神话中,"帝喾"之妃出玄鸟卵而生商。我们前面已经论证了"帝俊"跟"帝喾"之间有一种等同关系,按照逻辑推下来,这只"降而生商"的玄鸟实际上就是太阳中的那只黑鸟。《史记》里提及的数目"三"为"三人行浴",这也许是原来的神话原型的一种衍变吧。

乌鸦的毛色是黑的,"乌"字的本意是黑色、玄色。在较早的商人起源神话记载里只提及了"玄鸟",可是到了《吕氏春秋》中,这只鸟却成了"燕",并且,多为后来的文献所遵从,《吕氏春秋》(6/6下)记载:"有娀氏有二佚女,为之九成之台,饮食必以鼓。帝令燕往视之,鸣若谧隘,二女爱而争搏之,覆以玉筐,少选,发而视之,燕遗二卵,北飞,遂不反。"这里值得注意的是"二卵"一词,我们如果按照神话复原来推想,简狄吞一卵而生商(太阳),那么另外一枚卵会不

---

① 见陈梦家:《商代的神话与巫术》。

会是被"帝喾"的另外一位妻子"常羲"所吞而生下月亮呢？二女饮食于九成之台,鼓乐伴奏,这也使人联想起商朝末代帝王纣辛的妃子妲己的故事。① 《吕氏春秋》中的这段记载描写十分细致,这说明它是稍晚出的版本形式,即使《吕氏春秋》的编成时间按理比《史记》要早得多。这只诞生商人的玄鸟起初并不在乎它的种类,只要它的颜色跟太阳鸟相配。② 帝喾和帝俊身份的等同也意味着,太阳里的鸟就是诞生商人的这只鸟。关于这个解释的进一步证据还可以从"桑林"神话和商朝初年大旱的传说看出意义。

7. "商"与"桑"

周代商人的后裔封于宋,宋国的祭社称为"桑林",《吕氏春秋》(15/2下)记载:"武王胜殷……立成汤之后于宋,以奉桑林。"《墨子》、《左传》也记载了宋国的祭社是"桑林",《墨子·明鬼下》:"宋之有桑林。"《左传·昭公二十八年》:"宋以桑林享君。"杨宽和一些学者们进一步推论说"宋"、"桑"、"商"(商也是地名,商人由此得名)三个字之间有一种字源上的联系。③

沙畹(Edouard Chavannes)和葛兰言把"桑林"叫作"autel du sol"(土地的祭坛)。④ 可是,我认为"桑林"其实应是太阳的祭坛,

---

① 关于这个题目可以参见拙作《世袭与禅让——古代中国的王朝更替传说》。
② 有一种叫作"乌燕"的鸟可能引起混淆,见贾祖璋:《鸟与文学》,1931年,第5页;管东贵的论文引用了胡厚宣《楚民族源于东方考》一文的材料来论证太阳里的鸟就是"玄鸟"。
③ 见杨宽:《中国上古史导论》,第102页。
④ 见沙畹:《泰山:一个中国宗教专论》(*Le Tai chan: essai de monographie d'un culte chinois*),Paris:1910年,第474—475页;以及葛兰言:《中国古代的舞蹈和传说》,第305页。

第二章　商代神话和图腾体系的重建

它在商人神话学中的重要性可以从商初大旱的史载中看得格外明显。传说商人灭夏以后，接着发生了一场持续了七年的大旱，庄稼枯死，河流干涸，于是商王成汤自己作为牺牲，在"桑林"之社祈祷上帝，最后天降大雨。

这个故事记载于多种文献，最早的是公元前5世纪的《墨子》，我认为所有有关的记载都是一个来源，即《尚书·汤诰》的原本。①这个故事最全的记载见于公元3世纪皇甫谧根据早期佚名材料编纂而成的《帝王世纪》：

"汤自伐桀后，大旱七年，洛川竭。使人持三足鼎祝于山川，曰：政不节邪，使民疾，苞苴行邪，谗夫昌邪，宫室营邪，女谒行邪，何不雨之极也？殷史卜，曰：当以人祷。汤曰：吾所为请雨者民也，若必以人祷，吾请自当。遂斋戒剪发断爪，以己为牲，祷于桑林之社；曰：唯余小子履，敢用玄牲，告于上天后。曰：万方有罪，罪在朕躬，朕躬有罪，无及万方；无以一人之不敏，使上帝鬼神伤民之命。言未已而大雨至，方数千里。"

所有关于这段历史的记载，包括《墨子》在内都把举行祭祀的

---

① 关于这段记载可以见以下著作：《论语》(10/9 上下)、《墨子》(4/14 下)、《国语》(1/15 上)、《论衡》(5/14 上—15)、《吕氏春秋》(9/38—45)、《淮南子》(9/4 上)、《荀子》(19/15 上下)、《尚书大传》(2/14 上)、《说苑》(1/15)和《搜神记》(上海：商务印书馆，1957年，卷八，第67页)。现传的《汤诰》所根据的是同一记载，但没有人殉的内容。《帝王世纪》有六种版本，我这里所根据的是最完整的一个。虽然这段文字的语言经过了后来的变化，但它看上去也是从《汤诰》的早期版本来的。那个本子一定是各种版本的来源。关于这些文献记载的详尽比较请参看拙文《〈尚书〉里一篇逸文所记载的干旱和人殉》("Drought, human sacrifice and the mandate of Heaven in a lost text from the *Shang shu*")，发表在 *Bulletin of the School of Oriental and African Studies* 47.3，1984 年，第 523—539 页。

地方称作"桑林",这说明不仅是后来宋国的祭坛叫作"桑林",而早在商代,商人祭坛就用这个名称了,并不在乎它的位置在哪。在《帝王世纪》中还出现了"三足鼎"、"玄牲"等词语,这都使人自然联想到"扶桑"神话里"三足玄乌"。

虽然《帝王世纪》里的这段记载不能直接看作是商代的文献,可是它的许多地方都使人联想到商代祭祀的实际情况,故事中,汤所扮演的角色是商代帝王的真实缩影。甲骨文里,求雨是占卜的主要内容之一,干旱是"帝"(上帝)降临到商王身上的,"祝于山川"是商代有的祭祀;"三足鼎"是商代青铜器的器型;商王祈祷以后,由"史"在甲骨上进行占卜,这也是商人的传统;"史"是商代的官名,其职责也许涉及到在甲骨上制兆;人殉,也是商人祭祀中十分常见的;卜辞中有很多物牲、人牲如何搭配献上的记载。文中还有一点可以求证于商代的一种很特别的祭祀,即"㚔"(烄)焚烧人殉,或将人暴晒以求雨,这种祭祀很有效,因为大部分这样的人殉并不是奴隶和囚徒,而是"巫尪"。[①]"余一人"作为帝王的自称,这也跟甲骨文相同,这是商代和周代文献里帝王自称的标准形式。

甲骨文中没有见到把帝王作为人殉的记录,也很难想像会有这样的记载,可是在某种意义上,商代的帝王已经是一种牺牲,他们从肉体和精神两方面都作为沟通神民之隔的媒介。商王的牙痛和疾病是一种不祥之兆,是将以干旱和歉收降临他领土上的神灵的诅咒;他用同样的方式对二者进行贞卜。商王并

[①] 参看拙文《〈尚书〉里一篇逸文所记载的干旱和人殉》,第527页;参看裘锡圭:《说卜辞的焚巫尪与作土龙》一文,载于《甲骨文与殷商史》第1辑,上海:上海古籍出版社,1983年,第21—35页。

不直接向上帝献上祭品,上帝在所有的祖先和自然神灵中居于最高层,他控制着阴晴雨降之类的气候现象,以及战争讨伐,建城作邑一类的国家大事,他行使着最令人畏惧的权力。商王通过他们的祖先替他们向上帝求情,贞卜的目的是想求得上帝对他们主要行为的认可和赞同。

在历史文献中,汤是商朝的开国君王。在这个记载以己为牺牲的故事里,他承担了帝王的神圣角色,他一方面变成了沟通神灵的渠道(作为贞人,用占卜来决定"帝"的旨意),同时他又代表了他的人民,他的职责是帝王的职责。文献记载中,把王侯君臣作为牺牲来慰告上帝的情况后来在周代又再次重演过,《尚书·金縢》记载,周朝初年,武王生病,周公祈求上苍将举国之罪降于他一人之身;可那次祭祀的原因不是干旱,地点也不是在桑林。看来"桑林"这个母型是特别和商人联系在一起的。

这个商人求雨故事里的干旱和炎热,使人联想到"尧"的时代"十日并出"的说法,这可能是同一主题的翻版,它把商人跟太阳的关系象征化了。这种象征主义还可由《淮南子》里流行的"十日"神话得以佐证,商代末年,"十日并出"是一种恶兆。商朝初年大旱的故事可以看成是夏初洪水故事的一种倒装形式,夏初河水泛滥,商初河水干涸。

8. 伊尹诞生的神话

在伊尹诞生的神话里,我们可以再次看出商人跟"扶桑"神话传统发生关系,这个神话也同样反映出了太阳母型跟洪水母型的对立关系及其意义。《左传》和《史记》记载说伊尹是商朝初成汤之相,也是成汤之孙太甲的摄政者,他原是成汤娶妻有莘氏陪嫁的一名厨子,成汤抬举他作了丞相。这个故事的主题是强调伊尹担任了商朝的宰相,这跟太公望是周代的开国丞相刚好形成了一种对应角色。① 甲骨文里,伊尹跟商人的先公先王同受祭。张光直先生曾提出一种理论,他认为商代存在着一种跟交表亲婚姻相联系的两组政治集团间轮流执政的现象,成汤统治时期,伊尹是另外一个交替集团的首领。② 齐文心在一篇文章中提出"尹"是商代的官名,"伊"是指居住在伊水流域的伊国,这样,"伊尹"其实是从参助了商人开国的伊国来的在商王朝任职的"尹"官。③

在历史传统中,伊尹是商朝的宰相,可是伊尹诞生的故事却富于神话的色彩,涉及了大洪水宇宙生成神话的范围。文献资料中最早提到这个故事是《楚辞·天问》:"水滨之木,得彼小子,夫何恶之,媵有莘之妇?"④这里流露出的意思似乎是问为什么没有人认领这个孤儿。中国早期的许多神话里,因神感而生的婴儿常常是被遗弃的,比如说后稷的故事,他也是因母亲在桑林履"帝"迹(一说"帝喾")而受孕诞生的。

伊尹诞生故事较早较全的记载见于《吕氏春秋》,这段文献里说有莘氏在空桑采桑时捡到了伊尹,关于他的诞生是这样记载的:

---

① 参看拙文《周汉文献中所见的太公望》("The identities of Taigong Wang in Zhou and Han literature"),载于 *Monumenta Serica* 30(1972—1973 年),第 89—98 页。
② 见张光直:《商代社会的二元现象》("Some dualistic phenomena in Shang society"),载于《中国古代文明:人类学的理解》(*Early Chinese Civilization: Anthropological Perspectives*),Harvard-Yenching Institute Monograph Series,23,1976 年,第 100 页。
③ 见齐文心:《伊尹与黄尹为二人辨析》一文,发表于《英国所藏甲骨集》下册。
④ 王逸的注释"媵,送也",指新娘的嫁妆。

(14/4 上)

"其母居伊水之上,孕,梦有神告之曰:'臼出水而东走,毋顾。'明日,视臼中出水,告其邻,东走十里而顾,其邑尽为水,身因化为空桑……"

《淮南子》里记载的"十日"神话中说"共工"作浪滔天,上薄"空桑"。把这两段文献记载联系对照起来一看,暗示出伊尹母亲所见到的那场洪水也许就是尧之时的那场大洪水。我下面对"空桑"这个十分有意义的词作进一步的分析。

9. "空桑"和"咸池"

在早期文献中"空桑"是一个很常见的词(有时称作"穷桑"),它是神灵居住的地方;它也是作为地心(axis mundi)的宇宙之树(cosmic tree)。① 在《归藏》(12 上)里有一段是这样描绘"空桑"的:"空桑之苍苍,八极既张,乃有夫羲和,是日月出入,以为晦明。"《归藏》中的另一处(14 上)还提到了"蚩尤伐空桑,帝所居也",从其他的《归藏》佚文所载黄帝杀蚩尤的故事来推断,这里所说的"帝"一定是指黄帝。关于"黄帝"跟"空桑"的一些问题我后面还要谈到,这里从略。其他一些文献中记载了少皞和颛顼也居于空桑。② 甚至到了后来的传说里,孔子也跟"空桑"发生了关系,《春秋演孔图》中说孔子母亲梦见黑帝而受孕生孔子于空桑。孔子是鲁国人,传

---

① 见陈丙良:《中国古代神话新释两则》一文,载于《清华学报》,1969 年第 2 期,第 209—210 页;葛兰言《中国古代的舞蹈和传说》,从第 433 页起往后。

② 见陈丙良文,第 210 页,他列举了很多"空桑"和"扶桑"的文献资料。另参见第三章的论述。

称为商人之后,这里"黑帝"指什么不能肯定但是"黑"似乎暗示出它跟"玄鸟"神话之间有某种关系的痕迹。①

葛兰言说"空桑"就是"扶桑",②《归藏》的记载也是把"羲和"跟"空桑"相提并论的,但是仔细分析一下,那棵所谓的西方之树是称作"空桐"。③"空桐"是死亡和流放的幽暗之地,它跟"帝"所居住的"空桑"形成一种对应。文献里关于商代的记载,伊尹发觉太甲不明于政,于是将他流放到了空桐,这里还是成汤的埋葬地点。④"空桑"及其对应物"空桐"形成了商人商朝神话中的一个重要部分。

跟伊尹诞生于"空桑"的神话相呼应,也有一个同样把成汤跟"咸池"联系起来的神话,虽然这个神话的记载不如伊尹神话那样明了,《楚辞·天问》:"汤出自重泉……",有的学者把"重泉"跟太阳谷等同起来。⑤ 从成汤的名字也可以看出他跟"咸池"的关系,神话中这个太阳谷(包括"咸池"在内)常常称作"汤谷";甲骨文中"汤"与作"囗"(释作"唐",也是尧的族姓),还有"囗",这个字的诠

---

① 见安井衡编:《管子纂诂》(台北:河洛图书出版社,1976年,卷三,第8页),其中"玄帝"被释为天帝,但这个称呼很少见。孔子出生的故事见于《春秋演孔图》,收于《太平御览》(台南:平平出版社,1975年,第4793页),《艺文类聚》(上海:中华书局,1965年,第1519页)。

② 见葛兰言:《中国古代的舞蹈和传说》,第435页。

③ 《史记》卷四、卷六记载了黄帝西及空桐,空桐也是宋国北门的名称(见《左传·哀公二十六年》),人死后从空桐运送出城。我推测这个西方死亡之域的象征,在东西对应观念中变成了"四方"的北方。

④ 《史记》卷三(北京:中华书局,1959年,第99页);《古本竹书纪年辑校订补》,第18—19页。

⑤ 见森安太郎:《中国古代神话研究》(王孝廉译),台北:地平线出版社,1974年,第14页。

释是"咸",跟汤谷中的"咸池"之名一致。另外,这个名字"咸"还出现在《尚书》中:"自成汤咸至于帝乙。"①

于是,我们就作出一些结论性的观察,在周代文献里,商人是跟"扶桑"神话传统相联系的。商人的祖先生于帝喾所送的鸟卵,在喾、舜、俊之间有一种等同关系,他们是"羲和"之夫和"十日"之父;商朝初年大旱,成汤在祭社"桑林"祈祷,以己为牺牲;成汤之相伊尹生于"空桑"(这是"扶桑"的变形),成汤的名字也跟"咸池"有关;总之,在这些基本母型之间有一种共通衍变现象。

我们今天所看到的最早关于商人和商朝记载的时代与历史上真正的商朝结束,其间隔有五六百年的时间,在这期间,周人的信仰已经逐渐取代了商人的信仰而成为中国北方中原一带的正统思想。由于这期间所留下来的文献极少,如果我们要想研究并重建商人的信仰体系,我们就必须直接求证于商代的甲骨文,它们是可靠的第一手材料。可是,这些甲骨文大多是祭祀卜辞,所以使用也是很有限的,这些卜辞记录了商人企图通过对祖先和神灵的适当的祭祀来保证商王和人民的利益,因为这些卜辞并不记载任何神话性叙述,也没有说明性的文字,于是对祭祀背后所包含的神话和逻辑并不能提供直接的证据。然而,祭祀的方式和受祭先公先王的名字却暗示出了"扶桑"神话传统的存在,蕴藏着商人起源神话的早期形式,理解这些神话传统也同时给我们提供了正确诠释甲骨卜辞内容的钥匙。

---

① 见胡厚宣:《殷卜辞中的上帝和王帝》,《历史研究》,1959年第9期,第89—90页。

10. 商代的图腾主义

下面我将推论在商代的王族与"十日"(十个太阳,或是太阳鸟)之间存在着一种图腾关系。我所说的"图腾主义",与其说是一种社会制度,不如说是一种分类体系更恰当。通过这个体系,原始人去理解环绕着他的世界,并使之次序化,这一行为包括了在人跟动物,或者是其他的自然物之间进行一种类比,在这样一个体系中,巫术的效用就是要使这个体系内部的各种属性操作起来,实现一种目的。它有一定的逻辑关系,可是却完全归于宿命决定论,它的局限就是分类体系本身的局限。① 在这样性质的一种体系中,商人的祖先跟太阳联系起来进行分类,这种图腾关系是商代祀谱的核心。我上面所论证的商代神话传统的早期形式在这里给它提供了一种合理性的解释。

甲骨文中没有见到前面所引的那种帝王以身为牺牲,救民于旱的祭祀记录。② 然而,如上所叙,商王自称为"余一人",他给自然神灵和先公先王送上祭品,好让他们在上帝面前替他通融,以便

---

① 我在这里所采用的定义是依据列维-斯特劳斯的《图腾主义》(*Totemism* London: Merlin Press, 1964 年)和《野性的思维》(*The savage mind*, Chicago: University of Chicago Press, 1966 年,译自法文 *La Pensee Sauvage*),然而,应该注意的是这里我讨论的"人"与"物"对立分类中,"人"是由祖先代表。关于社会集团和祖先分类两者之间的关系仍然有不少争论,太阳本来是自然物,"十"也是自然之数,可是这里"十日"的分类和祖先十个组的分类是一种文化上的归类。这些都是我们应用人类学理论来研究中国古代文化时应该考虑的。

② 倪德卫在他 1978 年提交伦敦大学亚非学院的一篇论文里根据《丙编》334,5上的卜辞,认为在商王疾病跟天气之间存在某种联系。要是他的推论正确的话,那么为成汤祭祀提供了一个例证。

确保他本人和他的人民领土的安宁。祭祀过程中要有许多具体的分类,王的职责就是决定恰当的祀典并确保祭祀合乎规范地进行,不然的话,诅咒就会以坏天气、歉收和一些其他形式的自然灾祸降临到他的领土和人民身上,对他本人也会以疾病、意外之灾的形式表现出来。

祭法是甲骨卜辞的基本主题,不仅要在专门的某一天祭祀某一位祖先神灵,而且祀典也是专门设立的,物牲(还有人牲)和物牲的搭配,它们的准备和数量,还有雌雄以及颜色等问题也都是祭祀时应该考虑的。在第一期卜辞中,商王大都献上实物来肯定这一切过程和手续确实无误地执行了。等到了第五期,祭祀规范化了;所以商王几乎不再去主持和过问占卜的具体形式了,占卜事先就断定为吉祥。[①] 其他的卜辞内容多是卜问在某段时间内,或者某一环境中会不会有灾难发生;再不就是问上帝和祖先是否会保佑他们有好年成,好的气候和成功的狩猎。这样的卜辞,甚至像"其雨"、"其不雨"的命辞都可以如此理解,它们的目的是想知道商王是否受到了保佑,或者是受到不吉利的诅咒,我还将在第四章里详细地讨论这个祭祀体系。

列维-斯特劳斯曾经指出,所谓图腾体系,并非是想像所为,而是存在于实际生活里,并没有多少"神话"。这与中国古代的情况究竟符合不符合呢?虽然商代的人们耗费时力地准备和进行这种占卜过程:备龟(骨)、制兆、录辞;这一切无疑表明这是商人一项重要的宗教活动,可是因为甲骨文本身没有叙述性的记

[①] 见吉德祎:《商代的占卜》("Shang divination: the magico-religious legacy"),收入亨利·罗思文(Henry Rosemont)编:《中国古代宇宙观探索》(*Explorations in Early Chinses Cosmology*),Chico,CA,Scholars Press,1984年,第18页。

载,我们很难证明列维-斯特劳斯的这项原理是否能概括中国商代时的真实情况。然而,通过分析甲骨文字的结构和含义,如"㯥"東(东)、"⿱"西,还有卜辞所记录的先公之名,以及对先王的祀谱,我们可以从中发现"扶桑"神话传统的早期形式和商人起源神话的一些间接性证据。

11. "东(東)"和"西"

甲骨文中没有专门描绘"扶桑"。"桑"字在甲骨文里是一个东边的地名,没有特殊的含义。除非"桑"像"日"一样,在甲骨文中有对它进行祭祀的记录,不然很难轻易断定"桑"是一个特殊的受祭对象。可是,甲骨文里的"东(東)"和"西"这两个字的字形结构本身却暗含了"扶桑"神话的信仰。

《说文》:"东,动也;日在木中。"旧注都认为它就是榑木(即扶桑)。许多现今的学者对《说文》的这项定义提出了不同的看法,认为这个字的字形应当作另外两种解释:一种看法是"东(東)"的字形是表示一束捆起来的柴,另一种说法是"东(東)"字表示一个两头束紧的袋子。① 然而,我从甲骨文本身分析得出的结论却支持了《说文》原来的定义。请看下面的讨论。

---

① 见卜弼德(Peter A. Boodberg):《谈中国古文演化》("Remarks on the evolution of archaic Chinese"),*Harvard Journal of Asian*,1937 年,第 347—349 页;金璋(L. Hopkins):《汉学笔记》("Sinological notes"),*Journal of the Royal Asiatic Society* 14,1937 年,第 29—31 页;顾立雅(H. G. Creel):《中国古文字的意符》("On the ideographic element in ancient Chinese"),收入 *T'oung Pao*,1939 年,第 278—281 页;还请参看李孝定:《甲骨文字集释》2029、周法高:《金文诂林》和《金文诂林补》6—0782 中的有关诠释。我认为把族名"㯥"解释为"东"缺乏证据。

第二章　商代神话和图腾体系的重建

　　同后来成熟的汉字一样，许多甲骨文字已经是由声符和义符两部分组成的了。当然，比起后来的汉字，甲骨文字义符的象形意味要重得多，可是从某种程度上说它们已经抽象化了，一些笔画通常暗示着某种复杂的图画，可是这些惯例不像后来的汉字那样固定化，尤其是在秦始皇统一文字以前，文字的形式是多种多样的。就甲骨文而言，且不论殷商三百年间的卜辞书法变化了，就是同一期的卜辞也有几种不同风格的字体存在，甚至有同版契刻者也会为图方便而改变一个字结构的现象。① 跟后来的汉字差不多，甲骨文的音符通常也是由义符借来，作为另一个字的组成部分表示读音。于是，有人认为现在所写作"束"(*śiuk 捆绑之意)、"橐"(*t'âk 两头扎起的袋子)这两个字都是"东(東)"的假借字，"东(東)"并不是"日在木中"的象形字。

　　要解决这个问题，我们最好是从甲骨文本身入手，而不是用现代的释字作为开始。在研究"东"字以前，我们先分析它的字族。见插图3：

　　(1)组，列举了甲骨文中"东(東)"字的名种字形。

　　(2)组所列举的字都是表示一捆柴的象形；我先对它们分别作些解释：

　　　　(2a)"✵"(释作燎)，边上的两点表示火，这个字的意思是焚烧祭牲；这常常是对东方神灵的祭法。

　　　　(2b)"✤"象一束捆起来的柴，这个字通常解释作"束"。

　　　　(2c)"✤"象一捆柴放在祭坛上，一般解释作"禘"。

---

① 见拙文《甲骨文的契刻》，载于《英国所藏甲骨集》下册，第217—245页。

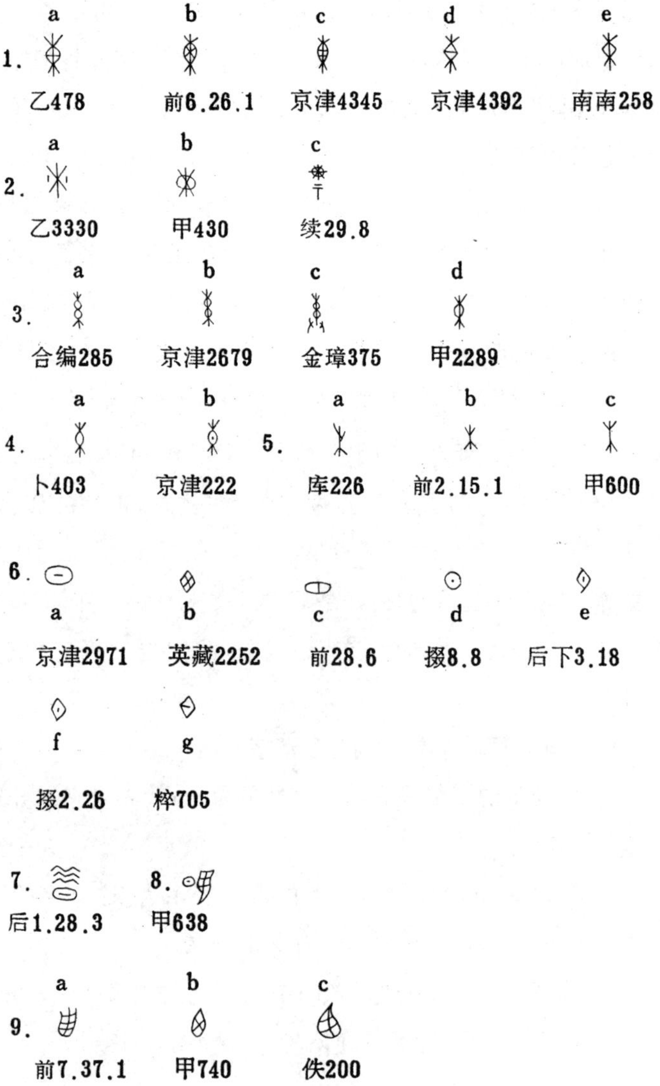
a b c d e
1.
乙478 前6.26.1 京津4345 京津4392 南南258
a b c
2.
乙3330 甲430 续29.8
a b c d
3.
合编285 京津2679 金璋375 甲2289
a b
4.
卜403 京津222
a b c
5.
库226 前2.15.1 甲600
6.
a b c d e
京津2971 英藏2252 前28.6 掇8.8 后下3.18
f g
掇2.26 粹705
7.
后1.28.3
8.
甲638
a b c
9.
前7.37.1 甲740 佚200

插图 3

(2)组的这三个字共同的义符都是一捆柴,"✳"看上去与"✳"(木)很近似。但只要仔细观察是可以作出区别的。(2)组的义符"✳"两画相交,而(1)组"东"字的"✳"笔画并不直接相交。这一组的一个异形(1b)里的笔画虽然相交了,可这与(2)组中的字仍有所区别。

(3)组所列举的字都带"糸"符。

(3a)"ㄊ"释作"糸",是现代汉字体系中的一个部首;

(3b)"ㄊ"可以释作"糸",与(3a)同,也可以释作"索",与(3c)同;

(3c)"ㄊ"带了"ㄣㄣ"(两手)的象形,它一般释作"索"(*sâk)。

再看(4)组。

(4a)"ㄊ",岛邦男《殷墟卜辞综类》里只录有两例,它可能是(3a)的一个异形;许多学者将它释为"束"。可是从《综类》中所录的一条卜辞的上下文来看,它也可能用作地名。

(4b)"ㄊ"是(4a)的一个异形,有人将它解释为"橐"字的字源,意思是两头束紧的袋子。

这些字的字形与(1)组"东(東)"字的字形相近似。但是我们可以作出几点区别,(3)、(4)组中所列举的字形有的缺乏"东(東)"字表示树干的竖笔,有的虽然有这一竖笔,如(3b)、(3c),但是另一字素"ㄊ"又是表示缠丝之意,不可能是"东(東)"字;(1a)的字形中的竖笔没有连串。可是在成百的例子中只见到两例这样的异写,所以我们作为例外,姑且存而不论。

现在我们再来看"东(東)"字。我们只要把上面图表中(1)组中所列举的字形跟(5)组中的"木"、(6)组中的"日"的各种书写形式放在一起作番比较,就会发现"东(東)"字其实就是"木"跟"日"的组合。我们不知道"日"字里的横画表示什么,但看(6)组"日"字,它也以各种书写形式出现了。(1c)的"✡"中有两横划,不知道为什么,也并不常见。(6b)跟(1b)中的字素相同,证明了这个异体的存在。总之,观察这些甲骨文字的结论是,"东(東)"是"木"和"日"的组合;它跟(2)、(3)、(4)组所见的那些异体字虽然相似,可是并无字形发展上的明确联系。最后也许还可以从音韵学的证据补充几句。高本汉的上古音复原,"东(東)"字的韵尾是(*ng),这跟"束"(*śi̯uk)、"橐"(*t'âk)一组汉字的韵尾不相同。《说文》:"東,動也";"動"字的古音是(*d'ung),一组从"重"的汉字也都带相同的韵尾。① 看来,"东(東)"本身就是音符;它似乎不太可能是从那些原来语音上并不相近的字借来的(如"束"、"橐"),虽然在后来的语音变化中它们都被归入相同的韵部。

为什么会有"东(東)"字跟"橐"字的混淆呢?我认为主要是有的解释者把金文里的"✡"当做了"东(東)"字。金文里的"✡"是不是甲骨文里的"東",这很难说,甲骨文里有"✡",也有"✡"的写法,可是"✡"、"✡"不象"✡"(里面有几道竖笔),甲骨文里所见的这两种写法也不是最普遍的,它们多出现在历组卜辞里,我认为金文里的"✡"与甲骨文里的"东(東)"字没有直接联系。

如果以上我对甲骨文"东(東)"字的理解正确的话,那么就可以得出这样的结论,商代的文字透露出了跟"扶桑"神话信仰的联系;还有一些相关的汉字也有类似的痕迹,《说文》:"杲,明也;从日在木上。""杳,冥也;从日在木下。"这两个字在甲骨文中没有见到。

---

① 参见高本汉:《汉语语法重建》,第 118 页关于重、腫、锤、踵、衝等的释音。

甲骨文里有一字“”，释作“昔”，这是表示“日在水下”的象形字，它也许可以作为商人对“黄泉”、“若水”信仰的证据吧，从视觉上讲，太阳不可能是在安阳，或者任何早商都城周围的泉水下出入升降，所以创造这个字的人一定是从思想上相信太阳在水下。

最后，我们来看甲骨文的“西”字，它是一个鸟巢的象形字“”，《说文》中有这个字，段玉裁的注解说，这个字的字义是日沉西边，鸟在巢：是“棲”的假借字。① 这样看来，正如“东（東）”字是“日在木中”，表示太阳从一棵树（扶桑）上升起；“西”字表示一个鸟巢，是太阳（太阳鸟）夜间栖息的鸟巢。另外还有一个“”（翌），表示第二天，字形结构是太阳跟羽毛在一起。这都透露了甲骨文字背后的神话含义。

12. 甲骨文里的先公之名

商人在甲骨上进行占卜是想要知道和肯定对那些祖先神灵祭祀，了解他们的需求，以便送上。卜辞既然如此性质，我们当然很难知道那些祖先和神灵们的具体故事，而只能直接研究卜辞所录的他们的名字。卜辞所见的祖先的名字可以分为两类：一类是高祖，也可称先公；另一类是直系祖先，称作先王。先公一般都用私名，这些名字的字形常常是带暗示意味的图画文字。他们在世系中没有明确的次序排列；他们的神力比先王要大得多；他们常跟“岳”、“河”这类的自然神灵一同受祭；也有人认为“岳”、“河”都是先公。卜辞所见的先王之名，从上甲开始，一共有二十三代。他们

---

① 《说文解字诂林》，第 5288 页。

的名字是由私名跟"十干"(就是甲、乙、丙、丁……)组合在一起作为称谓。"十干"之名也是商代历法一旬内十天的叫法;先王在这一旬十天内轮流祭祀。"十干"在后来也称作天干。

对先公和先王不同的命名方法,以及先公之间缺乏一种清楚固定的次序,这意味着一类原来属于过去神话体系中的人物被融进了商人的祭祀系谱。由于在这两类不同的祖先之间并无有意识地区别,他们都属于"祖先"之列,先公并不是有意按照人的相对物来设计的,而且,两类祖先都统统混合在一起了,所以我们可以说,在这里已经播下了把神话人物历史化的种子。虽然甲骨文中没有关于这些祖先的直接叙述,但是我将在下面进行分析,他们的名字同样暗示出了"扶桑"神话和商人起源神话传统的雏形。

甲骨文记载的最早的先公之名是"䕃"(第一期的异体也作䕃、䕃),它的出现十分频繁,王国维最先把这个字释作"俊":可是后来出现了各种各样的解释,现在最流行的诠释是"夒"和"夔"。然而,我本人认为它的诠释还是以"俊"最为贴切。①

在"扶桑"神话传统中,"俊"是十日之母"羲和"的丈夫,他也是太阳鸟"踆"的父亲,"夋"是降玄鸟生商的帝喾之名。这样推论下来我们就会发现,如果"䕃"理解为"俊"(夋),那么,甲骨文中所记录的这位先公就跟文献记载中的那位"扶桑"神话中的十日之父,商人起源神话中的商人之祖相吻合了。关于帝喾身份的确定(即俊),我们也可以从甲骨卜辞的祀谱找到根据,卜辞中记录对他的祭祀总是在

---

① 见王国维:《殷卜辞中所见先公先王考》、《殷卜辞中所见先公先王续考》。关于这个释字的参考材料请看岛邦男:《殷墟卜辞综类》(东京:汲古书院,1971年)和李孝定:《甲骨文字集释》。

一旬内的"辛"日进行的,他在周代文献里被称为高辛氏。① 按照商代的习惯,对先王的祭祀总是在他们的名字所带"十干"名称的那一天进行的。

由于"夋"字的头部并不十分肯定,甲骨文中的"🐒"字跟另一个字"🐒"(甲 2336)从字体上看很容易混同。于是,许多学者把这个先公之名理解为猿猴一类的动物。甚至王国维本人后来也把这个字释作"夒",所据之一就是《说文》中把这个字解释作母猴。虽然很多学者都采用此说,我个人认为把"🐒"解释为"夒"并不十分贴切;原因是这个"夒"字在早期的文献里十分罕见,除了《说文》中的那条诠释外,我没有找到任何别的例子。而《史记》中所载的商王世系经研究证明跟甲骨卜辞中的先王之名大致相同,要说先公的名字在后代被完全忘掉,这似乎不太令人相信。再说商代神话和其他有关材料里都没有见到跟猿猴发生什么关系。所以我认为甲骨文中的这个"🐒"字最好还是从"夋"字的演化来解释。甲骨文中的"🐒"字还指一种用网捕捉的动物,也许可以推测它跟那个商人的先公之名音通假借,《说文》和《尔雅》里都提到了一种叫"狻"的动物,② 它是什么样的动物不太清楚,但这个字有可能是从商代甲骨文的同一个字演化来的。如果说"🐒"是一种动物的话,释作"狻"倒是比释作"夒"要合适得多,它为"夋"字的演化提供了一种解释。

---

① 见张光直:《天干:揭开商史的钥匙》("T'ien kan: a key to the history of the Shang")一文,收入芮大卫(D. Roy)和钱存训编的《古代中国:早期文明研究》(*Ancient China: Studies in Early Civilization*),1978 年,第 37 页。

② 《说文解字诂林》,第 4418 页。还有《尔雅·释兽》(18/13 下)、《穆天子传》(1/4 下),以及印顺法师《中国古代民族神话与文化之研究》,第 102 页。商周时代还没有狮子的记载,印顺法师讨论了可能和舜有关的各种动物。我认为《甲编》2336 号上的那个猴的象形字 🐒 跟《综类》第 211 页里归入同类的字并不是同一个字,这个象形字的耳朵鼻子眉毛跟别的字不完全一致。《甲编》2336 也有老虎和马在火字的上面。意思不清楚,可能和祭祀有关。除了《甲编》2336 字形上的相似以外,没有更多的证据。

对甲骨文中"🐉"字的另一种较通行的诠释是"夒"。相信这种解释的学者,包括日本的赤塚忠先生,他在《中国古代的宗教和文化》一书中都认为它是"夒"字的异体,是从甲骨文第三期的一个异体字"🐾"(乙4718)脱变而来的。金文中也有一个相似的字"🐾"(小臣艅犠尊,三代11.34)。① 这个异体字的头部有笔画(一笔,或者几笔),并且与《说文》说"夒"是一足龙相符合,于是,这头部的笔画被理解为角。可是我的观察它不像是角,到有些像羽毛翎。虽然宋代学者解释说"夒"是商代青铜器上的龙纹,可是在早期文献里没见到商人跟"夒"有什么关系。即使"夒"比"夒"常见了一些,但可以说仍然是一个生僻字。还有一些学者认为"夒"、"夒"、"俊"三个字可以等同。② 绝大部分人不管这个字的释字如何,认为它就是指帝喾,如果是帝喾的解释成立的话,那么,我们前面已经论证了神话里帝喾等同于"俊",这样更可以作为把甲骨文"🐉"字解释为"俊"的有力支持了。③

《山海经》记载了帝俊有三个妻子,一位是"十日"之母羲和,另一位是生了"十二月"的常羲。在商人的祖先里(他们也可能是自然神,在这两者之间也没有明显的分别。)有两位女性各称为"东母"和"西母",对她们的祭祀跟祭祀"出日"、"入日"有关,④或许是祭祀太阳和月亮。⑤ 可以说他们暗示出了羲和,常羲的雏形。当

---

① 见赤塚忠:《中国古代の宗教と文化:殷王朝の祭祀》,第143页。
② 见袁珂:《中国古代神话》一书,第141、145页;他引用了王国维和吴其昌的说法。可是我认为这些上古字并不属于同一字族的字,不太可能是同一个字的演变。
③ 另外一个在中国学者中间很流行的解释是把它当做"离"字,认为它是"契"的异写。这个说法比起"夒"、"夒"的解释要有理由一些,但这个字仍然很少见,很难从书写上作出判断。
④ 见赤塚忠:《中国古代の宗教と文化:殷王朝の祭祀》,从第443页起往后,尤其见第453页。
⑤ 见陈梦家:《殷虚卜辞综述》,第574页。

然对这个推测还需要更充分的材料来证明。① 甲骨卜辞中对"东母"的祭祀很频繁,对研究商人太阳图腾关系有相当的意义和启示。

帝俊还有位妻子叫娥皇,《山海经》中说她生了"三身国",历史传说里她是舜之妻,商均之母,在商人起源神话中,她的结构角色等同于那位吞玄鸟蛋的简狄。甲骨中有一位女性祖先的名字写作"芇"(娥),大多数学者都同意解释为娥皇。② 她跟另一位先公王亥一样,跟"岳"、"河"之类自然神同祭,商人祭祀她以求丰年,她也能降灾。③

甲骨文里没有见到跟简狄对应的名字,可是在青铜器铭文中有一个铭文作"䧹"(玄鸟妇),这就肯定了商人神话里确实有一位跟玄鸟有关的女性祖先。于省吾指出这个铭文可能是与商人保持通婚关系的有娀氏的女子,不是实指那位吞玄鸟蛋的简狄。④ 虽然这里可以争论,不过它足以证明这个神话母型的历史之悠久了。

岛邦男《殷墟卜辞综类》中录有三个甲骨文字可能跟这个女性祖先的名字有关:

---

① 见陈梦家:《殷虚卜辞综述》,张聪东也有同样的看法。可是赤塚忠却认为"羲京"就是"羲和",也就是"娥皇"。岛邦男的《殷墟卜辞综类》把这些相似的甲骨文字都列在"羲京"的名下,它们可能是同一组。卜辞中也有"东母"的名字,但与这条卜辞无关。

② 见《甲骨文字集释》,第3637—3639页;岛邦男:《殷墟卜辞研究》(中国学研究会,1958年,第244页);赤塚忠认为这个"娥"为"女英",即爵除娥皇以外的第二个妻子。张聪东另一说,他认为"娥"不是高祖而是活人,就是武丁的妹妹。这个名字很有可能用作后来商王妻子的名字。

③ 岛邦男:《殷墟卜辞研究》认为这个"娥"跟王亥的身份差不多,祭祀也类似,他们可能是同一个角色,可是我认为因为这个娥字带"女"符,王亥是上甲之父,他们不像是同一人物;她更像是王亥的母亲(娥皇)。还有一个可能性就是"我"(我)是从这位女性祖先而得义的,可以理解作"我是娥的子孙"。

④ 见于省吾:《略论图腾与宗教起源和夏商图腾》,《历史研究》,1959年第10期,第66—67页,我这里用了他的解释。这个名字也见罗振玉:《三代吉金文存》卷12.2.

① 〔字〕① ② 〔字〕② ③ 〔字〕③

我们先看①。它由几部分字素组成：〔字〕，双手象形；〔字〕，释作"玄"；〔字〕，象鸟首；〔字〕，释作"女"。这个甲骨文字通常的诠释是"玄鸟妇"。但仔细观察字的组成部分,说它是指那位吞了玄鸟蛋而受孕的女子（即简狄）更合适。卜辞里,这个字的前面常带有另一个字"〔字〕"（我）,它也可能就是同一个字的一部分,这很容易使人联想到"娥"字的解释。当然,这作为定论还不充分；可是在喾、俊、娥、玄鸟妇之间有一种联系,这是值得注意的。

②〔字〕,可能是①的简写形式。

③〔字〕,有的诠释作"妇",跟那条金文一样。《综类》中有关于"妇某"的卜辞,一条是跟疾病有关,一条是卜问要不要把她作为牺牲"燎"祭。这样,她就是一位活着的配偶,而不是祖先。这一例子支持了于省吾关于这个名字被继续使用的推论。

再进一步看,甲骨卜辞中的"王亥"之名也透露了商人诞生于玄鸟蛋神话的含义。王亥是上甲之父,上甲是商代世系中第一个用"天干"之称来命名的商王。这样的话,王亥的地位是夹在世系里混乱无序的先公组跟排列有序的先王组之间,显得十分关键。从商人对他的"高祖"之称可以看出他的重要性,"高祖"这个称呼在甲骨卜辞里专门用于俊、王亥和商朝的开创王成汤（他被称为"高祖乙"）。亥,是地支的一名,王亥是商人祖先里唯一用地支而不是用天干来命名的。关于王亥与商人起源神话引人注目的关

---

① 见岛邦男:《殷墟卜辞综类》的 469.3。
② 见岛邦男:《殷墟卜辞综类》的 137.4。
③ 见岛帮男:《殷墟卜辞综类》的 138.1。

系,是甲骨文中他的名字"亥"上面常常有一只鸟形"🐦"(明738)、"🐦"(粹51)。这颇有启示意味。①

最早记载了商人起源神话的《诗经·商颂》:"天命玄鸟,降而生商",把玄鸟之后简单地称作"商"(他有时也称作"玄王")。在后来的一些文献中他也被称为"契",这个称呼在周代文献里是商人始祖的名字。在那些文献中,夏人的祖先叫作"启",周人的祖先叫作"后稷",它们之间形成一种呼应关系。② 王亥作为商代世系中极为重要的上甲之父,还有甲骨文中他名字上面所带鸟形透露出的含义,都使我们有理由肯定,在神话体系中,王亥跟"契"、"玄王"是等同的。③ 从所有证明"扶桑"神话源于商代的证据来看,我们可以推论,在商人的信仰里十个太阳按一旬十天的次序轮流出来,商人起源神话中的那只玄鸟跟太阳里的那只鸟原本是同一只鸟,王亥实际上就是那个由玄鸟而生的商人祖先。

13. 商王庙号与太阳

商代世系中,从王亥之子上甲开始,先王的称谓都用"天干"来命名,他们的祭日也是按"天干"来安排的,通常称作庙号。我们现

---

① 参见胡厚宣:《甲骨文商祖鸟图腾的遗迹》,《历史论丛》,1964年第1期,第133—159页;《甲骨文所见商祖鸟图腾的新证据》,《文物》,1977年第2期,第84—87页。他比较广泛地讨论了鸟的图腾意义。

② 在这里,禹和帝喾是作为超自然的人类祖先。后稷的母亲履帝迹而生稷,故其父也应是帝喾。

③ 郭沫若:《中国古代社会研究》(251页)和陈梦家《殷虚卜辞综述》(337页)把"王亥"推断为契和挚,两者同一回事。胡厚宣关于商祖鸟图腾的研究亦从此说。可是我认为这两个人物虽然有联系,但常羲所生之子"挚"应释为甲骨文中王恒。这不是说他们同是一人,而是他们是从相同结构上演化出来的变形。

在称"天干",可在周代和汉以前的文献里称作"十日",或者简称"甲乙"。这里"十日"的"日"字是一个多义词,它既可以是日子,也可以是太阳;它还同样指用"天干"所作的分类。但是商代历法的十天一周并不叫作"十日",而是称作"旬"。在周代文献里,"日"字的本意是太阳,偶尔也用作"天干"之称,像《左传》中说"天有十日,人有十等"。① 因为周人并没有"十日"神话,这种说法当时并不流行。王充的《论衡》里说:"世俗又名甲乙为日,甲至癸凡十日,日之有十,犹星之有五也。"他也是所见最早用"干"、"支"来称呼十天干、十二地支的作家。

甲骨文里没有直接讨论到十个太阳如何如何,我们甚至不能断定"天干"在商代究竟怎么个叫法。但是,一些例子表明它们有时可以称作"日",甲骨卜辞中的很多干支字和"日"可以替换,例如,"今日"可以作"今甲";"翌日"可以作"翌乙"。金文中也有干支字上带"日"的例子,♀、♀,在较肯定的上下文中"日"也可以省略掉,作♀。

在传世的商器三戈上有一组不常见的铭文,记录的祖先之名作"父日癸"、"兄日癸"等,②而不是按卜辞惯例作"父癸"、"兄癸",有人因为这种写法不常见而怀疑它们是伪作。但是,从上面提供的证据来看,特别是金文中的"辛"可以写作"暈"的例子,都佐证了这

---

① 其他把"十日"跟"甲乙"连在一起的文献可见《淮南子》(3/11下)和《国语》(18/3下)。

② 见陈梦家《殷虚卜辞综述》(第499—500页)。其他关于这些卜辞的讨论可见赤塚忠《中国古代の宗教と文化:殷王朝の祭祀》(803页),还有汪德迈(Léon Vandermeersch):《王道:中国古代制度的精神》(*Wangdao ou la voie royale: recherches sur l'esprit des institutions de la Chine archaique*), Paris: Ecole Francaise d'Extreme Orient, 1977 年, 1, 第340页。这些兵器的出处有些争论,它们现存于沈阳辽宁省博物馆。传河北保定(一说易县)出土,见李学勤编:《中国美术全集·青铜器》上,北京:文物出版社,1985年,图版74。

组铭文的真实性。我认为卜辞中的"父癸"这样的称呼其实是一种分类,"父"表示所指为父亲和父亲的兄弟,"癸"是分类,它指一组在"癸"日(或者说在"癸"太阳出来的那天)所祭祀的祖先们。这样,"父日癸"同样可以理解为一种分类。这种用法在商器三戈上成组出现,它的意思跟"父癸"是一样的。它指在"癸"日(属于"癸"太阳)祭祀的"父"。"兄日癸"也可以作同样的理解。

对商王庙号命名制的传统解释说,它们是按照王的生日干支来命名。可是关于这种命名制最早的记载是到了公元1世纪的《白虎通德论》(8/9b)中才见到。许多学者都对这种传统解释提出了异议,比较有说服力的是张光直的理论,他根据统计方法指出这种命名制不可能是按照生日来确定的;他认为这是一种死后庙主的分类制度。庙主的分类反映出活人的社会等级制:分类的原则与商王室的婚姻和亲属制度有关。[①]

假如传统的说法是正确的话,那么意味着在商人信仰中,祖先王亥(即"契")奇迹般地诞生是跟太阳鸟(即"玄鸟")有关,他的子孙也都是由他们生日所属的那个太阳而诞生,并用它来命名。如果张光直的理论对的话(他的理论很复杂,这里不多涉及),那么这种命名制就有另外一种解释,即它是按照祭祀生日的日子而不是按照实际出生的日子来安排的。无论如何,从我所复原的商代"扶桑"神话传统来理解,商王是按他们所属的那个太阳而分类;这是商王庙号命名制背后的含义。

---

① 关于天干命名的问题,可以参看张光直:《商王庙号新考》,《"中央研究院"民族学研究所集刊》第15期,台北:1963年,第65—95页。还有董作宾:《论商人以生日为名》,《大陆杂志》2卷,3期,第6—10页,他认为庙号得自逝日。陈梦家在《殷虚卜辞综述》里说这是祭祀的次序,由生日、死日和立王的日子来定。

不管商王的庙号如何选择,它都跟"十日"之一相同,这是商人祀谱的核心。按照祀谱,商王在他们所归类的日子里受祭。甲骨卜辞中也有直接祭祀太阳("日")的情况,想必是祭祀当天所出的那个太阳吧。陈梦家已经观察到了,对太阳的祭祀也同样用于对祖先之日的祭祀。卜辞:

《殷契佚存》 ①"乙巳卜,王宾日。弗宾日。"

《丙编》 ②"癸未卜,設贞,翌甲申,王宾上甲日。"

在②例中,太阳跟祖先合祭。"日"不仅指太阳,也指天干的分类,包括当天的太阳和属于"甲"的祖先。

我所以引这个"宾"(祭名)的例子有几个原因。首先,甲骨文中"宾"(祭名)频繁地跟祭祀太阳("日")有关;而且,在《尚书》和《史记》的文献记载里它在相同的情况中又出现了,我认为它给解释商人祀谱周期的合理性提供了钥匙。这种"宾"祭很特别,商王不仅在这天"宾"那些与天干之名相应的祖先,商王的祖先也可以"宾"他们的先王;有时还"宾"、"帝"(上帝)。① 从上面的例子我们可以看出一些规律,商王在他们所属的那个天干日(他们所属的太阳出来的那天)里接受祭祀;在那天,他们和祖先,包括上帝能够互相沟通。当然还有其他一些问题,比如说并不是在每一周内对每一位祖先进行祭祀,以及关于月亮的祭祀等,这些问题目前还没有满意的答案。然而,已有的证据足以表明在商人祖先跟太阳之间存在一种图腾认同关系。这是商人祀谱的根本涵义所在。

---

① 见岛邦男:《殷墟卜辞研究》,第 201 页。

第三章　从神话到历史

> 从柏拉图和诡辩学派起，西方哲学家就一直思考着神话问题。
>
> ——大卫·毕得力（David Bidney）：
> 《神话、象征主义与真实》①

"神话问题"对西方哲学家来说，意味着神话含义的阐释和对神话产生的现象进行解释；可是对汉学家来说，这个问题却是另外一番含义。首先，他得去找神话来进行阐释，还得解释为什么中国的神话如此稀少；按理说制造神话是人类的普遍能力。关于中国古代文献中为什么缺少传统意味上的神话（超自然的神灵故事），有一种解释把它归结为中国宗教的结构，中国传统宗教的视野，从古至今都集中在祖先崇拜上；它的动力就是人死后继续存在的信仰，死去的人还继续接收活着的人的供奉，并且对活人施加权威。这种人死后存在并继续受用食物的信仰有新石器时期考古学上的证据，死者的随葬常有盛满谷物的陶器。到了商代，那种耗时费力、严密精细的甲骨占卜系统的主要目的，就是决定对祖先进行适当的祭祀，以便得到他们的赞助，防止他们的恶咒。

---

① 大卫·毕得力（David Bidney）：《神话、象征主义与真实》（"Myth, symbolism and truth"）。见汤姆斯·西贝克（Thomas A. Sebeck）所编：《神话：专题论丛》（*Myth: a symposium*），Bloomington：Indiana University Press，1974年，第3页。

在这样一种宗教体系里,神只有关系到活人的时候才显得重要。人死了,本身就失去了生命,没有跟人类所不同的"另一个"超自然世界,神灵们之间并没有内在的联系。这不像古希腊神话,那里有奥林匹克山,神灵们在上面餐仙食饮灵酒,上演着你打我闹的剧目;他们也偶尔堕入人间琐事,与凡人发生恋爱。中国古代宗教信仰体系中没有一个"时间以前"神灵居住在地上的阶段,在这个体系中,神跟人祖先没有太大的区别,只是他们接收那些并不是他们子孙(活着的人)的祭祀,他们好像是还继续行使权威的"人"。①

中国的宗教十分强调祭礼,但是这种祭礼是很具有实用性的,祭祀和供奉是作为善意(起码是不怀恶意)的交换。这样,虽然早期文献里有不少恶鬼饿鬼作祟的故事和超自然灵兆的记录,可是却没有那种神在一个他们自己的世界里互相发生关系的神话;相反的是大量神人交混的故事,这些故事也许有神话的意味,在调解社会矛盾上,它们也起到神话的功能。② 但是,他们出现在历史文献和历史传说里;神像人一样在真实的地理位置上互相发生关系,而且都有世系可寻。

另一种关于中国古代文献中缺乏神话的解释是这样说,中国早期神话在后来文人记录下来的文献里被历史化了。我们目前所见的文献记载大都是周代到汉代之间的,虽然这些文献里没有专

---

① 关于这一题目更详细的讨论请见拙文《现代中国民间宗教的商代基础》("Shang foundations of modern Chinese folk religion");此文收入我跟爱文·柯文(Alvin P. Cohen)合编的《中国宗教民俗和传说》(*Legend, lore and religion in China: essays in honor of Wolfram Eberhard on his seventieth birthday*),San Francisco,Chinese Materials Center,1970 年,第 1—21 页。此文章也收入《早期中国历史、思想与文化》,沈阳:辽宁教育出版社,1999 年。

② 见拙作《世袭与禅让——古代中国的王朝更替传说》。

门的神话性叙述,可是那些关于上古朝代和先公先王故事的记载带有明显的非真实性;这种现象表现为以下几种形式:

(1)宇宙生成故事;

(2)神感受孕和诞生;

(3)人幻化作动物和无生物;

(4)人长生不死;

(5)时间顺序上的混乱;这一点表明了事件发生在游移不定的过去,后来被不同的作家分别做了系统化。这种解释暗示着周代以前是有神话的,它们被后来的作家融进了历史记载,在某些早期文献记载里幻想成分仍然很浓,但不是所有的情况都是如此。

希腊启蒙时代的哲学家认为神话包含了真理、寓言和宗教道德,但不是某种实实在在的哲学的内容;要不就认为神话是润饰伪装过的历史。例如公元前4世纪的西西里哲学家幽黑默尔的说法。可是在中国古代,超自然界的神话和历史很难分开来,它们没有明确的定义,我后面将要谈到,早在商代"高祖"就跟直系祖先混在一起;两者都是"祖"。战国时代的启蒙哲学家把传下来的传统里那些对他来说幻想成分太浓,违反自然的记载删掉,要不然就是勉强地解释一通,他们就是以这样的态度来相信传下来的记载是真实的。

在前面一章里,我讨论了"扶桑"神话传统和商人起源神话两者之间的关系,并且追溯了它们的源头,复原了它们的母型。商人神话传统的前提给商代的图腾主义提供了一种合理性的解释,我认为这个传统是专门属于商人的,当周人灭商后,这个传统就随之失去了它的系统完整性,可是它的原型流传到边远地区,保留了"十日"信仰,人们继续相信有十个太阳栖于东方的"扶桑",它们是羲和之子。在中原地区,这个传统衍变为商人起源神话而残留下来。

下面,我将对这个神话传统跟周代至汉代之间发展起来的历史叙述两者的关系进行考查和分析。在前面的讨论中我已经指出了那些宇宙间的自然现象,例如大洪水上薄空桑,共工怒触不周山而天地倾斜,这些事件的发生都是在"尧之时"。虽然《诗经》记载了商人祖先生于玄鸟卵的故事,可是《诗经》里没有提到比禹更早的帝王;大部分周代的历史文献多是惯例性的从尧开始的。我这里先对《尚书·尧典》中尧舜禅让的故事作番考辨,在这个故事中,"尧"其实是上帝的变形,故事的本义是强调商人的始祖受命于"帝"。

虽然,尧舜禅让的故事是商人起源神话的一种演变,在正史中,禹是舜的接位人,也是商以前"夏代"的创始人。可是到了前汉时更往前推了一步,黄帝和他的后裔颛顼被放到了尧之前的历史序列中。我前面提出过,在接替了商人而成为正统的周人传统中有一种对立关系,东方的"扶桑"与西方的"若木",太阳与月亮,火与水,鸟与龙,玄颜色与黄颜色,天界与下界黄泉,在这个传统中,商人(商代)常常是与扶桑、东方、十日、火、玄颜色、天界联系在一起的。这种二元对应论对理解"夏"人和他们的祖先黄帝,提供了一把钥匙,"夏"其实是一种神话学上商的对应形式,黄帝本来是下界的"帝"。

1. 从尧到舜

《尚书·尧典》的写作时间不能肯定,大部分学者同意它是周代的作品,估计是周朝初年到公元前3、前4世纪之间所写。李约瑟认为;从语言学上看,它应是公元前8世纪到前5世纪之际的作品,即便这样,他还观察到了这样一个难解之谜,根据文中记录的星宿位置来推算应当上至公元前3000年左右。① 关于这个写作时间的问题很难解释清楚,正如高本汉指出的,它可能是周代作家根据多种材料编写成书的,②它的语言古奥难解。我将在下面论证《尚书·尧典》的某些语言和哲理部分来源于商代传统(它包含了我上面所描述的神话母型的另一种演变形式),然而,它目前所见到的文献无疑是周代的。

《尧典》是《尚书》的首篇,这反映了周人以尧作为历史开端的传统。尧不仅在许多文献里是历史上的第一位帝王,而且,那些宇宙生成自然现象也多归于尧的时代,《淮南子》(8/5上—下)中记载说,尧之时,十日并出,洪水泛滥。这时发生的其他灾难还包括共工触不周山而天地倾斜。据《尧典》的记载,尧先是命令羲、和(这是十日之母羲和的衍变,我后面还会谈到)四兄弟去分治四方天文时令;然后再去治理下界的洪水。

尧的来由很神秘,他没有家,只有一位儿子叫丹朱(有的文献说是十个儿子)和两位嫁给了舜的女儿,《史记》中说帝喾是他的父亲,③这意味着尧跟帝喾之间有某种联系。但是尧并没有清楚的家世,早期的文献中没有提到他有母亲,他的出生也没有什么神话传说,也没有任何关于他妻子的记载。

《说文》:"尧,高也",《山海经》里有山名为"尧山",除此之外,

---

① 李约瑟:《中国古代科技史》第三册,第177页。
② 高本汉:《中国古代的传说和宗教》,第264页。
③ 《史记》卷一,第14页。

这个字没有在其他的语境中使用过；①周代文献中，有时也称尧为"唐尧"，即唐氏的"尧"（唐氏的首领）。因为在甲骨文中，商朝的第一个王成汤也写作"唐"，这里也许潜伏着他与商人的某种关系。②然而，在《尧典》中"尧"的出场是这样的："帝尧曰放勋"，接下来的后文中，这位祖先就简单地用一个字"帝"来称呼了。

在周代文献中，"帝"字有四种用法：

（1）作为夏朝以前帝王的称呼，一直到帝禹，禹的儿子启是夏朝的开创者。根据历史传统，帝尧的王位继承人是舜，称"帝舜"。但是帝尧的儿子丹朱也被称作"帝丹朱"。③

（2）作为商代王室祖先之称，这原是商代的用法。有时在周文献中继续用作商代帝王的称呼，如"帝乙"、"帝辛"等，但周人自己并不用"帝"字来称呼他们的祖先。

（3）偶尔也用作复性名词指神灵们（祖先的神灵），比如《淮南子》(4/3上)文中的"众帝"。

（4）用来指上帝。在周代，这个商人最高的神"帝"被周人跟他们最高的神"天"等同了起来。不管商代还是周代，只有在最后这一种用法中，"帝"才是单称上帝，而不是指某位祖先。战国晚期以前，"帝"并不用于活着的帝王。由此来看，《尧典》文中的"帝"并非后来用法里所解释的"皇帝"，它指的应是上帝。

通过对这个字的分析，表明《尧典》中"帝"的所指一部分是帝

---

① 《山海经·中山经》(5/52上)，见岛邦男《殷墟卜辞综类》的58.4 𠂤，李孝定《集释》第4011页把这个字诠释为"尧"。可是在甲骨文中这个字只出现了一次，我猜测《吕氏春秋》(17/10上)的"大桡作甲子"是同一个人，虽然跟"十日"传统里的干支有关系，但"大桡"很少在别的地方出现。

② 郭沫若：《中国古代社会研究》，第251页。

③ 关于"帝丹朱"见《山海经·海内北经》(10/49下)和《海内南经》(12/56上)。

尧,即称作"放勋"的统治者;另一部分则是上帝。《尧典》里有一个宇宙生成神话,从结构上看跟《淮南子》中的神话很相似,《淮南子》中,帝先是运行太阳(在《尧典》里变成了确指一个太阳),张列星宿,然后下治洪水,而在《尧典》里,帝先是令舜(在"扶桑"神话中,他跟商人的祖先嚳、俊等同)去治理洪水,舜又再令禹;而禹的后代成了商人的祖先。这里"夏"跟商之间的那种对应关系再次表现出来了:洪水与太阳(水与火)。现在我集中讨论一下《尧典》里这个太阳神话。

《尧典》第一节赞扬"帝"功,说他"横被四表,格于上下",[1]我把这里的"帝"直接作为"上帝"来理解,而不是按照后面一节所描绘的是"帝"的衍变之身,在那段描绘中笔锋一转,他似乎变成了人间的帝王。而这里的语言形式表明它有很古的来源。

《尧典》第二节是说天文历法,帝令羲和"历象日月星辰,敬授人时"。正如马伯乐和其他一些学者观察到的,"羲和"是"扶桑"神话传统中"十日"之母的演变,这里她跟太阳继续保持关系,但不再是母子,而是去"历象"(控制)它们了:"授人时"按照不同的诠释,既可以理解为神的行为,也可以理解为天文学的结果;这一段接下来是"帝"分命四兄弟羲仲、羲叔、和仲、和叔去治理东南西北四方,按传统解释,这四兄弟是"羲和"之子,他们的名字是按长次排列的,"羲和"通常解释为"羲"、"和",然而,正如高本汉观察到的,[2]这里应该写作"羲伯"、"和伯",而不是"羲和",这样才与后面的称呼配套。"羲"、"和"及四兄弟在其他早期文献里少见,由他们的名字

---

[1] 我遵照的是高本汉对《尚书·尧典》的校勘,它发表在 Bulletin of the Museum of Far Eastern Antiquities 20,1950 年。

[2] 高本汉:《中国古代的传说和宗教》,第 264 页。

可以看出他们跟"扶桑"神话里的太阳之母"羲和"有些关系,但是从《尧典》中,他们被分派到"四方"的职责,透露出他们来源于商代"四方"之神;在第四章里我还将仔细地讨论这个问题。

《尧典》的语言分析把它跟商代的甲骨文和"扶桑"神话传统联系了起来,"帝"命羲仲"宅嵎夷,曰旸谷",这是"扶桑"神话里的太阳之谷,他在那里"寅宾出日"。我们已经知道了,在甲骨文中"宾"是商王和他的祖先所用的祭祀,常用作祭祀太阳。"平秩东作,日中,星鸟,以殷仲春"中的"鸟"是星宿的名字,在甲骨文里也有祭祀它的例子,①这种崇拜也许就是商人跟鸟、东方发生关系的一个方面吧。另外"厥民析"的"析"字,传统的解释是作为动词,意思是疏散开来。可是,在《尧典》里的这些"四方之名"的名字跟《山海经·大荒东经》里的"四方之名"之间有一种契合。在《大荒东经》中同样有"羲和"是"十日"之母,"常羲"是月亮之母的记载,这是"扶桑"神话传统的显著影响。更让人信服的是甲骨文中也发现了与上述名字相契合的"四方"和"四方风"名(参见插图8)。②《山海经·大荒东经》记载的东方"风"的名称是"俊",这更联系到"扶桑"传统的太阳神话了。商人想像中的风也许就是鸟吧,甲骨文的"风"字写作一个象形字"𠂤"(凤)。《尧典》:"汝羲暨和,期,三百有六旬有六日,以闰月定四时,成岁。"这里的"有"字很值得注意,李约瑟说这种在十位数之间以"有"联结的方式跟商代的甲骨文例相同,而在其他的周代文献里没有见到过。③

---

① 见岛邦男:《殷墟卜辞综类》的163.4。
② 陈梦家:《殷虚卜辞综述》,第590页。还见印顺法师:《中国古代民族神话与文化之研究》,第127—129页。
③ 李约瑟:《中国古代科技史》第三册,第245页。

《尚书·尧典》中所反映出来的与《山海经》、甲骨文材料如此契合,证实了我关于"扶桑"神话传统起源于商的推论。总的来看,《尧典》并未交代明白到底是人间的天文历官呢,还是天上的神在运行天体,并送来了神圣的历法。从我们目前对甲骨文中商人宗教信仰等级分类的理解出发,我们很难跟马伯乐一样简单地假设,那些文献所带的官方色彩说明了早期神话传统被窜改。然而,某种改变确实发生了,"扶桑"神话中的"十日"之母"羲和"在这里似乎变成了"四方"之神,十个太阳没有完全消失,而是以另一种形式再次出现了。

《尧典》文中接下来是"帝"想找一位继承人:"帝曰:畴咨若时登庸?"他的大臣放齐首先推荐了他的儿子朱;可是他没有同意。在《史记》和其他一些文献里"朱"也称作丹朱。"丹"字的字义是红颜色,或者是朱砂。("朱"字的解释,《说文》中说:"朱,赤心木,松柏属,从木一在其中。"它也可以指红颜色,或者是珠子。)《吕氏春秋》(1/11下)中记载:"尧有子十人,不与其子而授舜",这启发了我们的想像,"丹朱",红色的珠子,这会不会是"扶桑"神话里太阳的一种演变形式呢,这里的"舜"是帝喾和帝俊的演变形式。

"帝"在选继承人时还否定掉了共工,在其他一些文献里记载了共工怒触东北面不周山的故事。《尧典》文中"帝"开始由天上转向洪水滔滔的地界:"咨!四岳,汤汤洪水方割,荡荡怀山襄陵,浩浩滔天……"从文字结构来看,这一部分跟"帝"同天界太阳连述的那部分形成一种平衡,有点像《淮南子》里的宇宙生成神话,洪水跟"十日并出"之间存在的并列关系一样。考虑到这段文字里的商代的影响,"岳"的出现也值得注意,在甲骨卜辞中"岳"是一位神通很大的自然神,可就我所见,周代文献里"四岳"仅出现在《尚书》里。

在《尧典》后面一部分里,"帝"显得比较接近人间的存在形式,"帝"在位七十余年,他想把王位传给"四岳",可是"四岳"拒绝了,于是"帝"让大臣们推荐一位继承者,"师锡帝曰:有鳏在下,曰虞舜。""舜"在这里出现很有意义,它表明叙述转入了人间的存在形式。舜不仅是来自下界,对他的描述也是人的模样:"瞽子,父顽母嚚,象傲……""帝"试用了他,并且把女儿嫁给他,"釐降二女于沩汭,宾于虞"(注意这里用了"降"字),"二女"从别的文献参证可以得知是指"娥皇"和"女英"。舜跟娥皇生下了商均,也就是说商人的祖先。"扶桑"神话传统中,"舜"的身份等同于"喾"和"俊"。由此看来,《尚书·尧典》里的这段记载其实也是商人起源神话传统的另一种后起演变形式。

在舜接位的前三年,"帝"对他进行了考验,"慎徽五典,五典克从;纳于百揆,百揆时叙;宾于四门,四门穆穆;纳于大麓,烈风雷雨弗迷",这个考验一是说明对礼仪的遵从,二来包含了自然神灵的挑战。这段文字所蕴涵的意思可理解为宇宙次序化了,上帝把王位传给了人间的统治者舜(他是商人祖先的变形)。这里上天的任命包含了"扶桑"神话传统中"十日"神话的演变形式,"帝"令"羲和"去"历象"日月星辰,"帝"的合法继承人应是丹朱,名字的含义是红色的珠子,使人联想到太阳的化身(一个,或十个),"帝"任命了舜(即喾和俊),并把女儿嫁给了他,生出的后代就是商。

我在《世袭与禅让》一书中讨论尧舜禅让传说时分析了这个故事,我追溯了这个故事与后来朝代更替延续传说之间的关系;在那些传说中,世袭跟禅让这个主题被反复地重演和变换。我所用的材料主要是战国时期的,然而,《尚书·尧典》里的记载却证明有商代原来的宇宙生成神话痕迹。上帝把王位传给商人祖先舜的行为于是可以理解为后代打破世袭制的一种象征化。我们可以得出这样的结论,在周代文献记载的尧舜禅让故事的背后,实际也潜伏了商代神话的母型和含义。

2. 关于"夏"的神话

本世纪30年代,中国古史学家顾颉刚和他的同道,包括西方汉学家马伯乐等人精到地论证了禹本来的神话性,在传统史学中,禹是夏朝(公元前2200—前1760)的创始人;学者们也讨论了史学传统中那些在禹之前的帝王的神话性。① 近代考古学已经证实了史载中夏朝之后商朝的存在,安阳附近发掘出了晚商的宫殿、墓地,还有甲骨卜辞。陈梦家在1936年发表的一篇论文里把历史记载里夏商两个朝代的帝王名字联系起来看,认为这两个朝代其实是同一个。② 这以后的五十年中,到底有没有一个"夏代"的问题一直悬而未决,大部分人仍然相信历史上有过一个夏代,它的制度与商朝一样是世袭制;他们希望考古发掘终于有一天会证实"夏代"的存在。

然而,中国考古学家近来开始对所谓"夏"代的考古发现进行分类,河南二里头遗址被认为是最重要的"夏"文化遗址,此处遗址

---

① 马伯乐:《〈书经〉里的神话传说》、顾颉刚等编:《古史辨》第七册,以及艾博华:《中国古代地方文化》。
② 陈梦家:《商代的神话与巫术》。

在1964年以前就开始发掘了,当时它被考古断代为"早商"遗址。①目前,没有发现新的文字材料能证实商朝以前有更早的朝代存在。传统中商代创始人"汤"在甲骨卜辞里确实有所记载,而且是"高祖"。商代甲骨卜辞记载的世系表可以推及到王亥,他是商人第一位神话性的祖先,然而,并没有任何迹象表明这是一个交点,商朝在这时候灭掉别的王朝而建立起来。是什么带来了中国考古学界的这种改变呢?主要原因是碳14断代法的应用,根据碳14的断代,二里头遗址底层和其他一些遗址的时期都在历史传统里"夏代"的纪年内。

我在下面将讨论"夏"在中国早期神话学中的地位。我认为商人有一个关于"夏人"的神话,那其实是自己的倒装形式,那些"夏人"是玄色的水界之民,最终被商人的太阳之王所克。当周人灭商后,他们提出了天运轮转的理论,这个商人关于"夏人"的神话于是就变成了一个真实存在过的王朝。当然,论证这个关于"夏人"的商神话,并不是说"夏"只是一个神话,但是我个人的看法是,历史事实的重建并不能以一个神话体系的部分材料来作为主要基础。

周代文献传统中,"夏"是一个转折点。尧传位于舜,舜传位于禹,这两次都不是世袭继承,但禹把王位传给了他的儿子启,建立了第一个世袭制王朝"夏"。根据周代的传说,舜传位于禹,建立夏朝;汤灭掉夏代的最后一位王桀,从而创建了商朝。这里有一个问题,如果商人的祖先是受上帝委命的话,那为什么商朝的统治没有永远持续呢?

---

① 参见《1959年豫西调查(夏墟)的初步报告》,《考古》,1959年第11期,第592—600页;《河南偃师二里头遗址发掘报告》,《考古》,1965年第5期,第215—224页;《河南偃师二里头早商宫殿遗址发掘简报》,《考古》,1974年第4期,第234—248页;《河南偃师二里头遗址三八区发掘简报》,《考古》,1975年第5期,第302—309页。

第三章 从神话到历史

关于"夏代"的记载在周代文献里比比皆是,包括西周早期《尚书》中的某些篇节。① 新的周代统治者想要把他们灭掉商朝的行为合法化,于是提出了商人灭夏的先例,说这是天运轮转。这种宣传很有效,这些商遗民相信在他们之前"夏"为上帝所弃,那么他们被周人所灭也是一种天命了。我们这里要弄清的问题正是这种信仰的本来面目和含义。

考查那些"夏"神话的主题,我们发现它是商代神话中商人的倒装形式,这种关系跟后来的阴阳二元对应理论很相似,可以说是开其先河。在这个体系中,与商人联系的是太阳、鸟、扶桑、东方、天界、生命;而与夏相联系的则是其相反面,水生物(龙、龟)、若木、西方、黄泉、死亡,这种二元对应论是自成一体的神话体系中的一部分。这个体系为周人所宣传的朝代更替、天命轮转的理论开了先河,铺垫下了基础。②

历史传说中的夏代帝王世系可以分作三个阶段,首先是一个比较清楚的神话性阶段,从黄帝到治水的禹的儿子启,然后是太康到少康这一段,这其间发生了羿后人扰乱朝政,第三段是从予到夏的最后一代王桀,据说这一时期夏已经统治了"天下"。我下面的研究着重在第一个神话性的阶段,同时也考虑进了后两个阶段的一些环节,以及根本上"夏"的历史性问题。

3. 黄帝与黄泉

《史记·夏本纪》中把夏人的祖先从禹上溯到黄帝,《史记·

---

① 例如《尚书》的《召诰》、《多士》和《多方》。见拙作《世袭与禅让——古代中国的王朝更替传说》。
② 关于天命轮转理论的发展,见拙文《〈尚书〉里一篇逸文所记载的干旱和人殉》。

五帝本纪》也是从黄帝开头的。从这可以看出,到公元前二世纪时,黄帝作为中国历史上的第一位帝王已经成了定论。杨宽认为这个传统是到战国时期才开始流行的,①可是即使看那些战国晚期和前汉的文献,通常仍是从尧的时代开始的。② 我在前面已经指出了,"尧"是商人宗教信仰中上帝的变形,《尚书·尧典》里简称为"帝"。

很多古代氏族都号称他们是黄帝之后,但"夏人"跟黄帝的关系最密切,以至于陈梦家试图把他跟禹等同起来。③ 黄帝,名有熊氏,又名轩辕氏。文献里,禹和他的父亲鲧变成熊,一种三足鳖,或是龙。轩辕是星宿名,也可以是一种龟,玄鼋,在其他地方有记载,那座禹化熊穿过的山名也是"轩辕"。④

杨宽又说黄帝其实就是上帝,⑤他是这样展开论证的,上帝—皇上帝—皇帝—黄帝;黄帝的"黄"是皇帝的"皇"的讳字,皇,是用来称呼上帝的。虽然上古音里,"皇"和"黄"是同音字($*g'wâng$),但是我认为两个字的字义相差甚远;另外对黄帝的崇拜在战国晚期和汉代既已十分流行,这种崇拜看来不太会是从一个讳字发展起来的。"皇"字的本意是天("大皇"),早在《诗经·节南山之什·正月》(12/4下)里"皇"字就作为形容词来形容上帝了;"有皇上帝,伊谁云憎。"到了秦始皇加封自己为"始皇帝"后,"皇帝"一词才用于人间的帝王,而不再是指神了。黄是颜色,是地下泉水的颜色。甲

---

① 《古史辨》第七册,第 196 页。
② 见拙作《世袭与禅让——古代中国的王朝更替传说》。
③ 见陈梦家:《商代的神话与巫术》,第 323 页。
④ 鲧和禹变成了这种动物。陈梦家的论文《商代的神话与巫术》第 323 页里说轩辕是大禹神话中一种鼋的名字。禹穿过这个轩辕山化作熊,"熊"也是黄帝的氏名。
⑤ 《古史辨》第七册,第 196 页。

骨文里有两个记录颜色的词：黄，还有表示天空和太阳鸟颜色的"玄"，这两个字在原始颜色系统里是对应的。这暗示出"黄帝"很可能是从下界的神祇演变来的，他跟天界的大神"上帝"恰好形成一种对应关系。

"五行"说中，黄帝与黄颜色、土地、龙、中央相配对。公元前3世纪的《吕氏春秋》(13/4 上)里有最早"五行"说的雏形：

"黄帝之时，天先见大螾大蝼；黄帝曰：土气胜。土气胜故其色尚黄，其事则土。"

《孟子》(6/15 上)、《荀子》(1/10 上)里提到："夫螾，上食槁土，下饮黄泉。"①比《吕氏春秋》差不多晚了一个世纪的《淮南子》(3/3 上)也有记载：

"中央之土也，其帝黄帝，其佐后土，执绳而治四方；其神为镇星，其兽黄龙。"

《淮南子》另一处(4/11 上)还说到了黄龙藏于黄泉，沟通着黄埃和黄云：

"黄金千岁生黄龙，黄龙入藏生黄泉，黄泉之埃，上为黄云。"

然而，黄帝不仅被认为是中原之帝，他还常常跟中国西部昆仑山长生不死的宗教信仰发生关系，昆仑山下有弱水（弱＊n'iok），它跟"源于若木"的若水（若＊n'iak）可以等同，②（我后面还会讨论，这里也是黄帝后裔的出生地。）也许它是通往死亡之域的入口

---

① 《古诗十九首》第十六首也说："凛凛岁月暮，蝼蛄夕鸣悲。"见《古诗源》，香港：太平书局，1966年，第91页。

② 见袁珂：《山海经校注》，上海：上海古籍出版社，1980年，第446页（《海内经》）。陈丙良也是这种观点，见他的文章，第212页。

吧；所有的水流都源于黄泉。昆仑山还是西王母之乡，是她给了后羿不死灵丹。

中国古代，人们相信人有魂和魄，它们之间的区分是：一个是天上的、灵性的，另一个则是地下的、肉体的；魂升魄降。《淮南子》（9/1下）："天气为魂，地气为魄。"由此而推，黄泉不仅是死亡之乡，确切地说，它也是魄之域界。我们很难确定这种两个灵魂信仰的来源，因为只有"魂"是祖先崇拜的对象，也很难说战国以前的人相信死后会发生什么，那个时期这种两个灵魂的信仰跟发展起来的"阴阳"理论已经结合在一起了。我所见到最早关于这种说法的记载是《左传·昭公七年》里关于无坟墓鬼的讨论：

"子产曰：能。人生始化曰魄，既生魄，阳曰魂。用物精多，则魂魄强，是以有精爽至于神明。匹夫匹妇强死，其魂魄犹能冯依于人，以为淫厉。"

在商代，上帝（简称为"帝"）是神灵世界的王，他位居祖先神祇等级的最高层，行使着支配自然现象的权力。然而，商人的祭祀不光求告于他们的祖先和"帝"，他们还对"下上"进行占卜。[①] 到了周代，上帝才跟"天"结合了起来。这样推理，即使当时有一位黄泉神祇（下界之帝）存在，他也像地下的"魄"一样，不受崇拜。等到了战国晚期，人们不再只是像他们的祖先一样简单地信仰"魂"了，他们开始希望长生不死，同时保存自己的肉身不腐，于是，地界的观念变得重要起来了。我们从汉代马王堆的墓葬出土看到了这种情况。这也许可以解释为什么"黄帝"突然一下子变得格外突出了。

总之，随着战国时期兴起的人长生不死的信仰崇拜，冥间的神

[①] 见岛邦男：《殷墟卜辞综类》的149.4。

祇（"黄帝"）也随之演变成了西方乐土的神。在"五行"说里，他被划归为中央的神祇。在这种外观下面，中央之神黄帝与居于空桑的火神炎帝（蚩尤）之间战争（"炎黄之战"）的故事，也许是原先那种二元对应论的新演变。① 历史学到了这时候也正式产生了所谓的"五帝"说，黄帝、颛顼、尧、舜和禹。

4. 昌意和颛顼

《史记》中说黄帝是嫘祖之夫，嫘祖生昌意。《山海经·海内红》(18/84下)里也说："黄帝妻雷祖，生昌意。""昌意"的后代多跟西方、水、死亡（也可以是长生不死的形式出现）相提并论。《史记·夏本纪》中记载，昌意有子名颛顼；《山海经》的记载却不尽相同，在他们两代之间还夹了一位韩流："昌意降处若水，生韩流。韩流擢首谨耳，人面豕喙，麟身渠股豚止；取淖子曰阿女，生帝颛顼。"《古本竹书纪年》中也同样记载了昌意降居若水的故事，虽然顺序上有些混乱，故事里昌意和其子乾荒（即韩流）是在黄帝的前头，这是辑校者所为，但这种文献上可前可后的现象正是神话阶段常有的特征。② 我已经指出过了，神话中"若水"起源于"若木"（在西方），与东方"扶桑"相对应。这些文献里的记载都说昌意和韩流"居"、"处"若水，仔细推敲那些对韩流的外貌描写，实际上是龙的形状，所以我推想他可能是居住在河中，是一种水生动物。《山海

---

① 参见《山海经·大荒北经》(17/81下)、《淮南子》(15/1上—下)、《吕氏春秋》(7/3上)。

② 见《古本竹书纪年辑校订补》，上海：新知识出版社，1956年，第5—6页。另外郭璞的注把"韩流"和"乾荒"并论。

经·大荒西经》(16/78上一下)里对颛顼的描述也跟水生物有关，"有鱼偏枯，名曰鱼妇，颛顼死即复苏。风道北来，天乃大水泉，蛇乃化为鱼，是为鱼妇，颛顼死即复苏。"在《庄子》(9/38下)里，颛顼的后裔，即治水的禹也被称为"禹偏枯"，但从上下文看是作形容词用而非名词。

《山海经·大荒西经》(16/74上)里有一段记载提到颛顼之后"三面人"，"大荒之中，有山名大荒之山，日月所入。有人焉，三面，是颛顼之子。三面一臂，三面人不死，是谓大荒之野"。颛顼的这些"三面人"后代，看起来像是太阳之母羲和的那些"三身人"后代的一种衍伸。于是，"夏人"进一步与西方发生了关系，那里是日月所降的不死之国。《吕氏春秋》(5/9上)里关于"颛顼"有一段记载：

"帝颛顼生自若水，实处空桑，乃登为帝，惟天之合，正风乃行，其音若熙熙，凄凄锵锵，帝颛顼好其音，乃令飞龙作效八风之音，命之曰承云，以祭上帝。"

在这段描述里，"空桑"是作为地心，它可以上接于天；颛顼的随从是在云端飞腾的龙，云是水气所化，又化作雨水落降地面，这使人不禁联想到龙虽然是水生物，但同时它又是天界之物，飞翔在天空中。①

颛顼作为"五帝"中的第二位，他也与共工有过一场争帝之战，《吕氏春秋》(3/1上一下)里记载："昔者共工与颛顼争为帝，怒而触不周之山，天柱折，地维绝。天倾西北，故日月星辰移焉；地不满东南，故水潦尘埃归焉。"同样的记载也见于《淮南子》(15/1下)："颛顼尝与共工争矣。"

---

① 《淮南子》(4/11上)；《左传·昭公十七年》也有类似说法。

最早关于共工争斗的记载见于《楚辞·天问》,"康回冯怒,坠何故以东南倾?九州安错,川谷何洿?"这里的第一个提问是指共工怒触不周山,第二个是禹凿河导水,安置九州的故事。在这里,天地倾斜和洪水之灾的宇宙神话又一次相提并论。当然,《天问》里没有事件发生的具体时间,只是提到了禹的治理。

我前面讨论过,跟"五行"说联系在一起的"五帝说",其实是在尧、舜、禹之后才流行的。通常关于大洪水发生的时间多说是在尧、舜、禹时期,《淮南子》(8/5下)记载:"舜之时,共工振滔洪水,以薄空桑。"同一书里还记载了商王成汤之相伊尹的故事,说洪水从其母有莘氏的臼中所出,她在奔逃时回首顾视,于是身化作空桑之木。这场从伊尹之母臼里所出的洪水无疑地可断定为大洪水母型,虽然其他的记载多是说在商朝初年有大旱,而不是洪水。伊尹所生的这棵空桑之树是地心,由于这些故事原来都是神话,发生的时间是"很久以前",所以在写下来的时候,历史顺序一定发生了一些混乱。

我认为这些故事都是《尚书·尧典》里同一宇宙生成神话的演变。《尚书·尧典》中,上帝("帝")先是治天理历,又接着转向下界,那里"汤汤洪水方割,荡荡怀山襄陵,浩浩滔天"。帝在选择继承人时否定了他自己的儿子丹朱和共工,说共工"象恭滔天",他最后选择了舜,并让颛顼之后鲧去治理洪水。在这些故事中都存在一种天跟水的对称关系。地上的滔天洪水跟上帝代表的天界之间有一场争斗。上天的通道是空桑。

在《楚辞·天问》里"洪泉极深,何以填之?"这里把大洪水称作"洪泉",推敲这里的意思,那场宇宙之战中"上薄空桑"的"滔天"洪水似乎就是地下泉水。《孟子》(5/11下,3上,4)也有这样的记载:

"当尧之时,天下犹未平,洪水横流,泛滥于天下。"虽然这里没有关于共工触不周山,天地倾斜的故事,可是它的含义是基本相同的。值得一提的是,没有什么文献说这场洪水的起因是暴雨成灾,或者是来自神的惩罚。鲍则岳(William Boltz)从古音学的角度考证"共工"的字义,他认为"共"有"閧"、"讼"、"凶"的意思,"工"通"洪"、"汹"、"泽"。① 这个洪水故事中确实有次序上的混乱和上与下的一种对立抗衡,但完全缺乏西方《圣经》里的那种原罪惩罚观念。

5. 鲧的故事

《楚辞·天问》:"鸱龟曳衔,鲧何听之?"② 这里的鲧字写作"鮌",把字拆开来就是"玄"和"鱼"两个字。鸱和龟是黑夜、水的象征,鲧治理洪水是它们出谋划策。《山海经》记载:"鲧窃帝之息壤以堙洪水",③ 可是他治水没有成功,于是被"帝"所诛。

神话里,鲧虽然被殛于羽山,但他并没有死,他幻化为黄龙、黄熊、三足鳖、玄鱼。④ 禹是从他的腹中生出来的,这个故事最早的

---

① 鲍则岳(William G. Boltz):《共工和洪水:〈尧典〉里历史神话论》("Kung Kung and the Flood: Reverse Euhemerism in the *Yao Tien*"),*T'oung Pao*,67.3—5.1981年,第150—153页。

② 《楚辞·天问》(3/6上)。

③ 《山海经·海内经》(18/88下)和《礼记》(14/4上)说鲧用息壤堙洪水,"息壤"是什么不清楚。《淮南子》(5/15上)说:"中央之极……龙门河济相贯,以息壤堙洪水之州。"在另一处(4/2上)又说:"禹乃以息土填洪水以为名山。"提到的是禹、息土。

④ "熊"在《尔雅》跟《国语》(14/14下)里都写作"能"。根据有的记录,说它有三点,但我没有找到现存的实例。有的注者说它是"龙"字的误写,但"熊"是常用字,所以这个解释不大可能。三足龟让我们联想到太阳鸟。

记载还是《楚辞·天问》：

"永遏在羽山，夫何三年不施？伯禹腹鲧，夫何以变化？……阻穷西征，岩何越焉？化为黄熊，巫何活焉？"

这些问题的答案似乎可以跟《归藏》(12下)里的一段记载联系起来，"鲧殛死，三岁不腐，副之以吴刀，是以出禹"。在《左传·昭公七年》和《国语·晋语》(14/4下)中也有一段几乎完全一样的记载：

"昔尧殛鲧于羽山，其神化作黄熊，以入于羽渊，实为夏郊，三代祀之。晋为盟主，其或者未之祀也乎？"

总而言之，这个故事的许多母型都跟"夏人"的祖先连在一起的，黄帝又名熊；颛顼是黄帝之后；"三身国"是颛顼之后，这跟舜的子孙是"三面民"的说法刚好一致，鲧虽然不是什么"三身民"，但是幻化成"三足鳖"，这也可以看作跟商人自己"三足乌"（太阳）的对应。"羽（*giwo）渊"等同于"虞（*ngiwo）渊"，是太阳西落"若木"的居所，也是黄泉的通道、死亡之域。

6. 禹和启的故事

鲧化而禹生，禹（*giwo）跟羽渊的"羽"是同音字，它的字义跟龙龟一类的虫子有关。大禹平山凿道，以治洪水的故事早已为人熟知，这里不再赘述。《天问》中说鲧治水平土时，听鸱龟策谋，《淮南子》(7/7上)中说"禹南省，方济于江，黄龙负舟"。禹的妻子是涂山女，在一些神话里等同于女娲。《淮南子》(6/6下)记载的那个宇宙生成神话里，"女娲炼五色石以补苍天，断鳖足以立四极"。这里，女娲断鳖足以立四极的记载似乎给神话里常见的那只三足鳖提供了一种注脚,会不会是共工触不周山(天柱)而天地倾斜,于是女娲用一只鳌足重立苍天,于是,本来是四足的鳌就变成了三足?禹的儿子启也是神感而生的,《楚辞·天问》有最早的记载:"何勤子屠母,而死分竟地?"另一处较晚的记载见于《随巢子》,"(禹)娶涂山,治鸿水,通轘辕山,化为熊。涂山氏见之,惭而去,至嵩高山下,化为石。禹曰:归我子。石破北方而生启。"

迄今为止,我们一直是围绕着"往古之昔"这样一个神话阶段来论述的,那个时候,混沌未开,神民杂糅,大禹治水其实意味着给世界制定一种物质上的次序。同样,他定九州、铸九鼎,意味着制定一种政治上的次序。启,是"夏人"祖先里最后一个神感而生的先王。"启"字是开端之意,启也是正史里第一个世袭王位的统治者,在启的时代,天地已经分离开了,他可以说是一种过渡性的角色。

启从天界窃来了音乐,即《九歌》、《九辩》(有的版本作《九韶》)。这个故事在《楚辞·天问》里有记载,"启棘宾商,《九辩》、《九歌》",但要数《山海经》的记载最为明白:"西南海之外,赤水之南,流沙之西,有人珥两青蛇,乘两龙,名曰夏后开(启),开上三嫔于天,得《九辩》与《九歌》以下……"①在商人的神话思想里似乎是这样的,禹铸了九鼎,启又得到了神乐,于是,祭祀就可以在人间进行了。

《楚辞》里有《九歌》(实际上有十一首)和《九辩》,关于它们为什么用"九"为题,一直存在许多争论和不同的说法。我认为也许

---

① 《山海经·大荒西经》(16/78 上)。关于这个故事也见《海外西经》(2/40 上)和《归藏·郑母经》(9 上)。关于《九韶》见《古本竹书纪年辑校订补》,第 9 页,和《山海经》(16/78 上),《史记》卷一说"禹作《九韶》"。

可以从禹和启的神话中得到新的启发,禹制定九州之土,地界划分大概像"井"田制吧。这样来理解,"九"就是"天下"的象征,国家祭祀礼器也是"九"鼎,那么,《九歌》和《九辩》就是"天下"(九州)和统治者的神乐。

概括地说,从黄帝到启的传说阶段很清楚是属于神话时期,即历史叙述里的"往古之昔"。从"启"开始,天地分开来了,第一个朝代"夏"正式建立了。但是,这个"夏"朝开始得很奇怪,是以朝代的灭亡作为历史叙述开端。

7. 一个断裂:从太康到少康

《史记》记载:"夏后帝启崩,子帝太康立。帝太康失国,昆弟五人,须于洛汭,作五子之歌。太康崩,弟中康立,是为帝中康。帝中康时,羲、和湎淫,废时乱日。胤往征之,作胤征。中康崩,子帝相立。帝相崩,子帝少康立。"《史记》这里记载夏代的开端就是太康失国,虽然没有说失国于谁,但从《左传·襄公四年》我们知道这个篡夏自立的人就是有穷后羿,他的名字同于神话里射日的英雄羿。《史记》中也提到了羲、和(在"扶桑"神话里是太阳之母羲和)废时乱日的故事。后羿的妻子与寒浞私通,寒浞杀掉了羿,并让儿子吃父亲的肉;后羿之子拒食而亡。寒浞篡位,还把王位传给了他的儿子浇。少康的母亲有孕在身逃出来生了少康,最后少康回来杀掉浇,重建王朝。这个故事最早记载见于《楚辞·天问》:

"帝降夷羿,革孽夏民。胡躲夫河伯,而妻彼雒嫔?冯珧利决,封狶是躲。何献蒸肉之膏,而后帝不若?浞娶纯狐,眩妻爰谋。何羿之躲革,而交吞揆之……"

"惟浇在户,何求于嫂?何少康逐犬,而颠陨厥首?女歧逢裳,而馆同爱止,何颠易厥首,而亲以逢殆?汤谋易旅,何以厚之?覆舟斟寻,何道取之……"

吕思勉在《古史辨》里讨论说太康到少康之间的中断看起来是后人插进去的。① 这段历史自成一体,与我下面要讨论的夏代帝王世表可以区别开来。这种区别在于帝王的不同命名制。这个"夏"王的命名制其实是商代帝王的命名制,太康和少康的"康"字也许是干支中"庚"的讳字;②在夏代帝王世表里只有孔甲(《纪年》有胤甲)的名字跟商代帝王的命名制相一致,"甲"即干支记名法,这跟世表里其他的帝王的名字不同。从逻辑上说,一个朝代的开始不可能是失去国家,如果说在这个时期真的有一个朝代,按文献记载来看应该是后羿执政。

8. 夏王世表的讨论:从予到桀

《史记》记载:"帝少康崩,子帝予立。"《国语》也记载说:"予,能帅禹者也,夏后氏报焉。"这表明在某种意义上他是一个新的开始。《史记》中夏代帝王从予到桀一共传了九代,但只有在写到孔甲时不像其他王一样仅仅记录世系,而是较为细致地记叙了他的故事。在《史记》所记的夏王世表里只有他的名字是按照商代的干支命名法,即十个"天干"表示十个太阳,十天为一旬。《史记·夏本纪》记载:"帝孔甲立,好方鬼神,事淫乱。夏后氏德衰,诸侯畔之。天降

---

① 《古史辨》第七册,第282—292页。
② 杨君实:《康庚与夏讳》,《大陆杂志》20卷,3期,1960年,第83—88页。

龙二，有雌雄，孔甲不能食，未得豢龙氏。陶唐既衰，其后有刘累，学扰龙于豢龙氏，以事孔甲。孔甲赐之姓曰御龙氏，受豕韦之后。龙一雌死，以食夏后，夏后使求，惧而迁去。"这段关于孔甲的故事神话性很强，并且跟龙有关，在商代的神话里"夏人"跟龙这种水生物是紧密联系在一起的。

《古本竹书纪年》中的记载与《史记》略有不同，没有孔甲却有胤甲，可能与帝廑之间有某种等同关系，关于胤甲的记载是这样的：

"帝廑一名胤甲。胤甲即位居西河。天有妖孽，十日并出，其年胤甲陟。"

这两段记载都是说夏朝的衰亡。那些超自然的衰亡之兆，"十日并出"跟我上面所讨论的神话内容结构是符合的。《史记》的故事里，夏王食龙而夏德衰，因为夏人的祖先是龙，龙是夏人的同类。《古本竹书纪年》的记载说夏王"居西河"，表明了夏人跟西方这个母型的联系；十个太阳是商王的象征，"十日并出"就是夏人灭亡的恶兆。

9. 结 语

综上所述，我认为禹创立夏朝和尧舜禅让的传说都是从商代的神话发展演变而来。在商人的神话体系中，商人的祖先跟太阳之间存在一种图腾关系，这是商代祭祀历谱的核心。商人认为他们都是太阳鸟（"玄鸟"）的后代；于是，商人起源的神话就在周代文献里表现为几种形式：

(1) 帝喾的神话；简狄吞玄鸟卵而孕生了商契；

(2) 羲和的故事，她是太阳之母，她的丈夫是俊；

(3)在正史传统里,尧禅让于舜,并把女儿娥皇嫁给他;商均是舜之后代。

商人的神话体系中存在一种二元对应论,它是后来的"阴阳"理论的先导。在这个神话体系里,商人跟太阳、东方、生命、天空、天界神灵相联系;夏人则跟月亮、水、龙、西方、死亡、下界、下界神灵相联系,两者之间形成一种对应关系。当周人灭商以后,这个神话体系就在周人自己历史的语境中被重新解释了,神话成了相应的历史事件。"夏"成了一个先前的政治王朝。到后来,跟"夏人"紧密联系在一起的原来下界黄泉神祇"黄帝",也就演化成历史上的帝王了。在历史传统的次序里,黄帝跟他的后代颛顼被放到了尧(上帝的变形)的前面。总的来说,那些从黄帝到夏代的历史记载,都可以看作是从商代神话体系中演变发展而来的。

第四章　商人的宇宙观

在世界遥远的东方,有一棵树名为"扶桑",十日由此而出;在世界的西方,也有一棵树名为"若木",十日由此而降;大地的上面是天空,下界是流水。殷商帝王和他们贞人心目中的宇宙究竟是一个什么样呢？同许多涉及殷商时代思想的其他问题一样,这个问题,单凭考究甲骨文并不能得到直接的答案。宇宙之形,这个问题的最早提及是在屈原的《楚辞·天问》里,但真正从文献记载上对这个问题作了正面阐述的是公元前3世纪兴起的"五行"说,特别重要的是"阴阳"派哲学家邹衍,虽然,"五行"说的历史无疑地要比现在所见文献记载早得多。

宇宙理论的发展在中国哲学传统中相对说来要晚一些,然而,殷王要通过占卜和祭祀来试图确保他们逝去祖先的福佑,以及国家的财富、和睦,对他们来说,宇宙论占了一个关键性的位置。甲骨文本身对此没有提供直接的说明,但却包含了一条线索,沿着线索把材料聚合起来,再用考古证据作为补充,这样殷商时代信仰的面目就有了一个大致的轮廓。稍后的材料也很有价值,只是我们应该知道,这些材料不能当作殷商时代思想的直接代表,它们一定经过了某些改变。理由充足地重建殷商时代的信仰体系,也为我们研究后来的思想发展提供了一个基础。

下面,我将讨论几个问题,首先,我将推论殷人心目中的土地之形;我先谈"四方"的含义,由此推出殷人心目中的土地之形当为"✚"字形;接下来我将参照罗马尼亚学者米西亚·爱利德(Mircea Eliade)关于古代宇宙论里"中心"意义的假说,来讨论这个"✚"形的意义。我认为用"✚"来划分土地、上界、下界,这就是后来建立在数字"五"、"六"上的传统数术的源头。大致来看,龟的腹甲也是"✚"形,龟其实就用作殷商时代的宇宙模型,这是殷商人把龟用于占卜的主要原因,占纹是人为制造的兆头。

1. "四方"

《周髀算经》(1/17 下):"方属地,圆属天,天圆地方。"《淮南子·天文》(3/9 上)说:"天道曰圆,地道曰方",这个说法一直在后来中国传统中流行,虽然这是我所见到的最早关于天地之形的明白表述,但无疑这个说法的来源要比公元前 2 世纪写成的《淮南子》更早。① 能否把它上归于视上帝为"天"的周代,还是可以追溯到更早的商朝?我相信,解决这个问题的关键在于弄清甲骨文中"四方"的初义。

甲骨文里有合写的"四方",也有分开来的"东方"、"西方"、"南方"、"北方",它们都是"禘"祭的对象和风的住所,这点我后面还将仔细讨论。实际上商人总共知道八个方向,因为甲骨文中也出现了东北、东西、西北、西南,但它们不称作"方",对它们的祭献是独特的"戠",而不是"禘"。

---

① 关于"天圆地方"的说法,除《周髀算经》、《淮南子》,还有《吕氏春秋·十二纪》和《大戴礼记·天圆篇》,但它们与《淮南子》类似,都是说"天道"、"地道"。《晋书·天文志》载:"《周髀》家云:'天员如张盖,地方如棋局。'"据说《周髀》出自周公,但无确证。

第四章 商人的宇宙观

周代的文献中经常使用"四方"一词,例如在《诗经》中年代最早的《颂》和《大雅》部分,"四方"被视之为世界的荒远之壤,包括它们的统治者和人民,它的引申义可单指整个世界,请见引文:

《商颂·殷武》:"商邑翼翼,四方之极。"

《大雅·下武》:"四方来贺。"

《大雅·江汉》:"四方既平。"

在周代文献中,"四方"之"方"字,已规范地诠释为"方向"之意;然而,"方"也通常作为方形、或是矩形,引申为立方形,如《墨子·大取》(11/6上)中:"方之一面,非方也,方木之面,方木也。""方"常与"圆"对举,如"天圆地方",《庄子·天下》(10/41下)中:"矩不方,规不可以为圆。"到了"五行"说中,出现了"五方",中、东、南、西、北。中并不是一个方向,而是一个方位。很清楚,"方"的意思是空间上的,而不是线性的。后来的人之所以弄不清楚,问题在于基本的定向"四方"与土地为方形这个思想并不一致。其实,如果把"方"作来方形来理解,"四方"位于东、南、西、北,在一个方形的土地之外。这样画出来看,土地实际上就是一个"+"形结构。

下面我将展开论证,证明殷商人把土地看作"+"形,这种信念的痕迹,直到了后世仍然残留着。

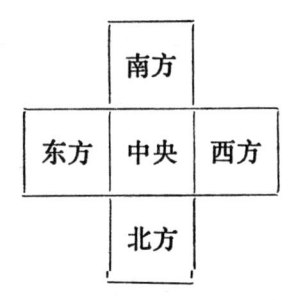

	南方	
东方	中央	西方
	北方	

"方"在殷商时代究竟是什么意思呢？"方"是方形，这种毫不含糊的说法最早可推"方鼎"，出现在西周早期的金文里。① 然而，"方"是方形的意思，由甲骨文中本来的"方"字也可以证实。甲骨文第一期中，"方"写作"才"，对这个字有多种不同的解释，大部分学者都认为《说文》把"方"释为"并船也"是错了。徐中舒对此字的象形做出了诠释："方之象末，上短横象柄首横木，下长横即足所蹈履处。"但是对这个字的释义与它的用法之间的关系，他没有作出清楚的解释，把上面一横两边的小竖简单地认作"饰文"，也不能令人信服。②

我认为在把这个字看作一个整体之前，最好先把它分解为两个单体进行观察，"⊢⊣"和"丿"；"丿"释为"人"，或是"刀"，就我看来，它下面的钩折更近似于"刀"（丿），而不象直挺的或微微叉开脚的"人"（丿）。"⊢⊣"的初义常被诠释为"架"，用来挂武器；于是，有一说认为如果"丿"释作"人"，那么，整个字就可以看作是一个带"枷"的犯人。③ 但据我的观察，"⊢⊣"是一种木匠用的方尺。这个推测可由"矩"字得到支持，"矩"在甲骨文中没有见到，但在西周早期的金文里，写作"料"，象一个人（不是后来的"矢"）握着一件工具，从字形看出，这件工具当是木匠用来画方形的方尺；④按《周髀算经》(1/2 下)的说法："圆出于方，方出于矩"；李孝定也把

---

① "史速方鼎"，见《岐山县京当公社贺家村西壕周墓》，《文物》，1972 年 6 期，第 26 页，图 3。

② 《"中央研究院"历史语言研究所集刊》第二本第一分册，第 17—18 页，《耒耜考》，引自李孝定：《甲骨文字集释》，《"中央研究院"历史语言研究所专刊》50，1965 年，8 册，第 2777 页。参见周法高：《金文诂林》，《金文诂林补》，香港中文大学，1975 年，《"中央研究院"历史研究所专刊》77，1984 年，8.1159。

③ 滕堂明保：《汉字语源辞典》，东京：田中嘉次，1967 年，第 112 页；康殷：《文字源流浅说》，北京：荣宝斋，1979 年，第 140 页。

④ 见高明：《古文字类编》，北京：中华书局，1982 年，第 364 页。

"工"释作这种工具。① 这样,"㇒"(刀)的用途是用来跟矩尺一起作工具刻出记号。"方"的另一个异体"才"也可作同样解释,顶上加了一短横,可看作是方尺在第三面作记号。

"巫"也是一个相关的字,甲骨文里写作"田",这个字与《说文》的"亞"字,都是从"才"字变化而来的。两个字都强调了"才"的其中一部分,甲骨文的"田"字多加了一个方尺,《说文》中的"巫"字多加了一个刀(或是"人"),都是多方位的意思,大概是指出"四方"。起码从自组、历组卜辞看,"田"是作为"四方"的含义来使用的。② 岛邦男的《殷墟卜辞综类》中列举了包括有"田米"的八段卜辞。这几组卜辞见插图 4。它们都是自组、历组卜辞;另外两段卜辞有"米于田",也是历组卜辞(见插图 5b,f)。这个用法和"方禘"与"禘于方"完全一样,"才"和"田"在这里是相同的一个字,意思是"禘"祭四方。还有三条卜辞可以证明"田"用同于"四方"之"方":

《邺》3.46.5,《合集》34140:"辛亥卜禘北田。"

《粹》1311:"禘东田。"

《南明》85:"子宁风北田。"

这三条都有方位词,表明"田"读作"方"。还有一卜辞提到"四田":

《佚存》884(《续》1.2.4):"癸卯卜贞,乙巳自上甲二十示
　　　　　　　　　　　　一牛,二(下)示羊,土
　　　　　　　　　　　　寮牢,四戈羌,四田犬。"

这里"四戈"读作"四国"(按于省吾的诠释),用羌作祭祀,"田"不是学者们通常认作的错写,而应是"方"的意思,用犬祭祀四方。这些

---

① 《甲骨文字集释》卷五,第 1593—1594 页。

② 参看倪德卫:《〈小屯殷墟文字甲编〉第 2416 号新考》,中国殷商文化国际讨论会论文。文章也讨论了"方"跟"巫"的关系。

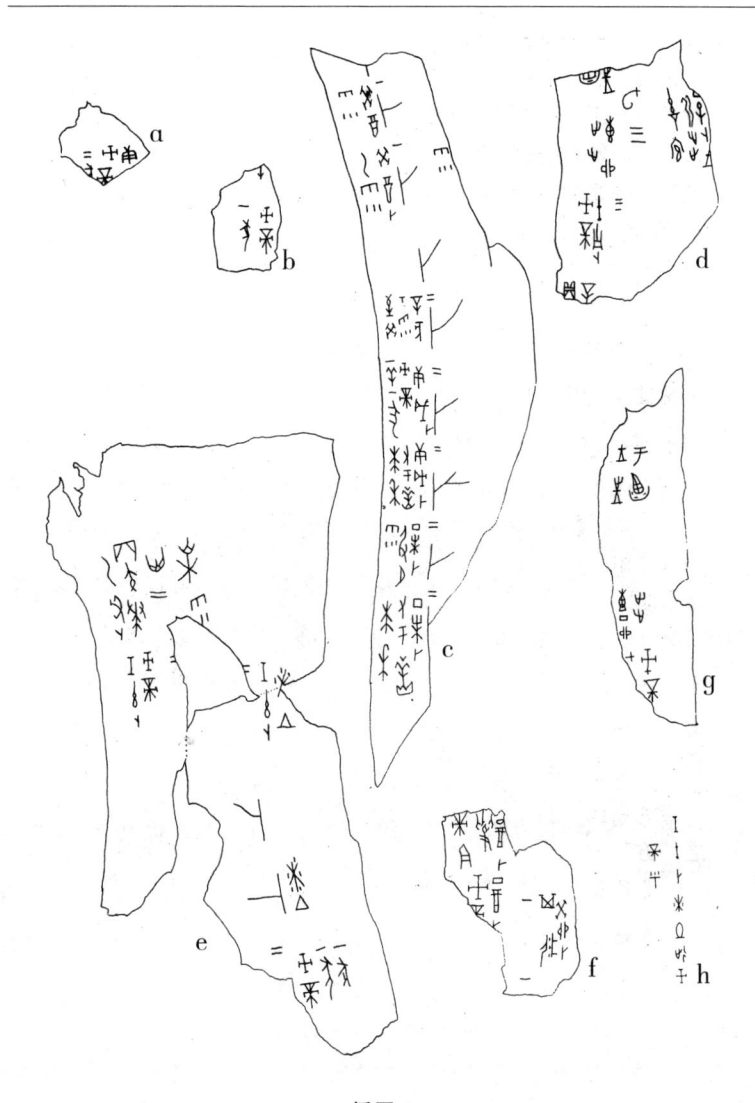

插图 4

a. 京 2674（自组）b. 甲 216（自组）c. 宁 76（历组）d. 掇 448（历组）
e. 人 B3221（历组）f. 粹 1260（历组）g. 粹 1030（历组）h. 拾 11（历组）

第四章　商人的宇宙观　　　101

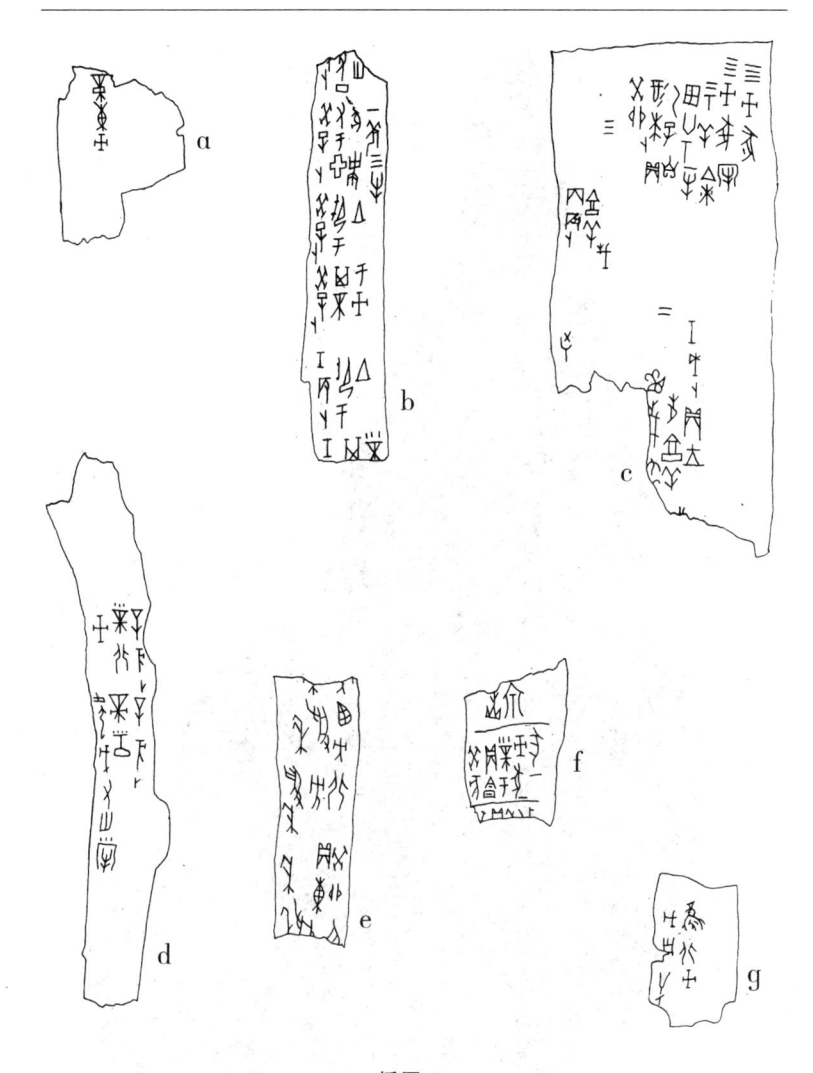

插图 5

a. 粹 1311(自组) b. 撫候 91(历组) c. 佚存 889(续 1.2.4)(自组)
d. 鄴 346.5(历组) e. 佚 956(续 2.29.7)(历组) f. 人 B2208(历组)
g. 南明 85

插图6 《甲骨文合集》14294

插图7 《甲骨文合集》14295

		大骨合集 14294	大合集 甲 14295	金 472	京 4316	前 4.42.6	尧典	尔雅·释天	诗经·邶风,凯风	淮南子 地形训	吕氏春秋 有始览
东	方风民	析(析)伺(丝)	析(析)伺(丝)	析(析)			析				
南	方风民	夹(夹)鍪(夋)	鍪(备)(个)				因	凯	凯	巨(高诱注:恺)	巨(注:凯)
西	方风民	彝(彝)	彝(彝)				夷				
北	方风民	丂(丂)霾(广)	丂(丂)霾(广)				隩				

插图 8 四方之名

卜辞也都是自组、历组卜辞(见插图 5c)。

这里涉及到的"帝"字有两种用法。一用作名词,指"上帝",也是祖先的称谓;二用作动词,是殷商人对"岳"(岳)、"河"(河)、祖先,以及"四方"的最高祭祀。在动词形式中,有时"工"被一个小方形代替,成为"帝"。许多学者把"帝"视为"蒂"的象形,但我认为这个字素的初义仍是木匠的方尺。有几处甲骨例中,小方形变成了圆形"帝",这也许是刻工的简化;让人联想到圆的天,统治下"方"的上帝的住所。还有一个小地方应该指出,上面引的《粹》1311,"帝"写作"帝",一些学者认为这个小点是有特殊含义的异写,它同样在"干"上出现,它其实是拓片时一粒小沙土的结果,或甲骨本身的问题,而非原字的字素。

"方"字的初义是方形,这还可以从"韋"(衛)字得到支持,"囗"与"方"同样可以替换,衛＝衛(衛)。① 更多的证据,还可看"方"与"匚"的相通,高本汉推断这两个字的上古音原来都是(＊piwang)。"匚"是方形容器的象形,表示立方的意思,由立方之义很容易引申出方形之义,"方",是方形,也指立方;两个字的音义相通,可以推断,它们是不同的书写体代表口语里的同一个字。其实,"矩"字的"匚",甲骨文字里原写作"工",这更加证明了它们在最初意义上的一致性。现在我们再来看"央"字,它在甲骨文里写作"央",在金文里写作"央",如果我们已经知道了"工"、"匚"(凵)都是方形之意,那么"央"就是"天"(或是"大")加上一个方形;到了这一步,再看"四方"之意,它们其实就是指位于中央方形四面的四个方形。这样的结果就组成了一个"十"形。

---

① 见岛邦男:《殷墟卜辞综类》,第 74 页。

在甲骨文里,"方"不仅仅是四"方":东、南、西、北;它还是经常与殷商发生战争的其他部族。例如"虎方"等,岛邦男的《殷墟卜辞综类》列举了四十二个这样的部族。这里"方"的用法作"邦"(＊pung),或是"国"。这样多的"方"(部族)并不像是都具有政治组织和带城墙的国家形态。解释应该是这样,"方"的原意方形在这里引申为领土了。这块空间只是统而言之,正如后来的中国经典中的"地方百里"并不真的意味着这块领土是方形的。这样,"虎方"就是居住在"虎"地的民族。

有学者把这个代表部族的"方"字诠释为"旁"字。"方"族是殷商国旁边居住的人民,今文《尚书》和古文《尚书》也互相替换"方"与"旁"字。① 更有意思的是在甲骨文里,它写作"ǯ",可诠释为一个方形(土地)挨着另一个方形(土地)。"四方"的"方"也可以这样解释。但"四方"是中央方形四面上的方形这个初义,始终是一致的。

"四方"是四风的住所。这从占卜平息大风的卜辞中可找出证据,如:

《人》1994:"癸未其宁风于方,又雨。"

《粹》828:"其宁风方,叀豕。"

我们已经提到的《南明》85 也有"宁风北ǯ"。这从两块第一期的罕见的甲骨版上看得十分明白;第一块是肩胛骨,记有"四方"和它们的风名,但未作占卜:

《合集》14294(插图 6):"东方曰析,风曰劦;

---

① 见高鸿缙:《金文诂林》,8.1159;夏含夷(Edward Shaughnessy):《释"御方"》,《古文字研究》第 9 辑,1984 年,第 97—110 页。

南方曰󰏼,风曰󰏽;

西方曰󰏾,风曰彝;

〔北方曰〕勹,风曰殳。"

第二块是一片几乎完整的龟腹甲,它的上方刻有六套卜辞:

《合集》14295(插图7):"辛亥,内贞:今一月帝不其令雨。四日甲寅夕, 允 雨 。

一二三四

辛亥卜,内贞:今一月 帝 不其令雨。

一二三四

辛亥卜,内贞:帝(禘)于北方 曰 勹,风曰殳,莱年。

一二三四

辛亥卜,内贞:帝(禘)于南方曰󰏼,凤(风)曰󰏽,莱年。

一二三四

贞:帝(禘)于东方曰析,凤(风)曰劦,莱年。

一二三四

贞:帝(禘)于西方曰彝,凤(风)曰󰏾,莱年。

一二三四。"

第一辞、第三辞、第五辞在腹甲的左边,从右到左纵行书写;第二辞、第四辞、第六辞在腹甲的右边,从左到右纵行书写。数字一二三四是在兆的旁边,表明每一兆都做了四次之多。

虽然这两块甲骨上记载的风名和南方、西方的次序有些互相颠倒,刻写也不尽相同,但这些名字还是比较肯定的。这些名字在其他的甲骨上并不多见,平常祭祀的对象多是"方"、"风"、"东"、"西"等。还有几个例子可见插图8。

一些学者认为"四方"同于"四土"。"四土"(它分开用作"东土"、"西土"等,不合在一起写作"四土")是位于殷商北面、南面、东面、西面的领土。位处中央的殷商就称作"中商"。这可见下面一片第五期的卜辞:

《合集》36975:"己巳,王卜,贞 今 岁商受 年,

王占曰吉。东土受年,南土受年,

西土受年,北土受年。"

但是,我认为在"土"和"方"之间还是有所区别的。虽然"土"也用在"社"字中,但四"土"很明白是指真实的领土。在甲骨卜辞里,它们大部分都和是否将遇到丰年("受年")、或是干旱("莫")连在一起。除了一条卜辞上有"方"遇到丰年外,我没有发现其他卜辞中有"方"遇到干旱什么的。这条甲骨卜辞是这样的:

《佚》956,《续》2.29.7(插图5e):"癸卯,贞东受

禾,北方受禾,

西方受禾……"

这条是历组卜辞。在历组中"方"用作四"方"之"方"。而且方是"禘"的对象,而"土"并不是,由此可以看出"土"、"方"二字之间是

有所不同的。从这些不同中我们可以推断,"土"是位于殷商北面、南面、东面、西面的真实的领土;它们向殷商缴纳丰收的谷物。而"方"的初义原是指形而上的存在物;"方"有时可以与真正的领土("土")等同,但它一般用于指神灵之乡,是掌管雨水和丰收的"风"神的住所。

说"四方"是神灵之乡,这从后代的文献记载可以得到肯定。《楚辞·招魂》中,巫阳从"四方"招回逝去的、或正在逝去的人的灵魂:

"魂兮归来,去君之恒干。何为乎四方些,舍君之乐处,而离彼不详些。

魂兮归来,东方不可以讬些,长人千仞,唯魂是索些。十日代出,流金铄石些。彼皆习之,魂往必释些……魂兮归来,南方不可以止些,雕题黑齿……封狐千里些,雄虺九首……

魂兮归来,西方之害,流沙千里些。旋入雷渊,糜散而不可以止些……赤蚁若象,玄蜂若壶些……

魂兮归来,北方不可以止些。增冰峨峨,飞雪千里些……"
"四方"之后还跟着上、下:

"魂兮归来,君无上天些。虎豹九关,啄害下人些,一夫九首,拔木九千些……

魂兮归来,君无下此幽都些。土伯九约,其角觺觺些……参目虎首,其身若牛些……"《楚辞》(9/2下—6上)
在《大招》里还有类似的写法;但只写了"四方",没有上、下。

在《楚辞》的这些描述里,"四方"带有一点所处方位的特征:北方寒冷;南方炎热,住有"雕题黑齿"的怪人,但是,它们很清楚地描述为充满灵怪,人类无法生存的领土。那些从"四方"招魂的人称作"巫",可能颇有含义。关于他们是不是西方人类学家所称的"萨满教巫师"("shaman")一类的角色,这一点上争议很多。但从《楚辞》里关于他们身份的描述可以看出,他们是那类能够到那四"方"(和上、下)去作精神上漫游的特殊的人。

许多学者曾留心到,胡厚宣在《甲骨文四方风名考证》一文中第一次指出的两片甲骨上的"方",和它们的风名,在后来的文献《尚书·尧典》、《山海经·大荒南经》内出现。① 这是关于殷商灭亡后,它的传统在普遍的信仰中继续流传的重要证据。虽然说这个传统肯定随着环境时代的变更而改变了一些。因为这些名字并不常见,而且零散地保留在文献里,所以这条证据显得更加珍贵和有说服力。

在《尚书·尧典》里,这些"方"和"风"的名字,变成了居住在荒远的北面、南面、东面、西面地区的人的名字:

> 帝尧"乃命羲和……
> 　　分命羲仲,宅嵎夷,曰旸谷,寅宾出日……其民析;
> 　　申命羲叔,宅南交……厥民因;
> 　　分命和仲,宅西土,曰昧谷……厥民夷;
> 　　申命和叔,宅朔方,曰幽都……厥民隩。"

在这里没有直接提到"四方",四兄弟所去的领土更近似于神话,而不像真实的地方。"旸谷"(陽谷、崵谷、湯谷)也称作"咸池",是"扶桑"下的一个山谷,或水池;从那里"十日代出"(《招魂》)。"昧谷"是

---

① 见胡厚宣:《释殷代求年於四方和四方风的祭祀》,《复旦学报》(人文科学版),1956年第1期,第49—86页。胡厚宣:《甲骨文四方风名考证》,《甲骨学商史论丛初集》上册,第369—382页。

西方之极的"若木"下的一个山谷。① "幽都"在《招魂》里是指下界。

马伯乐在他的一篇1924年写下的著名的讨论《尚书》的文章中,以此为例来研究中国古代的史家是怎样把传统的神话变成记载中的历史的。② 他指出"羲和"原是一位女神的名字,即《山海经》和其他一些文献里的"十日之母";《尧典》的作者把这位神话性的角色变成了帝尧的四位官吏。我认为马伯乐这篇文章大体上是正确的,《尧典》的作者从理性上相信他们所接受的传统是基本真实的,删除了其中过多的幻想成分。但是,我以为马伯乐在这一点上的推断却未免有些简单化了,说《尧典》的作者把众所周知的"十日之母",一下子直接变成四位男性官吏,这似乎有些不合逻辑。"羲和"可能是一个集团(或是部族)的名字;神话里的"十日之母",儿子众多,其中可能包括了四"方"的守护神吧。

然而,本文要提到的问题就在这里,《尧典》只有四位兄弟,两"仲"两"叔"。按习惯应该是兄弟六人,两"伯"在这段文献中没有提及。"六"是《招魂》中所描绘的宇宙方位的数目,四"方",以及"上"、"下"。《招魂》里把下界称作"幽都",在《尧典》里它变成了"北方"之名。(另外一种较早的传统说法是称下界为"黄泉",这个我后面还会谈到。)《尧典》的开头提到:"帝尧……横被四表,格于上下。"也许有另外的两兄弟("伯")宅土"上"和"下"吧。

《山海经》要复杂得多,它出自多人之手,也许是一部不同来源材料的汇编吧。讨论这部书的细节不在本文的视野之内,但我想提一提它的编排问题,因为这反映出了我上面所谈"四方"说法的继续。那种把东面、南面、西面、北面的领土与异乎寻常的怪物联系在一起的传统,在《山海经》里得以延续发展。书的第一部分包

---

① 参看本书第二章。
② 马伯乐:《〈书经〉里的神话传说》。

括《南山经》、《西山经》、《北山经》、《东山经》和《中山经》一共五经，这意味着世界被按"十"形的方位分为五部分。书的第二部分是四部《海内经》和四部《海外经》，都按东、南、西、北基本方位编排。书的最后一部分是四部《大荒经》，也按着基本方位，"四荒"是"四方"之极的四个地方。值得注意的是这里没有什么东北、东南、西北、西南经。我对《海内经》、《海外经》、《大荒经》三者之间的关系还不是完全清楚，我推测在《海内经》、《海外经》的编排上可能受到了邹衍大九州理论的影响。还应该承认，虽然"四海"出现在周代早期文献里，但我不敢肯定它们能否纳入我所讨论的这种信仰布局中，还是它们另有不同的来源。但是，说《山海经》的编排是受"十"形信仰的影响，这一点仍然是有根据的。

2. "十"形

许多学者都已经留心到了"十"形在殷商考古学中十分突出。我先简扼地回顾一下考古学中的证据，然后参照爱利德关于中心象征说的理论来解释这个"十"形的重要意义。它在考古中的出现主要有：

(1) 青铜器圈足上的"十"形穿孔；
(2) 把氏族的族徽和其他一些祖先名姓包在内的"亞"形符号；
(3) 殷墟陵墓中的"十"形墓室营造。

关于青铜器圈足上的"十"形穿孔最早见于商代中期的出土物，从这个时期一直到西周前期，"十"形穿孔常常在某几种青铜器的圈足上端两面相对而存。主要是瓠、簋、尊、盘、罍，但任何带圈足的青铜器都可能见到这类穿孔。许多学者提出解释，这些穿孔的用途可能是用来固定带轮圈的铸模范心。但是这种解释并不圆

第四章　商人的宇宙观　　113

满,因为很多这类的穿孔是圆的,或方的,特别是商代中期和殷墟前期的青铜器;另外在像觚这类穿孔最常出现的青铜器上,有时什么穿孔也没有。这样看来,这种"✥"形穿孔不会简单地只有某种实际用途,而是另有装饰性目的。①

在郑州出土的一个陶豆的圈足上有一对很大的"✥"形穿孔(见插图9)。② 它的大小形状与同地点出土的同一时期的青铜觚上的"✥"形相似。③ 陶制的豆在中国新石器时期已有很长的历史,但就我所知,直到殷墟前没有见到过青铜豆,殷墟时期也极少见。④ 显然,这个陶豆上的穿孔是把那些青铜器作为模范,陶工把这个青铜器上的"✥"形作为具有某种象征意义的母题抽出来,用于陶器上,它的象征意义显得格外明显。

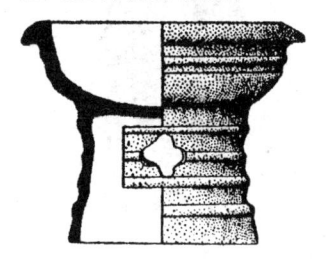

插图9　陶豆

引自《郑州二里冈》图六,5

---

①　巴纳(Noel Barnard)也持此种观点,见《中国古代青铜铸造和青铜合金》(*Bronze casting and bronze alloys in ancient China*),东京:1961年,第116页。
②　见河南省文化局文物工作队:《郑州二里冈》,北京:科学出版社,1959年,图7.4。
③　见《郑州市白家庄商代墓发掘简报》,《文物》,1955年第10期,图42。在郑州发掘的盘、和尊也有"✥"形穿孔。参见河南省文物研究所、郑州市博物馆:《郑州新发现商代窖藏青铜器》,《文物》,1983年第3期,第49—59页;《郑州北二七路新发现三座商墓》,《文物》,1983年第3期,第60—77页。
④　林巳奈夫:《殷商时代青铜器的研究:殷商青铜器综览》,吉川弘文馆,1984年,1册,第160页(包括了殷晚期的两个"豆":一个出土在保德林遮峪,另一个是在长清)。

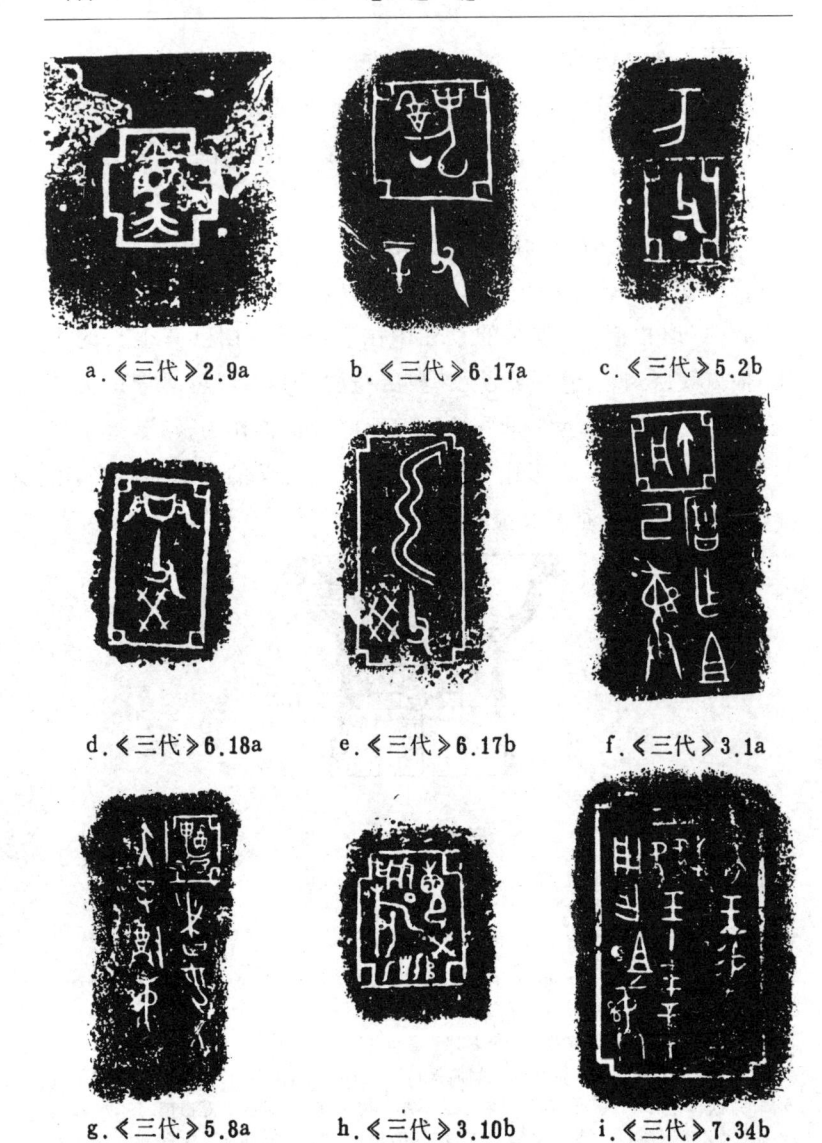

a. 《三代》2.9a   b. 《三代》6.17a   c. 《三代》5.2b

d. 《三代》6.18a   e. 《三代》6.17b   f. 《三代》3.1a

g. 《三代》5.8a   h. 《三代》3.10b   i. 《三代》7.34b

插图10 "亞"形铭文

第四章 商人的宇宙观

从殷墟时期一直到西周早期,"✚"形作为一个包着氏名族徽(或是更长的铭文)的符号出现在青铜器上(见插图10)。在殷墟发现的一钮方玺上,"✚"形包着氏名,四角被分出(见插图11)。① 同样的"✚"形在甲骨文和金文中是被写作一个字,但我觉得应该

插图11　殷墟青铜钵

引自胡厚宣《殷墟发掘》

区分出它作为字与作为符号的不同。这个"✚"形符号有时只包着一个氏名,这是十足的族徽铭文;有时它也包着亲属谓称,如"父",和天干(庙号);有时候称谓和天干都在"✚"形的外面。更长的铭文,有时在"✚"形内,有时在外。西周早期的出土物中,可以见到把长条铭文放在"✚"形内的例子。② 如果只有一个字在"✚"形内,那它可能是一个"合文",如"匚"("报乙");如果是祖先谓称如"父乙"等,"✚"形和包着的字之间还有关系,虽然释为"合文"不太合适,可还有可能性。但是,当"✚"形包着长条铭文,那些字和"✚"形毫无关系,那它们在一起就不能当做是一个"合文",而只能将它

---

① 胡厚宣:《殷墟发掘》,上海,1955年,图87。
② 如嚚夨方鼎,见中国社会科学院考古研究所:《殷周金文集成》,北京,1985年,5册,第2725页。

看作一种符号。前人已经提出了甲骨文和金文里用"亚"字当官名或爵称,"✚"形符号与包在里面的名字之间有密切关系;很可能只有某些人有权使用这个"✚"形,他们用的"✚"形是符号,而不是字。

"亚(亞)"被确认为"侯"的一类;"亚(亞)"可以称为"侯",但不是所有的"侯"都是"亚(亞)"。在"亚(亞)"的诠释上,意见多种。唐兰认为"亚(亞)"是一种爵称;丁山认为它指"内服的诸侯";陈梦家、郭沫若、曹定云诸家把"亚(亞)"释为官名;① 刘节从另一个角度看,提出它是一种母系的"胞族",他说:"把每一亚(亞)算作每一胞族是很可相信的,又从另一方面看来,殷人的'亚宗'大体相同于周人之'京宗',若再用'多亚'一名,同'多方'一名比较,便可以明白'方'是指外族,而'亚(亞)'却是指本族……。"② 这种认为"亚(亞)"代表本族;"方"代表外族的说法,与我下面要讨论的观点,即"✚"形曾用作中心的象征这一推论在某些方面不谋而合了。

这个"✚"形,也可以写作"亞",或是"亞"。"亞"看上去象是一个大的方块被拿掉了四个角(或者说象一个方鼎的底模上留出了四个置足的空)。③ "亞"象是一个中央的小方,四面黏合了四个小方。这个形式是传统庙宇的布局,一个太室(中堂),或是一个中庭连着四厢,阮元曾说道:"古器作亚(亞)形者甚多,宋以来皆谓亚(亞)为庙室。"④ 这是很普遍的看法。

---

① 见《甲骨文字集释》卷 14,第 4165—4172 页;《金文诂林》与《金文诂林补》,14.1833。

② 刘节:《中国古代宗族移殖史论》,第 14—15 页,引自《金文诂林》,第 7865 页,14.1833。

③ 参见诺尔·巴纳:《中国古代青铜铸造和青铜合金》,第 151 页,关于司母戊鼎的底座模铸型的讨论。

④ 《金文诂林》,第 7850 页,14.1833。

第四章 商人的宇宙观

陈梦家曾讨论过甲骨文中关于宫室的名称,他提出殷商时的庙宇为"亞"形。他说:"由卜辞宫室的名称及其作用,可见殷代有宗庙,有寝室,它们全都是四合院似的。"①高去寻也注意到了这一点,正如王国维根据稍晚一些的文献,主要是《考工记》推想出周代的"明堂",夏代的"世室",商代的"重室"都是"亞"形。但从安阳目前所发掘出的较完整的地基看(石璋如推想其中一部分是庙宇,一部分是宫室),还没有见到是"亞"形的。虽然高去寻认为乙组中有六处地基(13、15、16、18、19、20),如果不是因为其他建筑叠建的话,可能是"亞"形,但这仅是推测而已(见插图12)。②

虽然安阳发掘出的房屋地基未见"亞"形,但高去寻观察到了那些大墓的营造中有"亞"形存在。洹河南边是庙宇宫室,北边的西北冈是商王的墓地。在墓地的西部发掘出八座大墓,其中七座带有向东、南、西、北四个基本方位伸出的墓道,另一座没有墓道的大墓未完工,也未使用(见插图13)。墓地的东部也发掘了一座带四条墓道的大墓和两座带两条墓道的小墓(与武官村发掘出的一座大墓差不多),还有两座墓只带一条墓道(其中之一出土了司母戊大方鼎)。殷商从武丁到纣辛共有九位帝王,杨锡璋认为那几座带四条墓道的大墓是商王的,那座未完工的原是纣辛的,其他那些稍小的墓是商王的妻子和有权势的贵族们的。③

---

① 陈梦家:《殷虚卜辞综述》,第481页。
② 高去寻:《殷代大墓的木室及其涵义之推测》,《"中央研究院"历史语言研究所集刊》,39,1969年,第175—88页。又见王国维:《明堂寝庙通考》,《观堂集林》,北京:中华书局,1959年,3册,第123—144页;石璋如:《小屯:第一本,遗址的发现与发掘:乙编》,第21页。
③ 杨锡璋:《安阳殷墟西北冈大墓的分期及有关问题》,《中原文物》,1981年第3期,第47—52页。

那几座大墓的四条墓道引向地底下的墓坑。有三座墓坑是"✥"形(1001,1217,1400);一座(1550)平面是长方形,但底面是"✥"形;还有一座完全是长方形。墓坑里原都有一个墓室,里面放置贵重的殉葬品和死者棺椁。从发掘可以看出,有四座墓室是"✥"形结构(1001,1003,1004,1550)。其中 1001 号墓是完全的"✥"形(见插图 14a—b);1550 号墓确切些说是中央一个方形空地带四面的耳室,但仍然可以看作是基本形式"✥"形的变体(见插图 15a—b);后冈发掘出的带两条墓道的大墓墓室也是"✥"形结构的。建造这种"✥"形墓室从建筑学上看比较费工,但为什么如此建呢?解释只能是它们具有某种特殊的含义。

3. 中心象征说

爱利德关于古代宗教仪式中心象征说方面的著述颇丰,按照爱利德的理论,中心是"最显著的神圣地带,是绝对存在物的地带"。比如说,通过这一中心点可以接近、最终与神灵世界达到和谐。他还简明地讨论了一系列在很多古代民族中普遍流行的信仰,其中就包括相信有一座神圣之山位于世界中心的信仰。这座神圣之山是世界创造的地点,也是天堂与地界的会合之处。这座大山是世界的轴心,所有的庙宇宫殿,以及城市和帝王居所都可以是代表这个轴心的象征物;这些地方往往被视作是天堂、地界、地狱交会的地方。①

---

① 爱利德(Mircea Eliade):《永久复归的神话》(*The myth of the eternal return*),London, Routledge & Kegan Paul, 1955 年,译自法文 *Le mythe de l'éternel retour*: *Archétypes et Repetition*。

第四章 商人的宇宙观　　119

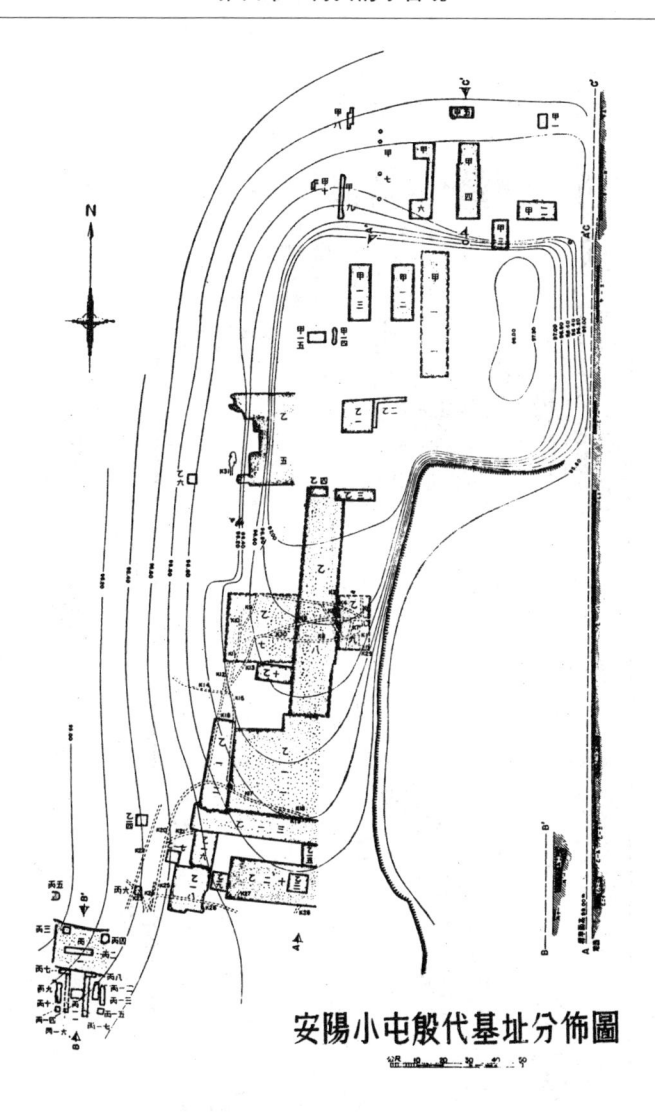

插图 12

引自《小屯：第一本，遗址的发现与发掘：乙编》第 21 页

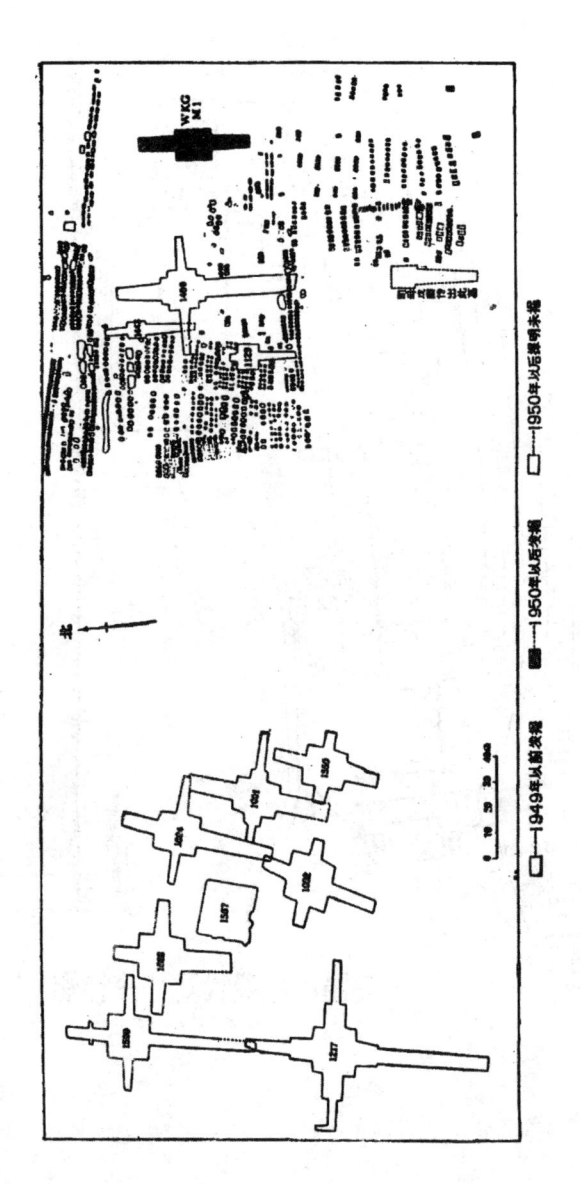

插图 13 安阳西北岗大墓和祭祀坑平面图
引自《新中国的考古与发现》图 61

第四章　商人的宇宙观　　　　　　　　　　　　　　　121

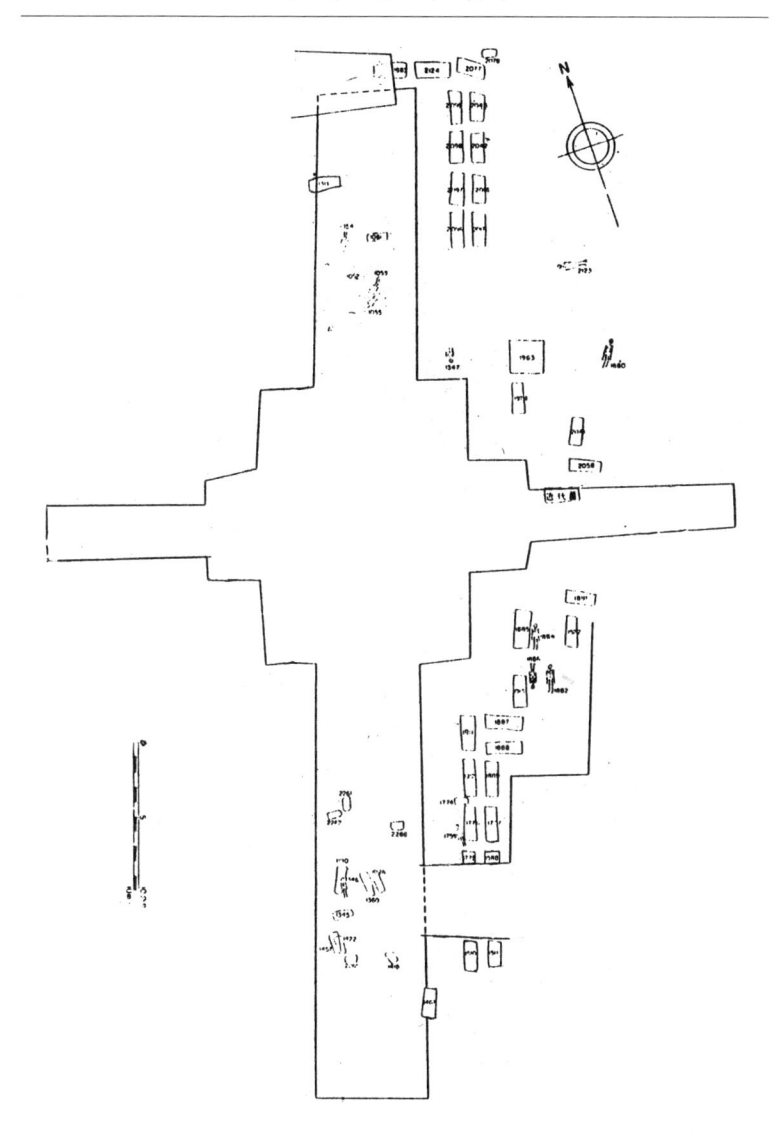

插图 14a　侯家庄 1001 号大墓上层及东侧之小墓分布图

引自《侯家庄 1001 号大墓》插图 3

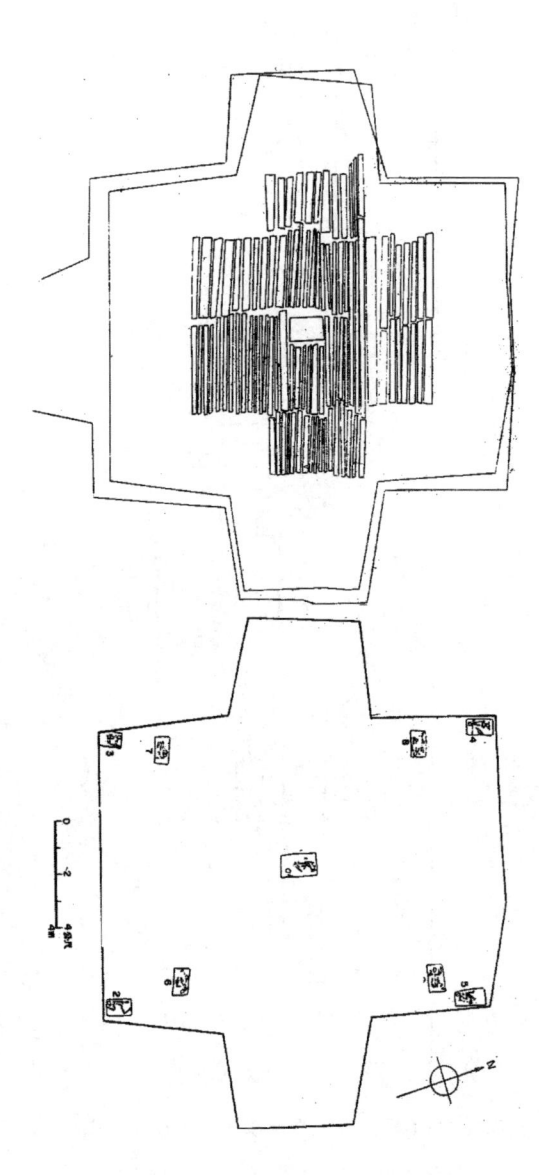

122　　　　　　　　　　龟之谜

a. 木室地板遗迹平面图　b. 墓坑底之殉葬坑分布图

插图 14b　侯家庄 1001 号大墓

引自《侯家庄 1001 号大墓》插图 8.10

第四章 商人的宇宙观

爱利德的理论在很多方面与中国传统历史学家的思想互相吻合。说服"中国人"去相信中心象征的重要性未免显得多余,他们称自己的国家为"中央之国"。世界上不同地方的古代民族信仰中存在如此多的相通之处,并非都有什么共同的遗传继承,而是由于人类心理结构上的原因。列维-斯特劳斯把这称为神话想像中固有的二元对应论。人的思维很自然地倾向于从对立面进行联想;好,意味着还有坏、上下、天地、东西、太阳、月亮……列维-斯特劳斯的理论认为神话是故事性的,一定要有情节线索,所有的神话故事中都包括有螺旋形发展的母题,正、反、合这样一条持续不断的主线。① 在犹太—基督教传统里,对立通常是绝对的对立;在中国传统里,阴、阳是从互补关系来理解的,但总之,两种传统都反映出了这种按对立双关来思维的天然倾向。②

按照我前面对商代图腾体系的重建,我们发现商人把他们自己同"十日"联系起来,十个太阳按商代祭旬(十天一周)从东方"扶桑"树上轮流出来,象鸟一样飞越天空,最后降落于西方的"若木"。从神话学来看,商人与太阳、鸟、扶桑、火、天空、东方等母题相联系。这跟那些传统上与"夏"相联系的母题刚好相反,"夏"总是与月亮、龙、若木、水、黄泉、西方等相关。这个系统为后来所谓的"阴阳"对立论提供了原型。就拿方向来说吧,太阳升起的东方跟太阳降落流水下界的西方是相对立的。

---

① 见列维-斯特劳斯(C. Lévi-Strauss):《野性的思维》(*The Savage Mind*),有李幼蒸中译本,商务印书馆,1987年。
② 见葛兰言:《"左"、"右"在中国》("Right and left in China"),收入罗德尼·尼东(Rodney Needham)编的《左与右:对等象征分类论文集》(*Right and left:essays on dual symbolic classification*),Chicago:University of Chicago Press,1973年,译自法文。

人立足于大地之上,他怎么来看宇宙呢?二元对应显然不够了;东,意味着有西;东西,就意味着南北。人只有立于环形之轴,或四个方向的中央,最易取得和谐之感,这种心理因素暗示出了"十"形的成立。在"十"形陵墓中,死者的尸体安睡在"十"形的中央,供品直接由祖先的魂灵享用。"十"形包有铭文的符号也可以从这个象征意义上理解。器皿圈足上的"十"形穿孔可能是表明它们作为祭祀祖先的礼器。

爱利德很强调这座神圣之山作为中心象征以及它是大地起源的意义。在一些早期文明中,中央大山也被视为大地的轴心。中国传统里,这座神圣之山的模型是到了战国晚期、汉代早期才出现的。商人的"十"形更多的是抽象意义上的中心象征,而不是实指某座大山。但是,中国传统里还是有所谓中央大山的说法,汉代天文学把昆仑山当作这座中央大山。可是,位于新疆西藏边界的昆仑山,它远离商代文明的中心,也许当时还不为人所知。然而另外有一种与神话和祭祀有关,而不是天文学上的说法,即这座中央之山是河南省境内五岳之一的"中岳"嵩山。

殷商甲骨文中,"禘"祭"四方"、高祖、还包括了"岳"(⛰)和"河"(氵)。"河"可以很容易地肯定是黄河,而"岳"的确定就不那么容易了。我自己觉得,它指的就是嵩山。从历史地理上看,安阳的西边是太行山脉,在商代最早的都城遗址偃师和商代中期郑州都城遗址的一带居高临下的就是嵩山,而且,在嵩山脚下登封告成镇还发现了大约公元前二千多年的城址。[①]

当登封的遗址刚发掘出来,它被定为夏代遗址,主要因为它历

---

① 见《登封王城岗遗址的发掘》,《文物》,1983年第3期,第21—36页。

来是传说中的禹都"阳城"("太阳之城")。正是在这个地方,禹妻涂山氏化为岩石而生启。后来学术界对这个遗址的断代发生了争论,碳14测定结果这处遗址比传说中的夏代要早。我本人相信传统里把这里跟禹相联系是颇有含义的,但最好从神话和祭祀的角度来解释。大禹治水的传说其实是创造故事的一种类型,即人类第一次赋予这个世界物质上和政治上的秩序(不是创造地球本身)。我前面第二章也谈到了,同样的洪水神话也反映在商相伊尹诞生的故事里,伊尹之母回头顾视洪水而化身"空桑"。我认为这个"空桑"是一座宇宙之山,它也跟黄帝和其他"夏"人祖先发生关系。齐文心论证了"尹"是官名,"伊"是洢水之旁的伊国之名。[①]"阳城"之名也暗示了它跟"扶桑"传说的关系。在这个传统中,夏人祖先跟商人祖先是互相对立的。嵩山作为中心的确定,和大禹治水神话或许起源于新石器时代,登封城址有可能是一个宗教活动的中心,这也许可以解释为什么作为城市来看此处的城址太小了。

爱利德把这座古代宇宙论中的神圣之山描绘为天堂与地界的交会处。许多古代民族都把高山(或巨树)当成是从地界进入天堂入口的说法看作是理所当然的,群山高耸入天。再从宇宙学上看,人除了意识到两度空间外(前后左右),他当然还意识到第三度空间,即上和下。上和下可以是天堂和地界,也可以是天上和地的下界。爱利德理论中的这座中央神圣之山既是天堂与地界的交点,也是天堂、地界、地狱(下界)的会合处。

在中国同样不例外,问题在于中文里"上下"的"下",既可以是

[①] 齐文心:《伊尹与黄尹为二人辨析》,发表于《英国所藏甲骨集》下册。

"天下",也可以是"地下",这带来了一些混淆。天堂地狱是报应惩罚之地的说法是佛教传入后才有的。在《招魂》里,我们看到"上""下"同"四方"一样,仅是神灵之界而已。另一种较早的说法,即下界是"黄泉",人死后魂升天,魄入地下。我曾在上一章讨论了这种信仰可追溯到商代,这里我不再重复,只简单引证如下。《左传·隐公元年》记载了一个故事,郑庄公与其母不和,发誓曰:"不及黄泉,无相见也。"后来他后悔誓言有些过分,就接受了颖考叔的劝告:"君何患焉,若阙地及泉,隧而相见,其谁曰不然……。"这段话的意思包含了所有的地下泉水都属黄泉。在《孟子·滕文公下》(6/15上)、《荀子》(1/10上)、《淮南子·天文训》(3/5上)里都有同样的说法:"夫蚓上食槁壤,下饮黄泉。"《论衡·别通》(13/9上)也说:"穿圹穴卧,造黄泉之际,人之所恶也。"天覆盖着地,地下通流黄泉,《庄子·秋水》(6/26下)说,只有"真人"能够"跐黄泉而登大皇"。

甲骨文中没有提到"黄泉"一词,关于殷商人有无这一信仰的论证都是间接的。但甲骨文里提及了一些泉水的名字,安阳附近至今还有很多泉水,在这里要相信所有的地下有泉水存在应是很自然的事。另外,殷商青铜器纹饰的母题,除了兽面,就数各式各样的龙形了,龙是水兽。这一点也意味颇深。甲骨卜辞记载了祭品供向六处:高耸入天的大山"岳",与地下泉水相通连的"河",还有四"方"。

周代称上帝为"天"。据郭沫若和顾立雅(H. G. Creel)推论,"天"为"上帝"的说法是西周才开始有的。① "天"字在甲骨文里很

---

① 顾立雅:《中国古代文化研究》(*Studies in early Chinese culture*),London:1938年;顾立雅:《中国国家的起源,第一本:西周》(*The origins of statecraft in China, The Western Chou Empire*),Chicago:University of Chicago Press,1970年。郭沫若:《先秦天道观的进展》,上海:商务印书馆,1934年。

第四章 商人的宇宙观

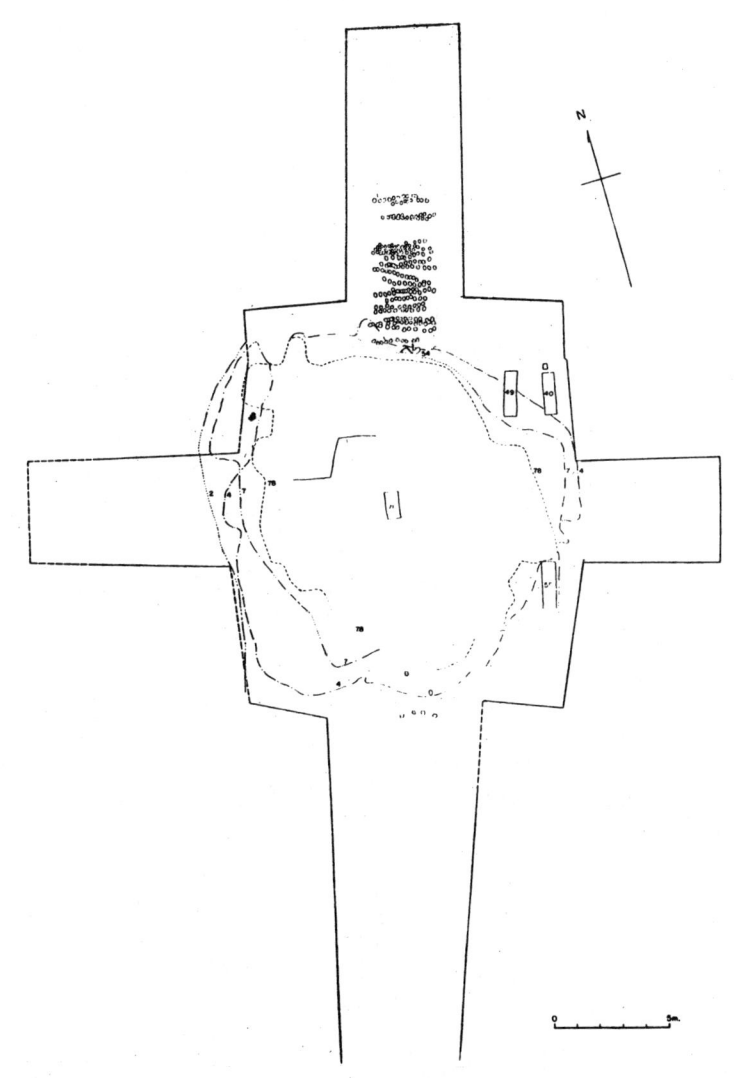

a 墓内残存之殉埋遗迹的平面分布图

插图 15a 侯家庄 1550 号大墓

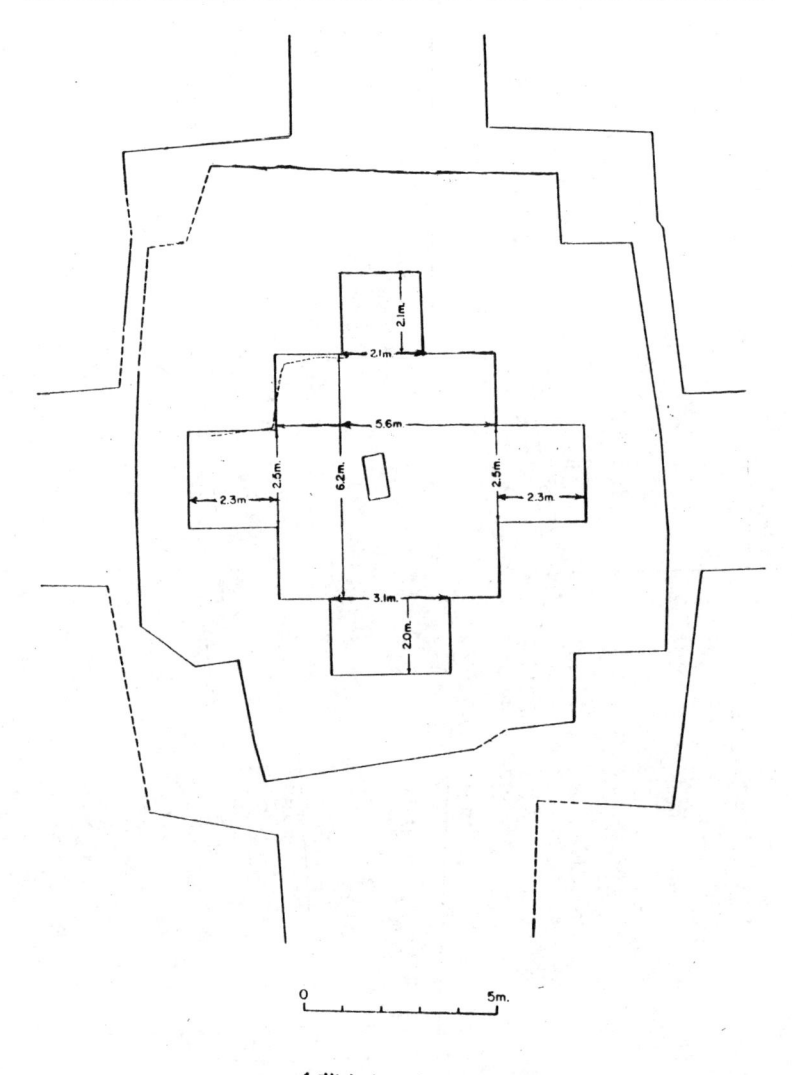

b 墓内木室之轮廓复原图

插图 15b

引自《侯家庄 1550 号大墓》插图 2,3

少见,一些学者把它释作"大"。而"地"字在甲骨文里未见到,这意味着把"上下"与"天地"联在一起的说法是周灭商后才出现的。但是,可以肯定的是商人同其他民族一样知道天覆盖着地,无疑地也意识到了天地之外,还有下界存在。

下面,我将谈一谈龟在殷商占卜中作为宇宙模型的问题。龟被商人看作在东北、东南、西北、西南立有四柱的天地之形,这一推论给解释甲骨卜辞提供了一把钥匙。在开始正式讨论这个问题之前,我想在上面讨论的基础上,对数字"五"、"六"作一些简要的探索。中国传统数术文献,特别是"五行"说资料十分丰富,[①]不可能在此一一涉及。但大体上提一提,对我们理解将要进行的讨论还是十分必要的。

4. "五"和"六"

"✚"形所代表的土地可分成五部分:中央和四"方"。[②] 数目"五"在甲骨卜辞中十分突出,有"五山",还有"五臣"。我们不知道"五臣"是做什么的,一些学者认为它们就是自然界的现象,风、雨、云、雷电;它们像"臣"一样听从"帝"的号令;还有一种可能是他们统辖着土地的五个部分。从甲骨第二期开始,常有一种五祀的祀谱,占卜也常常做五兆,重复五次之多;有时是一甲上有五兆,有时

[①] 关于"五行"说起源研究的新成果,也可参看葛瑞汉(A. C. Graham):《阴阳与对立思维方法》(*Yin-yang and the nature of correlative thinking*),Singapore:The Institute of East Asian Philosophies,Occasional Paper and Monograph Series No. 6,1986 年;李德永:《五行探源》,《中国哲学》第 4 辑,北京,1980 年,第 70—90 页。

[②] 参见郭沫若:《中国古代社会研究》和胡厚宣:《论五方观念及"中国"称谓之起源》(《甲骨学商史论丛初集》第 2 册,1944 年,第 383—390 页)。

是一占同做五甲,后面我还会谈到这种情况。

我认为,在殷商时代数目"五"就很有意义了,它的原意是"✛"形所表示的对土地的地理划分。郭沫若曾推测《管子》中的日历《幼官图》(也可能是"玄宫")是"✛"形(见插图 16);①《礼记》的《月令》和《幼官》关系密切。我前面提到了《月令》里的"明堂"也可能是这个"✛"形。很多学者都猜测这个图是四季与建立在"五"上面的数术理论相互关系的产物。但是,在殷商时代,只有春秋两季,"夏"用于季节之称出现于春秋时期,②"冬"字出现的早晚不易断定,因为这个字也通用于"终",于是,我认为数目"五"的理论源头应是这种把土地划分成五部分的反映,而不是后来说法的派生物。

从两度空间看,土地可分成平面的五部分:中、东、南、西、北。从三度空间来看宇宙的话,就可分作六部分:上、下、四"方"。这里的"下"既是地界的中央,也可作为地下黄泉之界来理解。周代文献中,有"六极"、"六合"的说法,《庄子·则阳》(8/58 上):"四方之内,六合之里,万物之所生恶起?"还有"六漠"之称,《楚辞·远游》:"经营四荒兮,周流六漠。"一直到战国末期数术(主要是"五行"说)体系化之前,周代文献中"五"和"六"的说法是常常可以互相替换的。另外"六气"也比较重要,《左传·昭公元年》:"天有六气,降生五味,发为五色,征为五声,淫生六疾。六气曰阴、阳、风、雨、晦、明也。分为四时,序为五节,过则为菑……"这里的"六气"里包括了

---

① 郭沫若、闻一多、许维遹:《管子集校》,北京:科学出版社,1956 年,第 140 页。参见阿林·里克特(W. Allyn Rickett):《管子》(Guanzi: political, economic and philosophical essays from China),第 1 册,Princeton University Press,1985 年。

② 见《古文字类编》,第 93 页。

第四章　商人的宇宙观　　131

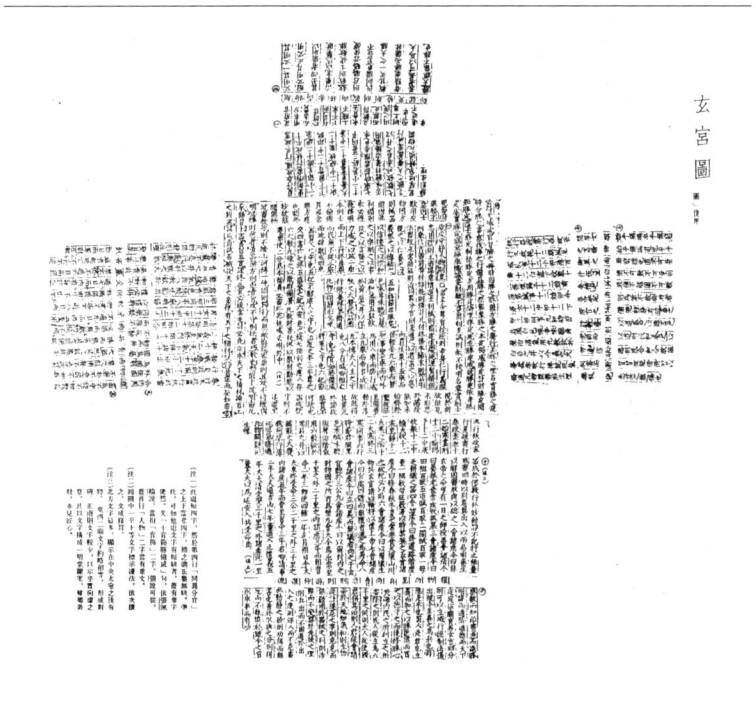

插图 16　引自《管子集校》第 140 页

"阴"、"阳"二气,徐复观认为它们的初义是朝阳和背阴。① 在《左传》的这段文献里,我们看到"六"("六气")与"五"(味、声、色、节),以及"四"("四时")三个数目是互相关联并作用着的。如果我关于殷商宇宙论的推论是对的话,那么它也可以解释甲骨文中常见六个数字成组(张政烺认为与《易经》有关系②),以及后来《易经》中

---

① 《中国人性论史·先秦篇》,台中:东海大学,1963 年,书里附录《阴阳五行及其有关文献的研究》,第 509—586 页。
② 张政烺:《试释周初青铜器铭文中的易卦》,《考古学报》,1980 年第 4 期,第 403—415 页。

的"六爻"等悬而未解的问题。

5. 龟的形状

火占术在中国大约公元前 4000 年就开始了,到了商代晚期可以说已经逐渐发展为一套复杂精致的系统。① 在新石器时期,所用来占卜的兽骨包括猪、狗、牛、羊等,这些动物也是祭祀祖先的供品。可能是最初在供品烧烤时出现了偶然性的裂纹,于是人们自然地想到烧灼这些兽骨,并释读兽骨上的纹路。商代晚期占卜所用兽骨大体限于水牛的肩胛骨(或黄牛,从骨头上很难区分出它们的不同)和龟甲,特别是龟的腹甲。这些甲骨在烧灼制纹前就要准备好,凿槽刮空。甲骨文里有记载,有的龟是方国向殷王的供品;其中有的来源远自缅甸。②

为什么选择用水牛(或黄牛)的肩胛骨来占卜的原因很容易推测,它们的平面在普通兽骨里是最宽的,容易在兆旁边刻写卜辞;翻过背面来,刮平骨桥,锯去骨臼的一部分,也很方便堆垛存放。龟呢,它的腹甲也很宽平,但我认为不止是这个原因,它还是土地的模型。

很多学者已经注意到了,龟有圆圆的穹拱形的背甲和宽平的腹甲,这与古代中国人认为天是圆穹拱形的,地是平的这个想法有所联系。起码在汉代文献里的女娲神话里,龟就与宇宙联在一起

---

① 见吉德炜:《商代史料》,第 3 页。
② 见吉德炜:《商代史料》一书里面杰姆斯·贝礼(James F. Berry)写的附录一《商代龟甲的鉴定》("Identification of the inscribed turtle shells of Shang"),第 160 页,及《英国所藏甲骨集》下册,1313 是缅甸和印度尼西亚一带出产的龟种 Geochylene (Testudo)Emys。

了。《淮南子·览冥训》(6/6下)：

"往古之时,四极废,九州裂,天不兼覆,地不周载,火燫炎而不灭,水浩洋而不息,猛兽食颛民,鸷鸟攫老弱,于是女娲炼五色石以补苍天,断鳌足以立四极……"

《淮南子》的这段记载,王充《论衡·谈天》(11/2上)里也重复了：

"……共工折之,代以兽足,骨有腐朽,何能立之久,且鳌足可以柱天,体必长大,不容于天地……"

这段记载所用的语言与《淮南子》中的记载格外近似,它可能是直接抄自《淮南子》,或是采自同一出处。在《论衡》里,共工与颛顼争帝,引起天崩地漏,同样的记载也几乎一模一样地出现在《淮南子·天文训》(3/1上、下)：

"昔者,共工与颛顼争为帝,怒而触不周之山,天柱折,地维绝。天倾西北,故日月星辰移焉；地不满东南,故水潦尘埃归焉。"

当然这段《淮南子·天文训》里的记载没有提及女娲,但我们可以知道,龟与宇宙的相提并论并非学者的比喻,而是古代神话里肯定的说法；当然我们也得知龟足是立于西北、西南、东北、东南"四极",而不是在东、南、西、北基本方位上。

最早的女娲神话资料还是在《楚辞》神秘难懂的《天问篇》里："女娲有体,孰制匠之？"注家们都把这句话跟女娲的身躯挂起钩来。在汉画像砖上,女娲是人首蛇身,这句话的意思是把她当作一位创造女神。《天问篇》同样提到了共工(称作"康回")："康回冯怒,地何故以东南倾？"《天问篇》里还问道："九天之际,安方安属？隅隈多有,谁知其数？""隅隈"的意思不是十分清楚,但它使人联想到龟甲块的向天纹。

法国学者汪德迈(Léon Vandermeersch)认为龟所代表的是时间总体,而不是空间,龟和长寿联系在一起。① 这个说法也出现在世界上许多不同文化中,因为龟确实比较长寿。这个说法主要是沿用《史记·龟策列传》的材料:

"余至江南……云龟千岁乃游莲叶上";

"南方老人用龟支床足,行二十余岁,老人死,移床,龟尚生不死。龟能行气导引……"②

在现代物理学正确解释宇宙以前,人们推想宇宙是永恒不灭的,这样联想起来,龟很容易与宇宙相提并论。

我上面曾谈到了对"✛"形结构的两种推想,我认为它是后来"地为方"这种信仰的来源。如果一个大方形被拿掉了四角,就极像龟腹甲的形状,四角缺凹;或像方鼎的底座,它在安置鼎足之前也是一个"✛"形。有了这个"✛"形,再在它的东北面、西北面、东南面、西南面四处放上四支足(山),支撑着一个圆形的天。这可以画一个图:

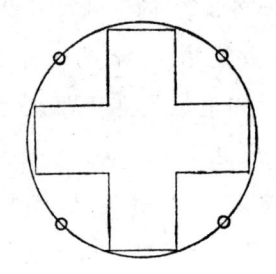

如果进一步把这个图形扩大成一个大的方形,就变成了这样一个"琮"形:

---

① 汪德迈:《王道》,第290页。
② 《史记》卷128,第3225页。

第四章　商人的宇宙观

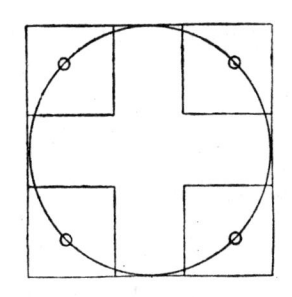

这样看上去，图形有九个部分，这与中国传统中说法"天下"为"九州"，两者之间可能会有某些联系吧。《天问篇》中问："八柱何当?"其实"✛"形本身已有八个点支撑着圆形：

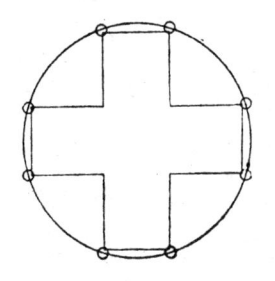

绝大部分学者都同意，"八柱"是在八个方向上，这从"东南何亏"这句话里也可以看出。它们不能光在方形的土地四边撑着圆的天，于是，有了原来西北、西南、东北、东南的四"柱"，再加东、南、西、北基本方位上的四"柱"，这样就成了"八柱"撑天了：

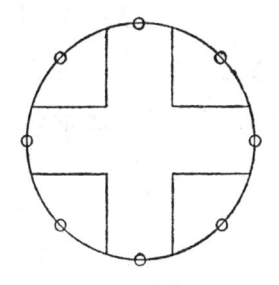

根据神话来推测，东面和西面的两"柱"，可能就是"扶桑"和"若木"吧。

除了用龟甲来占卜，商人还用玉石雕刻出龟的模型，这些模型的功能还不十分肯定。但龟纹确是殷商青铜艺术中一个基本母题。殷商青铜器上的动物纹饰多是合体，但龟，还有其他很少几类动物却是单体的，刻画逼真的。这些龟的背甲上有装饰纹圈，数目不一定，常常是中心一个大圆圈，内有螺丝形母题（见插图17），也有一些根本没有这个大圆圈，只有一串小圆圈；一些只有中心大圆圈，没有周围小圆圈，有学者把这个大圆圈内带螺丝形释为" "（⌂）字，就是火的意思，有人叫这个母题为"火纹"。这些装饰性圆圈的意义，我们还不十分明白，但它们变化不定的数目和火纹的用途提示了一种可能性的猜想：即它们是天界之物。汉墓艺术中，星宿总是按惯例画作圆圈，殷商青铜器纹饰龟甲上的圆圈也可能是这样的解释吧。如果这个猜想成立的话，说商人把龟看作宇宙物体之形的推理就更加肯定了，龟的背甲代表了天。

从殷商青铜器上龟纹的位置还可以看出另一种含义。龟是一种水生物，龟纹大部分位于盘的中央，有时瓶角龙也替代性地出现在这个部位。盘的其他装饰纹包括了鱼和鸟，这暗示了盘代表着水池，或许就象征着"咸池"（"旸谷"、"汤谷"、"阳谷"）和"羽（虞）渊"，是通向下界的入口。在一些器皿的底部上也发现了这种龟纹，也有时是龙纹。

第四章 商人的宇宙观　　　　　　　　　　137

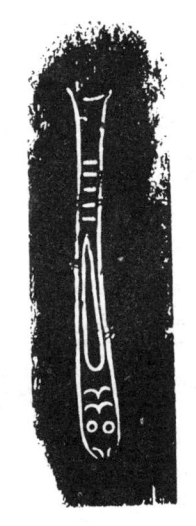

a 龟鱼盘中纹（清涧张家坬出土）

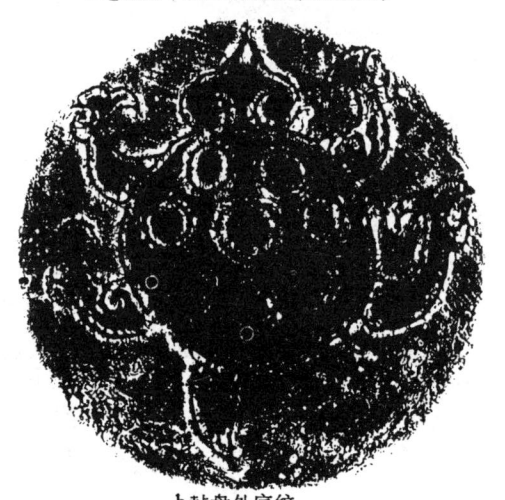

b 戟盘外底纹

插图 17　龟纹

a 引自《陕西出土商周青铜器》第一本，67 页
b 引自《商周青铜器纹饰》611

在殷商占卜中,所用龟种不同,那么,水和龟的关系也就不一样。他们所用的大部分是水龟,而非旱龟,这同占卜所用胛骨多是水牛也许有相同的含义。[①] 占卜是用烧红的硬木(或青铜工具)钻灼甲骨来制兆,这意味着让水火相交,把宇宙中最基本的两项自然力结合起来。

[①] 见吉德祎:《商代史料》,第7页;另外在注中还谈了区别水牛骨和黄牛骨的困难。

第五章　商代的祭祀和占卜

　　每一种占卜祭祀，不论多么简单，它都建立在特定存在物之间已经存在了的交感共鸣上，它立足于传统所承认的某种符号与某种未来发生之联系……在一种占卜体系的基础上，起码是含蓄地有一个分类的体系。

　　　　——爱米尔·德克海姆（Emile Durkheim）、

　　　马塞尔·莫斯（Marcel Mauss）:《原始分类》

　　我在前面一章里讨论了商代宗教的宇宙观。在商王和他们的贞人心目中，乌龟作为宇宙的模型，贞人用龟甲和牛胛骨来进行火占意味着宇宙间两种最基本元素火与水的结合。地有五方，分上下两界，占卜使用宇宙模型，这都给商代甲骨占卜提供了新的解释。

　　古代希腊哲学家柏拉图（Plato）和古罗马的西塞罗（Cicero）把占卜分为两类：第一类可看作是一种技术（art），研究征兆，进行归纳推理；这些征兆表现为异常的自然现象，雷电、云彩的飘移、鸟的飞翔、动物行为异常，等等，它们预告出将来是凶，或是吉。关于另一类占卜，柏拉图认为比前一种的出现要晚一点，也高明一些，它是凭直觉，而不可以传授的；它的标志是神的降临和精神进入一种入迷恍惚状态。特尔斐（Delphi）和其他一些神庙里女巫们所传递的神谕就是这种神之降临行为。①

中国的情况,楚文化晚期有确凿证据表明祭礼中(不是占卜)存在着这种入魔出魂的现象。虽然有的学者把这种现象上推到商代,②可是就我们目前所知,甲骨占卜并不牵扯到这种入魔出魂仪式,好运和厄运的征兆是在甲骨上机械地制造出来的。上一章讨论过,这种骨头上的裂纹最初可能是在祭祀焚烧甲骨时自然产生的,后来到商代时,它们就可以是人为地制造了。占卜前,先在甲骨背面凿槽挖眼,好让兆纹按设想的情形出现。龟甲形如宇宙,是一种最好的媒介,骨兆不再是自然产生的而成了人为的兆头,它们被解读为吉凶之兆了。

要是我们明白了上面这条基本原则,商人把甲骨作为宇宙模型,在上面结合水火两种自然力来人为地制造兆头,那么商代的占卜就开始变得可以理解了。我在下面要论证的观点是,这个占卜体系的目的并不是为了求知未来,而是想通过祭祀来控制未来。送上搭配好的祭品,甲骨上制造出来的兆纹就会显示出即将来临的吉凶之运。商代的占卜体系十分复杂,一个王在位期间同时可以有几个不同的贞人组和不同的占卜法。在以殷墟为祭祀中心的晚商二三百年间,占卜体系本身也发生了很大的变化。然而,我认为商代祭祀的基本原则,也就是说商代占卜的普遍性是始终如一的。我也希望我所提出的这项假说能得到进一步的证实和深化。

---

① 罗伯特·夫拉斯利尔(Robert Flaceliere):《希腊神谕》(*Greek Oracles*),London,Elek Books,1965年,译自法文 *Devins et Oracles Grecs*,Paris:1961年。
② 张光直:《艺术、神话和祭祀:中国古代政治权威的途径》,Cambridge:Massachusetts,Harvard University Press,1983年。

第五章　商代的祭祀和占卜

1. 问题背后的问题

关于商代占卜存在着这样一些没有完全解开的疑团：

(1)大部分卜辞只有命辞，比如说"雨"、"不雨"、"旬亡祸"、"往来亡祸"，前面是干支记日和贞人名。对卜纹所作的诠释（王占曰……），即占辞常常不录；记录命辞是否真正发生了的验辞（允……）更是少见。这类现象占了卜辞的绝大多数，不可能是一种偶然现象。

(2)卜辞所刻都是在制造占纹以后，所以命辞本身的目的不太可能是与神灵和先公先王直接对话，它只是记录下已经做过的占卜。①

(3)从语法上看，除了自组和午组中的少数卜辞带有疑问虚词，其他大部分命辞的形式常常是陈述句，而不是疑问句。②

(4)命辞经常是对贞，写作肯定式，否定式。例如上面引用过的《合集》9950（插图18）：

①丙辰卜，殻贞，我受黍年；

②丙辰卜，殻贞，我弗其受黍年。

这样的卜辞在龟甲上常常互契刻为反形，甚至一些字的书写也作反形；兆纹也常是水平线上互为反形。

(5)同一命辞重复多次，常是五次之多，③也有六次、十次的情况。重复的命辞可以同版，（比如《合集》9950上面每条兆纹的旁

---

① 见拙文《甲骨文的契刻》，载于《英国所藏甲骨集》下册。
② 饶宗颐：《殷代贞卜人物通考》，香港：1959年。他在书里第一次注意到了甲骨卜辞一般不是疑问式。关于卜辞命辞是否问句的讨论，比较集中地发表在《古代中国》第14期，1989年。裘锡圭论文的中文本，发表在《中国语文》，1988年第1期。
③ 吉德炜：《商代史料》，第120页。

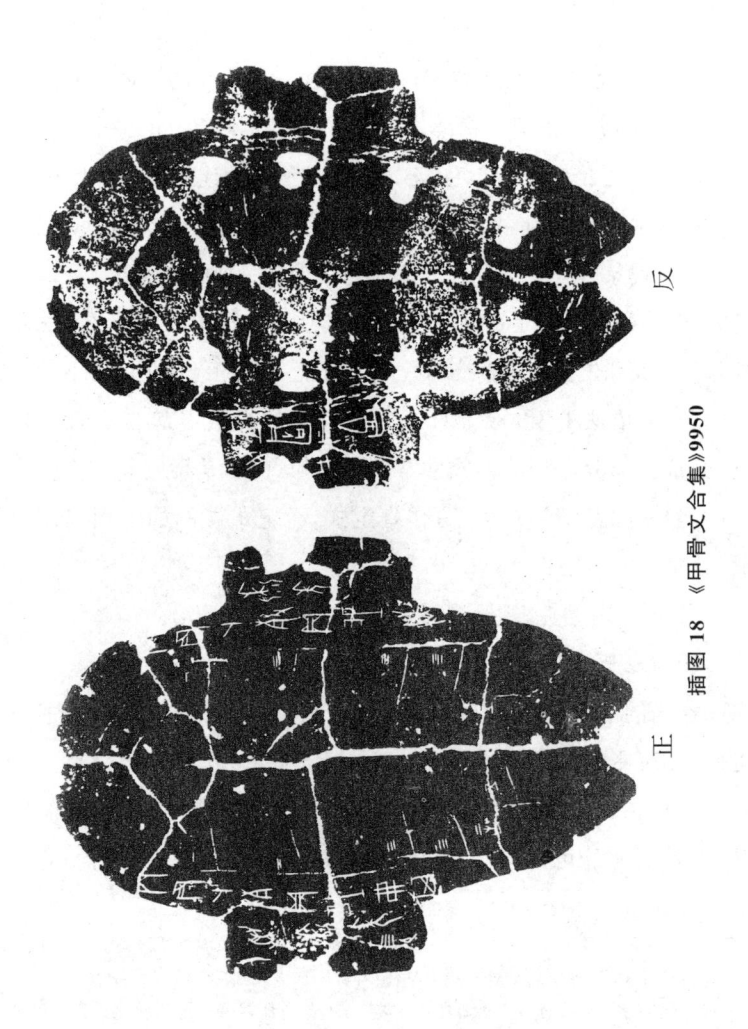

反　正　插图18　《甲骨文合集》9950

第五章　商代的祭祀和占卜

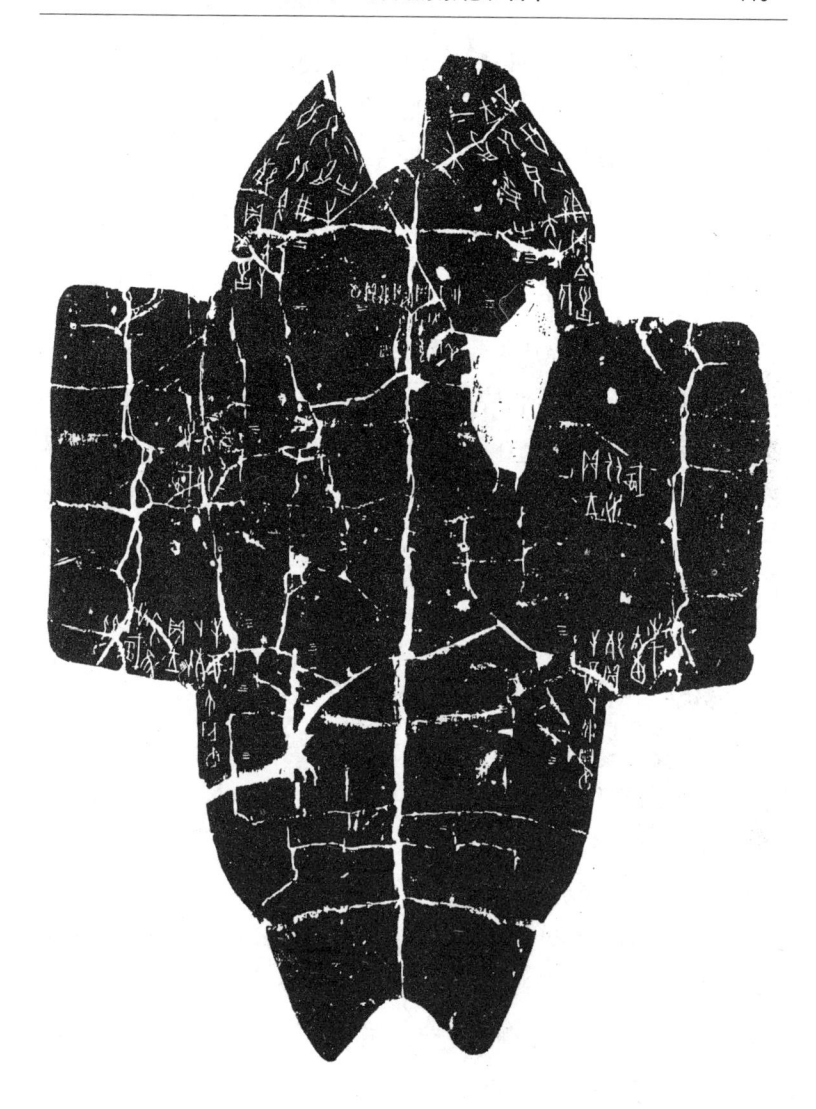

插图 19　《甲骨文合集》6484

边标上数字一、二、三、四、五……重复命辞也可以同组,五甲一套,同一命辞在每一甲上都出现,有时可以简写(《合集》6482—6486,见插图19,这一组卜纹旁边的数字都是三)。

2. 卜辞的分类和含义

为什么这些命辞从语法结构上看多是陈述式而非疑问式,还有常常只录命辞,很少占辞,验辞更少?为了弄清这个问题,我们必须大致地回顾一下这些命辞的内容。它们可以分为三个基本的类别:(一)关于祭献的卜辞;(二)关于未来的卜辞;(三)关于已经降临到王身上,或者他的人民及国土上灾难的卜辞。下面我将分别对它们进行讨论。

(一)关于祭献的卜辞

这类向祖先和自然神灵进行祭献的卜辞占了大部分。命辞记所祭祀神灵祖先之名(岳、河、夒、上甲,等等),祭法(燎、卯、䏍、酓、……),祭日,以及祭物(人祭或祭牲)的品种(羌、羊、牛、犬、……)和数量。例如《合集》6484:

贞:㞢犬于父庚,卯羊。

虽然我们对商代祭祀的详细情况还不能说完全弄懂了,可是考古发掘证实了商代祭祀使用大量的人祭和物祭,祭品包括谷物和酒,祭礼伴随着音乐舞蹈进行。在第一期卜辞中,有时还列上替换的祭品。如《乙编》4747:

①庚戌卜,宾贞,来甲寅㞢于上甲五牛;

②贞,来甲寅㞢于上甲三牛。

然而,到了第五期,祭祀程序标准化了,严格按照祀谱对祖先

第五章　商代的祭祀和占卜

进行五种祭祀。例如在第三旬的"甲"日"酓"祭上甲,在第五旬"酓"祭大甲;这些都简单地在前一旬的"癸"日定好。《库方》1661:

①癸未,王卜贞,旬亡祸,王占曰吉;在三月甲申䭾酓小甲酓大甲。

②癸未,王卜贞,旬亡祸,王占曰吉;在三月甲午祭䢓甲酓小甲。

(二)关于未来的卜辞

我认为这类占卜的目的并不是为了预告未来,而是在目前的祭祀中,通过在甲骨上制造兆纹来发现商王和他的领土属下随从等将来的吉凶。这一类命辞又可以分为下列三组:

(1)关于自然的占卜。这类占卜主要涉及到繁殖,包括农业丰收和人类的生育,出生和死亡是人类生活的两个方面。在其他许多早期文化里,我们看到人类繁殖的欲望跟祭祀中故意杀生是紧密相关的。在中国也不例外,虽然甲骨文里商人祭祀的命辞跟关于繁殖的命辞不一样,但甲骨文里的"桒"("求")祭,是求雨和好年成,祭品包括动物。例如《后编》上,27.6:"癸丑卜,求年于大甲……十;祖乙,十。"《续》1.32.1:"求年于河,燎三……卯三牛。"但这种祭祀也常用于求生育的情况("桒生")。例如《合集》34081:

"辛巳,贞:其桒生于妣庚、妣丙、牝、牡、白犬。"

我认为卜辞里有关气象的占卜也是年成占卜。当商王和贞人记下"雨"、"不雨"的命辞时,他的目的不是想发现将来会不会下雨,他不是想预告确定了的将来。但是,这也不是一个毫无目的的命辞,他因为年成而需要下雨,或者是要雨停止。他希望发现的是神灵的好恶,年成是否得到保佑,还是受到了诅咒。雨水和风、风暴本身就是"吉"或"不吉"。这类占卜是上帝"命雨"、"降旱"一类替换性占卜的证据(也是对贞);这也是下面我要讨论的第三类占卜的佐证,在那类占卜里贞人试图发现是哪位神灵祖先送来了雨水和好年成。

(2)关于商王和他随从们行为的占卜。商王想知道关于某种行为的吉凶。许多人认为商王对大部分行为都要占卜,虽然现在还不能下一个断语,可是已有的研究表明商王对有限的一些具有宗教意义的行为进行占卜,通常是狩猎、战争,以及"往来"的灾祸(这可能是同样活动的另一方面)。瓦特·伯克特(Walter Burkert)指出:"在古代世界里,狩猎和祭祀,还有战争,它们从象征意义上看是相通的。"[①] 起码从商代的例子我们可以看出,这三种行为都是证实统治者的杀生权力,狩猎的猎物和战争的俘虏都用来祭祀。农业活动,以及修筑城邑要占卜,这些活动也具有宗教意义。

甲骨文里一些记事卜辞也可以归入这类,它们纪录某些部落方国上贡给商王的一定数量的羌、龟、马、犬等。这是我认为命辞不是预告将来命题的一项佐证,商王不可能占卜发现纳入的贡品("某入若干"),而是想知道收纳贡品是否吉利。我们有理由推断这些贡品主要是用于祭祀。马也可能是用于战争。与此相似的是关于征伐的命辞,商王并不是占卜发现他下面的将领是否相从,而是想知道他们相从的结果会不会是吉利的。

(3)还有一类卜辞,是关于灾祸会不会在指定时间内(某一旬,日,夕)发生的占卜。这类命辞也总是以否定式出现,而不是肯定

---

① 瓦特·伯克特(W. Burkert):《古希腊祭祀和神话的人类学》,第47页。

式,如"旬亡祸":它们跟第五期那些与祭祀有关的命辞很接近。

(三)第三类占卜是关于已经降临了的灾祸。这类占卜给上面两类占卜提供了一个联结的线索。这类占卜的目的是想找出灾祸征兆的来由,确定是哪些神灵祖先带来了商王和他国土臣民的吉凶。

例如《前》1.21.5：

① 贞祖辛不我壱;

② 贞祖辛壱我。

《粹》792：佳岳壱雨。

有时候他们还在一组卜辞里列出替代性的名字,如《合集》6483,在甲背上列举了父甲、父庚、父辛、父乙的名字,想确定是谁引起了齿疾。

梦也是一种诅咒,占卜要发现是哪位神灵带来的梦。这并不是像有人所猜想的是某位神灵出现在梦里,而是做梦本身吉不吉利,是谁引起的这种现象。如《合》460：

① 王梦不惟成;

② 王梦不惟祖乙。

这一类的占卜仅见于第一期武丁卜辞。有时有替换祭品的建议,这意味着决定是哪位神灵带来诅咒,目的是为了修正对他的祭祀。等祭祀变得规范化了以后,就不用去管某次具体的灾祸起因了。第五期的卜辞中确实是这样,祭祀完全按照一定的常规进行,只简单地记录了"旬亡祸"、"往来亡祸"等等。范围较宽的常规性占卜代替了专门性的占卜,如"某日雨"、"不雨"、"王从某"之类的占卜卜辞十分常见,这个占卜体系变成了一种惯例。但是尽管如此,这种占卜的目的仍然是要确定神灵接收了祭祀,不会诅咒商王和他的人民了。

　　德国学者瓦特·伯克特(Walter Burkert)和法国学者惹内·纪拉尔(René Girard)两人对原始公社里祭祀的功能作了心理学上的阐述。他们提出,祭献牺牲品可用来泄导任何团体本身所固有的那么一种自然的侵犯本能,它选择受害者,用集体的屠杀行为来建立一种社会集团意识。① 这种牺牲的另一用途,不是去力图泄导集团的侵犯性,而是从另一方面引导随便地选择它的牺牲品的自然界暴力,即让人类自己选择给自然暴力的牺牲品。甚至到了不再依靠狩猎的早期农业集团,人的侵犯本能仍靠与外敌进行战争来得以泄导。后来,人类开始逐渐随着季节播种和收割,尽力地去控制他周围的环境,他变成定居了,但是,在大自然变化无常的脸面前,他常常显得孤立无援,大自然可以时而滴雨不下,时而暴雨倾盆;它送来群群蝗虫毁灭庄稼,送来瘟疫祸害人类和家畜。

　　伯克特指出在古代希腊和罗马,焚烧庄稼常常描写成如同野兽用暴怒的嘴撕开人的尸体。② 张光直先生曾指出,世界上,包括中国在内的许多早期文化中,兽口大张的艺术母题是通向另一个世界通口的象征。③ 确实,外部世界就像是一只永不厌饱的野兽,嚼食着人类,以及动物和庄稼。

　　农业革命的核心就是开始认识到植物生长死亡一年的周期,于是,人类力图去控制利用这个周期。但是仍然有一些其他周期

---

　　① 也见惹内·纪拉尔(René Girard):《暴力和神圣的》(Violence and the sacred), Baltimore:John Hopkins University Press,1979年。
　　② 瓦特·伯克特:《古希腊祭祀和神话的人类学》,第52页。
　　③ 见张光直:《艺术、神话和祭祀》,第73页。他还引用了 Nelson Wu 的《中国和印度建筑》(Chinese and Indian architecture)的资料,New York:Prentice-Hall,1973年。

和自然力不是那么容易把握的,它们带来死亡和毁灭。我不知道能否把早期社会中所有的祭祀都作如此理解,但我确信可以这样来理解商代的祭祀,一方面送上祭品,看甲骨上的征兆表明它们是否被享用了;另一方面,对将来的行为占卜,决定是否有灾难、或吉祥会降临到他们身上。如果这套体系是随意性的,灾祸很容易发生;于是要找出起因,以便送上新的祭品。商王和他们的贞人供上肉食、谷物和酒,希望这样就能避免他们自己和他们的丰收被宇宙中无形的力量夺走。

贞人的职责是保证祭品被受用,于是将来吉祥如意;或者说,起码预料到那些到处胡乱泄怒降灾的神灵的需要,这样灾难还可以避免。商王要贞人决定送上的祭品,在甲骨上制兆,他的目的不是要问是否应该祭献;他是在陈述要送上的祭献,看一看卜兆;祭献不要送上,也看一看卜兆,他要得到的是吉凶的征兆,所以命辞是陈述式,不是疑问式。关于占问未来的卜辞是同样目的的另一方面,它们的根本企图不是对将来作预言,而是企图确定神灵很满意收到的祭品,不会降灾,对什么将会发生的陈述是想得到一个回应,如果祭品不错,那将来就是"亡祸"。

征兆的实现在自然界中不是经常有的现象,在甲骨占卜中也是如此,这就是命辞比占辞更重要的原因。贞人在甲骨上刮好空,控制它在左右两面制造出互为反形的兆纹。一般说来,他希望不要产生出异常的征兆;如果发生的话,就在那里刻上占辞。第一期卜辞中,不吉的占辞并不少见;但到了第五期,只是按惯例写"吉";关于未来的占卜(对祭品有一个陈述),也是大体在随后的一旬里平安无事("旬亡祸"),这大概是因为甲骨上不再有凶兆出现,占卜只是单纯地用来证实向神灵们奉献了祭品。

3. 宇宙观与占卜的关系

如果我们推断商代占卜的宇宙模型是龟,贞人制兆则是企图复制自然界的现象。我提到在水牛胛骨上火占意味着水火相交;商人心目中土地分成东、南、西、北、中五部分,有上下两界;当人立于地的中央,他周围就围绕着六个部分。贞人希望在占卜里包含整个宇宙,不要有任何凶兆。那么,我们可以这样解释,甲骨上互为反形的占纹,以及肯定和否定对贞的命辞,反映出上界和下界的划分。一般说来,甲骨左面是表示否定的命辞,与兆纹倒逆,表明贞人想否认掉它;右面,他写表示肯定的命辞,左右互为反形,反映出上界下界之分。命辞时常五个一套,也有六个一套的,反映出贞人想象中世界的每个部分。

上面引用的《合集》9950(见插图 18)是这种对贞形式的理想例子。甲片上面记下了肯定和否定的命辞,五兆一套,都是互为反形。兆纹旁边记录的数目也是一至五,这里有一个兆语"二告"值得注意,它在对贞形式的卜辞中出现频繁,可以推想它是"告"上界、下界的神灵。[①] 在甲背面刻有占辞:"王占曰吉,受年。"

《合集》6484(见插图 19)是另外一种情况。五甲一套,重复命辞在每一甲上都出现,同版的数目相同,有的甲上卜辞有省略现象。

第一甲:正面(记数一)

[①] 见《古代中国》(*Early China*)(1983—1985 年,第 9—10 期,第 20—37 页)上吉德祎的论文《商代的"告":一个修正和一些推测》("Reports from the Shang: a corroboration and some speculation")。他对甲骨卜辞里的"二告"作了某些探讨性的讨论。

第五章　商代的祭祀和占卜

1　辛酉卜,殼贞:今春王比望乘伐下危,受有祐;

2　辛酉卜,殼贞:今春王勿比望乘伐下危,弗其受有祐;

3　辛酉卜,殼贞:王比沚㦰;

4　贞:王勿比沚㦰;

5　辛酉卜,殼贞:王惟沚㦰比;

6　辛酉卜,殼贞:王勿惟沚㦰比;

7　贞:有犬于父庚,卯羊;

8　贞:祝以之疾齿,鼎龙;

9　疾齿龙;

10　不其龙;

反面

1　隹父甲

2　不隹父甲

3　隹父庚

4　不隹父庚

5　隹父辛

6　不隹父辛

7　隹父乙

8　不隹父乙

9　夂㞢入二,在〇〇

这是关于商王征伐和齿疾的占卜,甲背卜辞是想确定是谁引起了齿疾。第二甲卜兆记数为二;背面省略第一甲背面的第9辞,接下来每一甲卜兆顺序记数,直到五。第三甲记数三;背面多一条卜辞"其惟戊㞢〇不吉,王占曰:弗其〇。"

这是陈述在"戊"日有"𡆥"(自然灾祸)不吉利,一般说来,占辞记录吉凶灾祸,有时还记录它会发生在哪一天,从哪一方来,占卜五甲一套,共十辞,也有十甲一套的情况。

我们上面提到过的《合集》14295片(见插图7)与这一组不完全相同,但理解是一致的。它的右面和左面记下了"帝令雨"……"不其令雨",然后,接着向四"方"的每方进行"禘"祭;都是肯定式,两左两右,所有六条命辞都占了四兆,这能否解释为开头右左两面的命辞代表上界、下界;占四兆是向四"方";接着四条命辞也是代表了四"方"。

总的说来,商代占卜的意图是证实祭献被受用了,神灵祖先很满意,不会有灾祸随之发生。肯定式、否定式对贞,成套的卜兆和占辞,代表了宇宙的方位,或许也代表了时间因素。当然,有时候,特别是殷墟早期征兆常常表示着异乎寻常的命运。我的推论很大程度上仅是一种假说,我所列举的那两片有代表性甲骨并不多见,还需要靠仔细研究卜辞的各种不同类型来证实。然而,我现在把它作为一种对商代宇宙观和占卜关系的一种新解释提出来,好让今后更详尽的研究来充实这个题目。

第六章　商代艺术及其含义

　　任何理论，要想解释商周青铜器上动物装饰的意义，就应该解释它的全部特征，而不只是其中的部分特征。……这个动物装饰的论题涉及到一系列的疑问：商周青铜器的制造者为什么用动物作为装饰？这些装饰纹样对商代意识形态有何功能？它们为什么如此变化多端？为什么它们常常成双配对？为什么动物有时陪伴着人同时出现？为什么它表示出的人类与动物之关系如此显著？

　　　　　　　　　　——张光直：《艺术、神话和祭祀》

　　我在本书的前面已经讨论过了，中国宗教的基本动力是祖先崇拜。中国古代人相信人死后还继续存在、受用饮食，并且对活着的人施加权威。正是由于这样的原因，新石器时代就已见到用陶器盛谷物随葬，作为奉献。到了商代晚期，对祖先的祭祀在商王的生活里占了绝对优势，他们不光祭献谷物和谷物制作的酒，还用战争俘获的（或是附属方国呈送的）羌人，以及驯养狩猎得来的动物作为祭品，来缓解神灵的饥饿。正如我前面所说的，甲骨卜辞所录占卜具体过程是为了确保祭品合适，以及祖先对祭品的享用。祭品盛放在青铜礼器中，这些用来盛放祭品的青铜礼器大都制作精工，装饰华美。商人用于青铜礼器制造的精力可以跟占卜所耗费的巨大精力相媲美。与许多别的原始艺术一样,这些青铜器装饰直率了当,即便不懂也能辨出。但是这些装饰母型有何含义？怎样解释好呢？在我们探讨商代艺术的含义之前,我们先得从总体上考查原始(换句话说"神话性"的)艺术。为了弄清楚神话性艺术的本质,我们必须回到神话的本质这个根本问题上。

神话的特点是突破自然现实的限制,人长生不死、死而复活、随意幻化为动物和无生物；还有那些履足迹而孕、吞鸟卵而生、不交而育的神话；还有许许多多有关射日、积土成山、步行于水、触山崩而天地倾斜等故事……在神话里,可能性无限延伸,什么样的事情都可能发生。

马林诺夫斯基(B. Malinowski)把神话描述成一种社会惯例的凭照,它们常常似乎告诉人们这种惯例的源头。① 我已经论证了"扶桑"神话跟商代祀谱之间存在一种关系,从祀谱来看,祖先们在一旬内相应的日(太阳)子里受到祭祀。然而,不论神话具有何种功能,神话性叙述本身并不表达社会的准则,正如神话并不遵从自然界的物质限制一样,社会准则也是如此。神话叙述的很大一部分内容是关于兽性食人、乱伦通奸、弑父杀子、偷盗谋杀,等等(在中国,当后来进行理性化时,比起那些突破自然规律的故事来,这些违背社会道德的内容被更大程度地修改压缩了。)。这类事情频频发生,不受任何道德上的约束。

列维-斯特劳斯关于神话性质的精到之见就是观察到了神话的逻辑结构,在系统中求得部分的含义。在某种程度上,神话

---

① 马林诺夫斯基(Bronislaw Malinowski):《原始心理学里的神话》(*Myth in primitive psychology*), London:1926年。

的结构是可以译解的。① 当然,这还不能说清为什么神话会有如此奇特的形式,而且,它们尽管表面上看来荒诞不经,为什么人们又信以为真呢?商代的人当然知道人不会吞鸟卵而生育,正如读《圣经》信教的人也知道耶稣并不能在水上行走。然而,问题并不像列维-斯特劳斯所认为的那样是原始人缺乏科学思想,现代最尖端的太空科学家也有人相信《圣经》里的神话是真实的。即使是最原始的民族,如果他们不能在真实和非真实之间做基本的区分,不能对他们的日常生活过程做出因果关系的推想,那么他们就不可能生存下来。神话故事的关键特征,是它们不遵从现实,它们在现实世界里不可能发生。

我在第二章里讨论了中国早期文献中没有清楚地划分什么是超自然的世界,神灵和祖先之间不分彼此,死去的人继续控制影响活着的人。把一些故事从这个传统里作为神话划分出来,并不是因为这些故事里人跟神是对立的,也不是它们发生在另一空间,而是常识告诉我们这些故事不可能是真实地发生的。出于同样的理由,理性主义的中国古代学者们肯定了"修正"过的文献的可靠性,或者是用理性化的说法来自圆其说。

一些神话学者强调神话是一种"神圣的叙述",意思是说这些故事是在宗教的语境中讲出来的,② 我相信这个宗教的"语境"是

---

① 《神话学》(*Mythologiques*)(*The science of mythology*)1.《生食和熟食》(*Le Cru et le cuit*)(Paris,1964年)(英文版 *The raw and the cooked*,London:1970年);2.《从蜜到烟灰》(*Du Miel aux cendres*)(Paris,1967年)(*From honey to ashes*,London:1973年);3.《餐桌礼仪的起源》(*L'Origine des manieres de table*)(Paris:1971年)(*The origin of table manners*,London:1978年);4.《裸人》(*L'homme nu*)(Paris:1971年)(*The naked man*)。这些著作比较详细地代表了列维-斯特劳斯在别的书里阐述过的思想。

② 见艾兰·但地(Alan Dundes):《神圣的叙述:神话理论选读》(*Sacred narrative: readings in the theory of myth*),Berkeley:University of California Press,1984年。

理解神话含义关键所在。神话说的是这个世界之外的事情，它超越普通的现实性，它表达的是我们生活里宗教的容量。因为这个原因，神话被作为一种理所当然，同时也是一种必须来冲破现实。这种对自然限制的冲破是一个标志，它表明这些故事所讲的是神圣的，非凡人的。要想接受这些神话，我们就必须把我们的现实感搁在一边，把我们自己放在一个普通逻辑不起作用的层面上。这并不是说神话没有逻辑结构，它跟真实世界和传统社会的惯例丝毫无涉，而是说，神话不是现实世界的写真。神话的特征性语言是它的本质和面貌，表明它的神圣性，神话的真实是不受我们世俗所拘束的另一世界。

如果可以这样把神话理解为对自然限制的突破，那么，对它奇特语言的含义和那个神话性社会的艺术特征也就可以理解了。我的看法是，原始艺术跟神话一样，是一种宗教冲动的表现，它也跟神话同样暗蕴着现实，但又冲破着现实的准则和局限。原始艺术带有幻想、衍变、分解变形这些特征，不同的动物、人跟动物可以融合一体，脖长身短，一物也可以两体，两体共一首，鸟可以化龙……这样一些特点是世界性的原始艺术所共有的；虽然这些社会之间并没有共同的历史，具体的神话母型也不尽相同。这些奇怪的形象产生不是因为缺乏精练成熟的技巧，它们的技巧可以是非常高超，同一文化中可以有许多再现性的现象；也不是因为那些民族所感知的世界跟我们的不一样，物质的感知应该说是基本一致的。

同神话一样，原始艺术违背现实常规并非偶然，而是具有含义的，它表明这种艺术不是这个世界的，而是另有所指。然而，它们不是一种图解，它是从跟神话相同的宗教结构中发展出来的一种演变形式。图解艺术是跟发展起来的文学传统联系的一种后起现象，要

第六章　商代艺术及其含义

图解一个神话，艺术家必须理智地把它作为一个完整的实体，并把它形象化。我在第一章里讨论过了，虽然商代已经有文字了，在中国，书写的发展看来是与占卜联系在一起的，甲骨文里有"⊞"（册）字，可见商代已用竹简，但是从这个字在卜辞中的用法来看，它更深的意思是与神沟通。现存最早的文字记载是《尚书》，它的语法用词跟西周的金文很相似，这个逐渐发展起来的书写传统可以从商代末期变长的青铜器铭文中看出来。我们可以说，虽然周代文献里说商代有文献记载，[①]可是缺乏现存的证据，参照后来青铜器铭文和文献结合的情况，都表明商代时期文字记载仍然是极端有限的。

神话艺术跟图解艺术之间的这种区别，我们可以从商代艺术母型跟楚帛画的对比中看出（见插图20），商代艺术母型持续不断

插图20　楚帛书

引自巴纳《楚帛书：对一份中国古代文献的科学分析、释读、翻译和历史评估》（Noel Barnard, *Scientific examination of an ancient Chinese document as a prelude to decipherment, translation, and historical assessment: the Chu silk manuscript*），第2页。

地变化着，很难做精确的划分，而楚帛画的作者则相反，他是从三头兽形象的描写开始的，他所费脑筋的是再现性问题。近似的情况是汉代艺术家在图解太阳与鸟的神话关系时，由于这种图腾关

[①] 见《尚书·多士》。

系在商代是混为一体的,而现在他必须决定太阳与鸟应该如何对应,他或者把鸟画在太阳中,或者简单地把太阳表示为鸟(见附图1)。这种很强的自我意识在较早的艺术表现中是见不到的。

1. 解释商代青铜器纹饰的可能性

我这里所说的商代艺术,主要是指商王祭祀祖先的青铜礼器上的装饰纹样。殷商时期的青铜器制作工艺精良,艺术成就很高,虽然那些纹饰尽人皆知,也不难辨认;如所谓饕餮纹(兽面纹)、夔纹等等,可是要把它们跟甲骨文中所了解到的商代宗教联系起来,研究它们的象征性,而不是停留在单纯的装饰意义上,这是一个极端棘手的问题。吉德祎(David Keightley)在《商代史料》(Sources of Shang history)一书里提到,一位同事曾经问他饕餮纹到底有何意义,并说:"如果不懂饕餮,就无法了解商代文化。"吉德祎自己承认饕餮纹是"一个甲骨文所无法解答的巨大谜团。"[①]问题的关键是饕餮并不代表什么有名有姓的祖先神灵。确实如此,凡是接触过商代艺术的人都知道饕餮纹是商代青铜器上最常见的纹饰,很容易辨认,可是这个饕餮纹一直不停地变化着,很难说它代表哪位神灵。

对一些人来说,这个问题似乎是不可解答的,有的学者干脆否认这些纹饰有任何现实的含义,他们认为这些纹饰纯属装饰,是从抽象纹饰而来,除了抽象性以外别无他意。持这种观点的西方学者有罗越(Max Loehr),以及他的学生,主要有罗伯特·贝

---

① 《商代史料》,第137页。

格立(Robert Bagley)等人,这种理论产生过很大的影响。我们不妨先对这种解释的理论基础做番考查,罗越的理论其实是从美学家苏珊·朗格(Susanne K. Langer)那里来的。在《中国青铜时代的礼器》一书里,罗越先是引述了苏珊·朗格《情感与形式》一书中的观点:"所有时代和民族的装饰艺术,其根本纹饰——如圆、三角、螺旋、平行母型,它们本身并不是艺术,甚至连装饰也谈不上。他们必须组合起来,成为艺术创作的诱因……(罗越在这里删去了几个字'实际上,我认为')通过装饰艺术跟原始再现艺术的比较研究,我们得出一个结论:形式是第一性的,再现性的功能是从这里生发而来的。"[1]罗越接下来就把这种理论应用于商代青铜器纹饰的研究,他说:"如果商代青铜器纹饰是一种纯粹的装饰,它的形式仅仅是一种形式;它的排列组合与现实无所关涉,充其量只是含糊地影射现实,那么,我们就不能不得出这样一个结论,即这些纹饰没有任何确切的含义,不论是宗教的,还是宇宙论和神话学的;它们在任何程度上都没有后来建立起来的文学性含义。"[2]

尽管他最后一句话里否定了所谓"文学性"含义,罗越很清楚地是指商代青铜器纹饰"图画性上毫无意义,或者说,只是作为纯粹的形式才有意义。"他还说:"我们必须放弃从宇宙论和宗教理论上来解释这些难以捉摸的形象的企图",这"不是一种选择,而是一种必须;所有关于青铜器纹饰象征性研究都立足于它们是可以确

---

[1] 苏珊·朗格(Susanne K. Langer):《情感与形式》(*Feeling and form*),New York:Charles Scribner's Sons,1953 年,第 69—70 页;罗越:《中国青铜时代的礼器》(*Ritual vessels of bronze age China*),New York:Asia House,1968 年,第 12—13 页。

[2] 罗越:《中国青铜时代的礼器》,第 13 页。

定的、真正的野兽形象上。可是那些单纯出于'纯艺术'形式设计需要的兽形比起那些可以确定的兽形来要多得多。"①

罗越还认为,虽然古代人的装饰形式是逐渐地从"描画所有的实物而渐渐母型化了",但它们还是一种纯粹的形式,因为"什么地方纹饰含有图画因素……这些形象都简单化了,变形化了,随意性地去充填图案的各个部分;它们的刻画从不直接照搬视觉印象,而是根据表现的原则把这些印象进行组装造型,换句话说,它表现的是活生生的形式。"朗格关于"形式第一性"的命题,正如她自己的用词"实际上,我认为"(罗越删去了这句话),其实是建立在猜测和推想上的,很难作为普遍立论。形象性的岩画出现十分早,就中国的实例看,新石器时期陶器上的纹饰有时就是写实性的。虽然商代青铜器纹饰中的一些偶然性母型也许出于彩陶传统,如一个手脚交叉的人形(见插图21),可是,商文化的发源地河南,从仰韶文化的彩陶到商代的青铜器,其间有千余年的中断,没有任何发展线索能证明这个彩陶传统在商代青铜器艺术中继承了下来,我下面要讨论的饕餮纹和龙纹看来都不是从这个传统中发展来的。

然而,即使一个人从理论上接收了"形式第一性"的假说,也并不等于承认这些母型是从毫无意义的形象演变来的,我们从这种演变本身所得知的仅仅是它们并不是一种力图表达真实世

---

① 罗越:《中国青铜时代的礼器》,第13页。贝格立(Robert W. Bagley)在闻锋编的《中国伟大的青铜时代》(*The great bronze age of China*)(London:Thames and Hudson,1980年,第101页)一书里说:"饕餮纹的历史说明了商代青铜器装饰是纯粹的装饰艺术,这些奇特的母型没有任何特别的象征意义。"罗越第一个指出饕餮纹和龙纹晚期不断的变化似乎证实了这一点。

界的产物。正如朗格充分论证的一样,没有任何艺术是只考虑视觉再现的;她的定义是,"传达和表现视觉形式,从而直接表达人类的感情,形式似乎是包含着感情的,这种形式的表现是作为主要的,起码是重要的感觉主体"。她强调了形式的表达必须是一个视觉综合体。

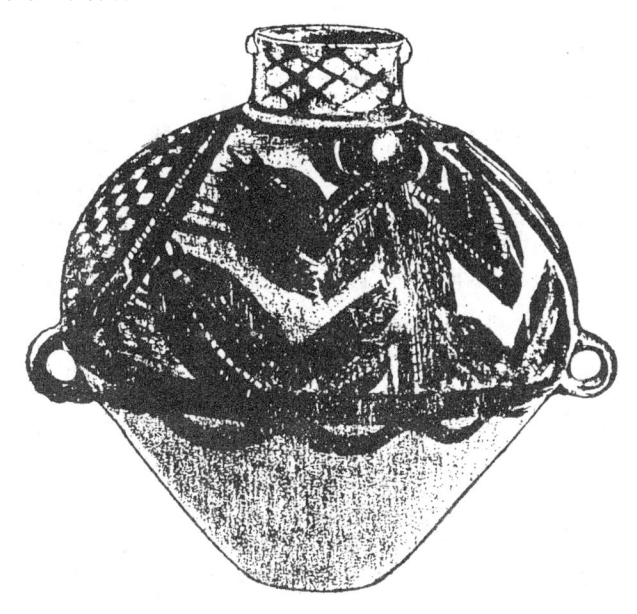

插图 21　变体人形彩陶壶
1973年甘肃武山出土(半山型马家窑文化)
引自《中国新石器时代陶器装饰艺术》193

但是,原始的(或者说"神话的")艺术,既不是纯粹的装饰,也不是完全的再现,跟神话一样,它影射现实,但不描绘现实。它的含义并不在于后起的文学性上,它不是用语言传达的思想的象征。原始艺术所用的词汇只有在创造了它的宗教语境中是具有意义的,虽然原始艺术的暗示不是一种插图,可是这种暗示联系着社会现实,联系着把它作为祭祀礼器的人的信仰体系。

很少有人在考查殷墟青铜艺术时会怀疑它的表现形式包含着感情,即使不懂它所用的词汇,我们仍然能对它的视觉整体作出反应。即便是毫无经验的观察者也不会因为少见就把它当作单纯的装饰,或是引以为怪。商代青铜艺术跟其他神话性的艺术一样,自身就是一种怪异,它是现实的一种变形,它们的特征是"可怕"(这个词的本来含义),引起一种神圣之感。这种情感效用通过两方面来达到,一是随意违反真实;二是视觉整体上的和谐之感;它打破了真实的世界,为我们建立起另外一种和谐。

要想理解商代的艺术,或者是其他早期社会的艺术,我们就必须意识到原始艺术中的幻想成分并不是偶然的,而是富于含义的。这些形式不是单纯的装饰,也不是神话的描绘和现实的再现,它们甚至不能当做一个想像里的现实。换句话说,它不是一个带有象征意义的现实,它们的含义是从跟那个神话生成相一致的宗教结构中得来的,但是这种艺术形式不是从神话学那里转了二道手,而是直接从那个结构来的。这样的艺术是一种宗教,它带有神圣的意味,它的宗教威力是由变形,即一种现实的暗示和美学上的和谐中得到的,这种现实的暗示不是再现,相反的,是一种对现实随意性的抵触,它暗示着在我们逻辑性理解之外还有另外一种秩序,这种新和谐的威力如此巨大,习惯常规这时被打得个粉碎。

我在这里所要讨论的商代青铜器是指用于祭祀的礼器,即祭祀时用来盛放奉献神灵祭品的器皿,祭品有谷物、酒等,还包括人祭和动物(甲骨卜辞列举祭品时,两者并无区别)。这些礼器也是活人使用的器物,活人可以参与祭祀死者神灵的宴席。但是,这些礼器的目的只有一个,就是供奉神灵进食,出于这个基点,它们的装饰是用神灵世界的语言,通过它,活人跟死人的界线就可以穿越了,用它献上的祭品就被神灵接收了。这些纹饰的含义不在于这个世界,它表明生死之界的穿越。

商代青铜器艺术语言的特征是分解,双体合形和变形。分解是为了将互不相干的动物重新组合在一起,即使是以一种动物为主的纹饰图案,也常常加上,或者换上一些其他动物的部分,意味着真实感的破坏;双体合形,如双身蛇纹和饕餮纹,它或者是一个动物有两个身子,或者是两条龙纹对面展开,创造出一种幻想意味,在这种纹饰母形中没有什么形象可以完全确定;另外,这些纹饰母形不断地演变,每一种表现形式都是从前一种形式衍生而来,又展示出新的变化,甚至有时一个合成母型的其中一部分能变化出另一种新的母型,如一个饕餮纹的角演变成一个龙形纹(见插图27d),这些新的纹饰在自成一体的同时,还继续在总的组合纹中担任它的功能角色。

在这种含义上,我们说这些青铜礼器的纹饰创造出一种"另一个"世界的意味,它不受我们这个世界物质真实性的限制,也很难给它下个精确的定义。不只是商代青铜礼器上的纹饰有变化,它根本的祭祀饮食的含义也在变化之中,死者的黄泉之域、龙(也作鸟)、蝉从土中振羽而出、蛇蜕皮、鹿掉角……可是尽管强调变化和演变,商代青铜礼器的纹饰仍是可数的,饕餮纹和夔纹由于变化频繁,有些难于捉摸,但是我们不难辨认出它们结构上的一致性。商人设计制作它们时并不完全随心所欲,而是在相同的底版上不断地重复变化着。

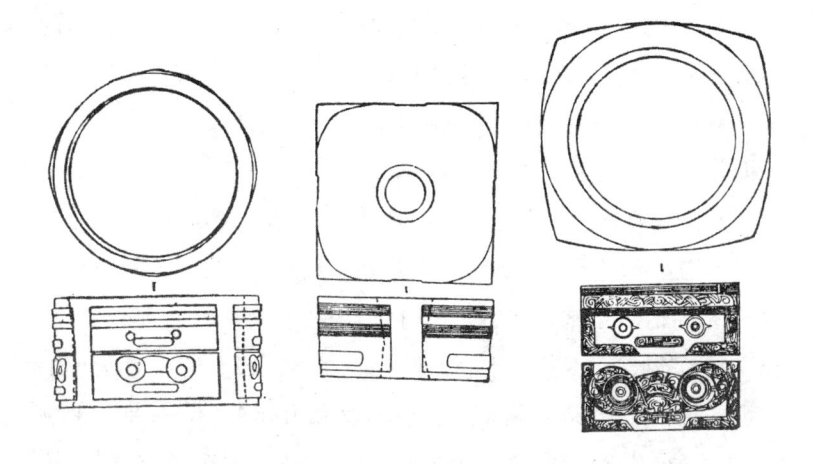

a. 良渚文化琮

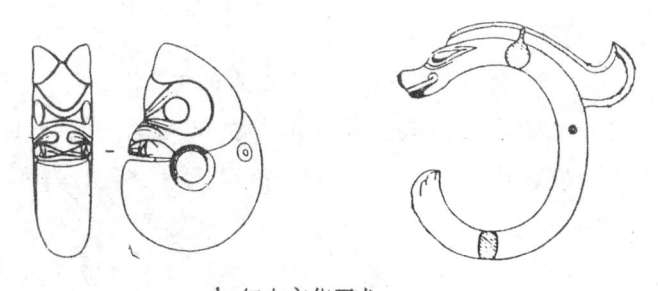

b. 红山文化玉龙

插图 22　新石器时期玉器

a. 引自《考古》1988.3，240 页

b. 引自杨建芳《中国出土古玉》第一本，图版 15

2. 饕餮纹的秘密

虽然罗越认为商代青铜器纹饰起源于纯粹的装饰,他从艺术风格所定的最早(Ⅰ)型和(Ⅱ)型,在郑州二里冈的青铜器出土后,我们看到它们的时代性是一致的。这个两只眼睛的原始饕餮纹在二里冈青铜器上就出现了,它不是纯粹装饰性的(参见插图23和附图2—4),我们可以看出这种纹饰是一种动物,一种有生命的东西。可没有写实性的描绘和再现。这种纹饰的特点是它有两只眼睛,常常有脸形、耳朵、鼻子和角,边上的条纹也可能是身子,但由于它跟器形的边没有分开,所以它的身子不好确定。① 这种纹饰最简化的形式只留下了两只眼睛,有的很像是动物圆圆的眼睛(见插图23a),也有的像人横着的双目(见插图23b和附图2)。二里冈出土的一件器物上,一张带羊角的脸铸在立体面上,身子不能确定(见插图23i和附图4)。然而,无论如何,这些例子都有那两只眼睛,表明它是一种生物。

---

① 贝格立在《沙可乐收藏的商代青铜礼器》(*Shang ritual bronzes in the Arthur M. Sackler collections*, Cambridge: Massachusetts, Harvard University Press, 1987)一书里说:"饕餮纹虽然暗示出动物世界,但它不是真正的图画,画幅的线条安排变化不定,无法确定固定的形象。……换句话说,这些青铜器的制造者不是把某种动物视觉化,也不是在一个背景上描绘动物的轮廓剪影。这种生物是在观看者的想像里。在青铜器上并非如此。观看者从动物的暗示联想领悟出来,于是自己组合成一张面孔、两个身子的印象,尽管这个图画不可能保持一贯不变性"。虽然贝格立因为饕餮纹不是再现性的而否定它的象征意义,这跟罗越说饕餮纹没有任何建立在文学上的含义一样。可是,贝格立似乎意识到了饕餮纹无论如何在观看者的心目中引起一张面孔、两个身子的形象,我同意说这个艺术母型不是真正的动物,但我相信这个在观看者想像里引出的生物,并不因为它没有被设计者视觉化为一种具体的形象就毫无含义。

在据说与"夏"文化有关的二里头早期遗址出土的青铜器多为爵,这也许是发掘中的偶然情况,但是,爵本身来说是具有意义的,爵是一种饮酒器,同样的酒器还有觚,在较晚一点的遗址中,爵和觚常常一起出土。酒在商代祭祀中很频繁,它很自然地意味着饮酒改变人的精神状况。有意义的是爵的器形和字意都暗示了三足鸟,"爵"是一种小鸟的名字,也是这种酒器的名字,这两者之间的联系可以从甲骨文的"爵"(👤)字找到证据。可是,二里头出土的这些青铜爵,除了一只带有小圆点的纹饰,其他的都没有什么纹饰。①

虽然二里头遗址没有发现带饕餮纹的青铜器,可是在同一遗址却发现了有两只眼睛纹饰的嵌绿松石饕餮纹牌饰,②另外还有一根玉柱上也刻有眼睛和面孔。③ 这意味着这种纹饰当时已经出现了,但在最早的青铜器制造中还没有使用。很多人都已经注意到饕餮纹最早见于良渚文化中的玉琮(公元前 3000 年),④玉琮内圆外方,后来作为天地之礼的象征。在一块玉琮纹饰上看到有两只眼睛,下面是一条横纹,像是鼻子,或者是嘴(见插图 22)。虽然没有证据表明在良渚文化玉器纹饰跟更早的二里头青铜器上的纹饰之间有什么直接发展线索,可是琮却很明白地源于良渚文化,于是,我们可以猜测其中一定有某种文化传播关系。

---

① 《河南出土商周青铜器》,北京:文物出版社,1981 年,1 册,第 203—210,278 页。
② 李学勤编:《中国美术全集·青铜器》上册,北京:文物出版社,1985 年,图版 3。
③ 《考古》,1976 年第 4 期,图版 6:2,10:3—4;第 229 页,附图 1:2。也见杨建芳《中国出土古玉》,30:1A—1B,图版 3:1。
④ 良渚文化"琮"见《考古》,1984 年第 2 期,杨建芳《中国出土古玉》,图版 1.9—13,27—28。相似的刻纹也见于唐山市大城山发现的圭上,这是龙山文化的遗址。也见贝格立:《沙可乐收藏的商代青铜礼器》,第 19 页和插图 18—21。他认为只有这对眼睛是从良渚文化来的。

眼睛本身是一种有威力的形象，它所包含的绝不仅是形式因素，眼睛的形象，不需推敲就可以感到一种未知的威力，它能看穿一切，又不可以琢磨。这是一种可以感受到但难以描述的真实存在。于是，我们从那些早期例子中看到的纹饰，虽然没有具体的动物和其他生物的形象，这些纹饰仍然有图画意义。宫布里赫（Ernst Gombrich）指出，原始艺术里眼睛是一种普遍性形象，它具有让人恐惧，尊神压邪的功能。① 但是，在商代那些供奉神灵食物的青铜礼器上，看不出为什么要辟邪的理由，因为在商代宗教中并没有把神灵分作善恶两类。这个饕餮纹中的眼睛也许作为"神圣"，或是"另一世界"的暗示来理解比较合适。它注视着你，你却看不到它，它暗示出那个祭祀的神灵世界，人们只要一想到它就会引起一种敬畏的感觉。

郑州二里冈时期那种形象装饰简单的青铜器后来逐渐精细起来，到了晚商时期，形制就已经十分复杂，制作工艺精良了。随着时间的推移，青铜器装饰的这种精细化、复杂化跟神话的逐渐细节化、具体化是步调一致的。早期纹饰隐伏的动物面孔变得明显了，有时直接暗示饮食祭祀的具体动物，合体纹、分体纹和不断的变形取代了那种早期含糊的暗示，但是，这种纹饰最基本的感觉，即那种不可名状的威力仍然不变。我们这里要进一步讨论的是，正如早期青铜器上的饕餮纹不是单纯的装饰，商代晚期青铜器上的饕餮纹也不是一种再现性形象。

---

① 见宫布里赫（Ernest H. Gombrich）：《秩序感：装饰艺术心理学研究》（*The sense of order: a study in the psychology of decorative art*），Oxford：Phaidon，1979 年，第 264 页；也见威廉·华森（William Watson）：《中国艺术的风格》（*Style in the arts of China*），Harmondsworth，Penguin，1974 年。

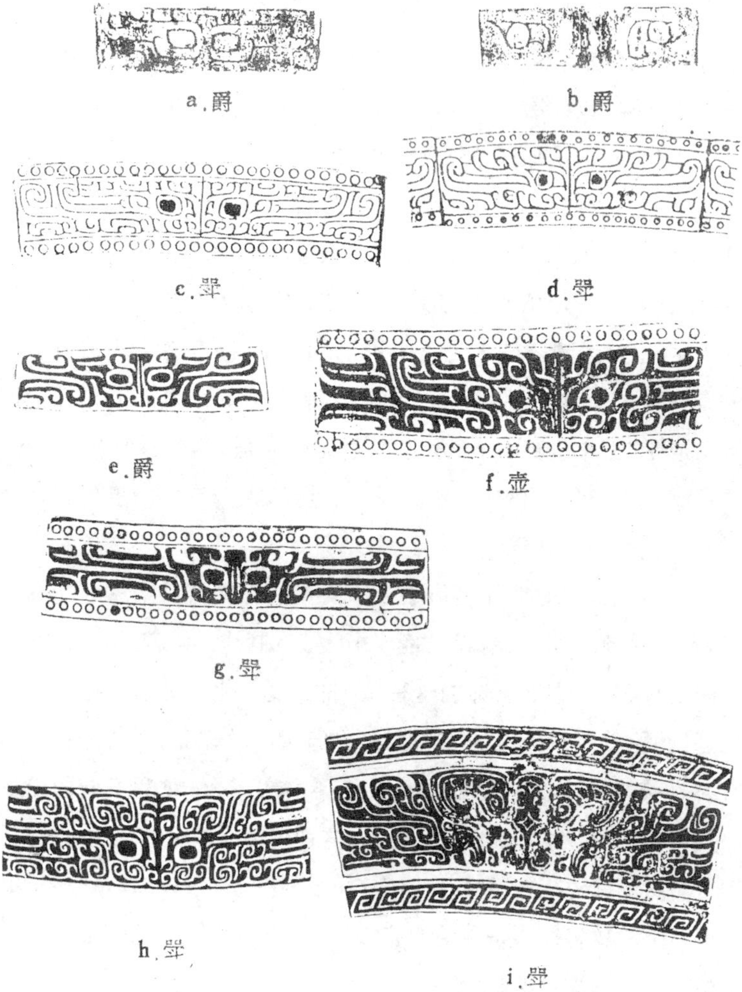

168　　　　　　　　　　龟 之 谜

a. 爵

b. 爵

c. 斝

d. 斝

e. 爵

f. 壶

g. 斝

h. 斝

i. 斝

插图 23　二里冈时期饕餮纹
引自《商周青铜器纹饰》222,223,63,64,62,154,153,4,3

第六章 商代艺术及其含义

　　以往的学者在探讨饕餮纹的象征含义时常常试图把它定为某一种动物,比如说虎、水牛等;有的意识到了它不可能是一种真正的动物,就说它是一种"神话动物"。① 然而,由于这种饕餮纹本身是在不断地变化中,所以不能说它代表某种真正的动物,也很难说它是一种神话动物。这种纹饰中只有那双眼睛从一开始起就一直保留在后来的各种变形中。殷商时期的饕餮纹,其特点一般有角、鼻子、眉毛、上颚和耳朵,有时耳朵在眼睛上面取代了角的位置,但更多的是作人耳形,位于两边;角留在原来的位置上。偶尔见到饕餮纹带完整的嘴(见插图24c、25a—c)。纹饰两边展开的纹样像是两个身子,经常作合体纹,可以看成一个动物有两个身体,或者是两个动物面对面展开(见插图24e)。在后期阶段,饕餮纹常常分开作两个动物,同一张面孔(见插图28a,也见插图24c)。这个动物一般(商代艺术很少固定的常法)只有一条腿和尾,照惯例说它是指一足夔,我下面还会谈到这点。

　　在插图23—28中,我列举了饕餮纹的一些实例,以便看出它的变化多端;我们从中可以看得很明白,它既不是某种动物的描绘再现,也不是许多不同动物的组合。高本汉曾经试过将它进行分类,直到最近张光直还用了电脑想把青铜器纹饰的多样性作出分类,但很难说是成功的。② 这种方法的问题在于,商代的纹饰并不

---

　　① 顾立雅本人在《中国的诞生》(*Birth of China*, New York: Ungar, 1937 年,第 117 页)中把饕餮等同于水牛。弗罗伦丝・瓦特布雷(Florence Waterbury)《早期中国象征和文学》(*Early Chinese symbols and literature*, New York: E. Weyhe, 1952 年)把它说成是老虎。关于饕餮象征性的讨论可看休果・曼斯波格(Hugo Munsterberg):《中国古代艺术里的象征主义》(*Symbolism in ancient Chinese art*, New York: Hacker, 1986 年)。

　　② 高本汉:《中国青铜器里的殷与周》("Yin and Chou in Chinese bronzes"), *Bulletin of the Museum of Far Eastern Antiquities* 8, 1936 年,第 9—156 页;《中国青铜器新探》("New studies on Chinese bronzes"),同上刊 9, 1937 年,第 1—117 页。张光直:《商周青铜器与铭文的综合研究》,台北:"中央研究院"历史语言研究所丛刊,第 62 号,1972 年。

a. 工瓢（殷墟中期）

b. 冨父辛爵（殷墟中期）

c. 壶（殷墟中期）

d. 鼎（殷墟中期）

e. 觯（殷墟晚期）

插图 24　饕餮纹的演变

引自《商周青铜器纹饰》168，169，159，160，170

是从挑选所要再现的动物（或是神话动物）开始的，每一件器物的纹饰都是创作，从以前的形式演化而来，但又经过变形，赋予了它新的形象和形式。可是尽管变化，它的结构本体并不改变，使得我们可以辨认出我们所面对的是同一个纹饰母题。

虽然饕餮纹并不是再现性的形象，它却使人联想到某些真正的动物，如牛、羊；也许是山羊、鹿和虎，它们都是用于祭祀的动物。要说它像哪种动物，最明显的是看它的角和耳朵的形状，虽然有的角很容易辨认，可是风格式样并不相同。有的则很难确定。插图26是一对公羊角，跟插图23i和附图4上二里冈的例子相同。插图27上那对弯角可能是鹿角。从殷墟1004号墓出土的鹿鼎足的内侧的饕餮纹也是这类（见插图29c）。插图28c上饕餮纹的角明显是牛角。插图28b上的角却可能是老虎的耳朵；它跟附图10a上的虎卣的虎耳相似。参看附图5，两种类型的耳朵出现在类似的面孔上。照惯例老虎一类动物的耳朵是圆的（插图28b,30a,31a,b）。有时是人耳朵，位于头的两侧（见插图30b,27c,d,28b）。纹饰母形用人像的情况还可以从纹饰中的鼻子和眉毛看出。

只有很少的饕餮纹明白地描绘某一种真正的动物，例如西北冈1004号墓出土的两只大方鼎，一只的纹饰是鹿头，一只是牛头，都很写实（见插图29b,c和附图6），这两只方鼎的容量表明它们似乎是用来送奉整头动物的。① 一般的情况是纹饰即使以一种动物为主，也经常加上一些别的部分以造成一种真实感的背离，例如湖南宁乡出土的一只方鼎，纹饰是很写实的人面，却加上了角和爪子

---

① 梁思永、高去寻：《侯家庄》，第五册（西北冈1004号大墓），台北："中央研究院"历史语言研究所，1970年，图版107和113。

a. 斝（殷墟早期）

b. 先壶（殷墟中期）

c. 父辛尊（殷墟晚期）

d. 亚䏁父壬尊（殷墟晚期）

插图 25　山羊角饕餮纹

引自《商周青铜器纹饰》83,88,89,90

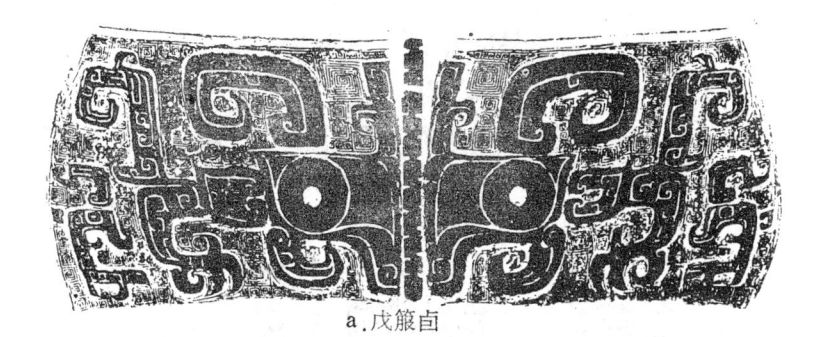

第六章 商代艺术及其含义 173

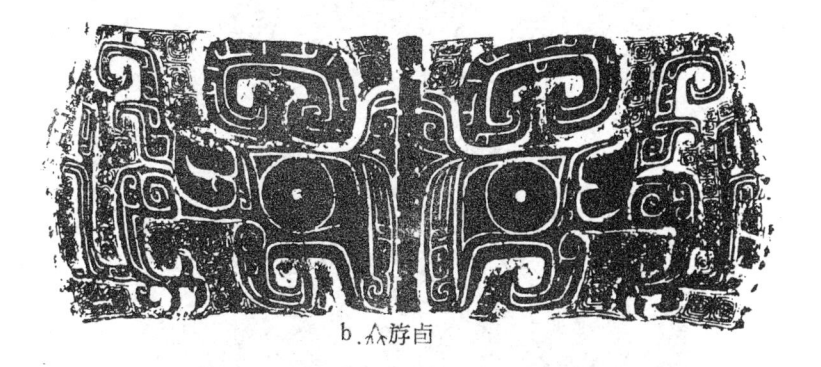

a. 戍簸卣

b. 𠂤斿卣

c. 父辛尊

插图 26　绵羊角饕餮纹
引自《商周青铜器纹饰》31.17.61

a. 史鼎（殷墟晚期）

b. 臣卿方鼎（殷墟晚期）

c. 禾大方鼎

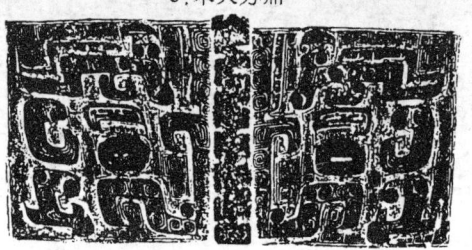

d. 众宦父戊方彝（殷墟晚期）

插图 27　鹿角饕餮纹
引自《商周青铜器纹饰》113，112，984，140

(见附图8)。类似的情况见美国弗立尔美术馆(Freer Gallery)收藏的一只盉,纹饰是人面,瓶形角和蛇身(见附图7)。

　　商代晚期的青铜器,饕餮纹的面部常常分开成两部分,可看作完全分开的两条龙形纹,有的西方学者认为这是一个萨满面具的再现。① 在商代也许有过木制面具,可是我们还没有见到出土物。② 如果商代真的有这种面具,那么它一定也具有一种神圣的功能,显示萨满和舞蹈者的变化之形,好让他们沟通神灵世界,这正同于青铜器纹饰的变化,以便神灵受用。上述可能性不能不考虑,然而,我本人认为青铜器上饕餮纹的发展程序不太可能起始于面具,因为只有在饕餮纹发展的后期,它的面部才与身子分开来,再说,饕餮纹也常出现在战盔上面(见插图29),它的功能可能是表明武士超自然的神力,或者是武士具有的死亡的暗示,这很难理解为萨满作法时的出神恍惚。

　　"饕餮"一词最早见于《左传·文公十八年》:

　　　　"缙云氏有不才子,贪于饮食,冒于货贿,侵欲崇侈,不可盈厌,聚敛积实,不知纪极,不分孤寡,不恤穷匮,天下之民以比三凶,谓之饕餮。"

　　注家对此词的解释是"贪食",③最早把饕餮跟青铜器上的这种纹饰联在一起的是《吕氏春秋》(16/3下):"周鼎着饕餮,有首无身,食人未咽,害及其身。"这段记载出于公元前2世纪的著作,不能算是商人自己的思想,而且,也没有理由相信商代已经使用这个

---

① 左丹·派泊(Jordan Paper):《饕餮的含义》("The meaning of the 't'ao-t'ieh'"),《宗教史》(History of Religions),1978年。以及查兹·约翰逊女士(Elizabeth Childs Johnson)提交安阳殷商文化讨论会的论文《祖先之灵与商代宗教艺术里的动物面具》。

② 《侯家庄》第二册(西北冈1001号墓),第56—61页,描绘了1001号墓的木雕遗存,这暗示木头也可能用作面具,但是没有实物发现。

③ 《春秋经传集解·文公十八年》(9/15上)。

a. 司母戊方彝（殷墟中期）

b. 壶（殷墟中期）

c. 古父已卣（殷墟晚期）

插图 28　虎形，牛形饕餮纹

引自《商周青铜器纹饰》165,203,205

第六章 商代艺术及其含义

词了。我认为饕餮纹肯定不是缙云氏之子的画像,但是它却反映出了古代把这种纹饰跟饮食联系起来的情况,这很有意味,因为用饕餮纹装饰的器物是祭奉食物的,这些接收祭祀的神灵一定是贪得无厌的好食者。

饕餮纹一般都有嘴,但却经常缺少下颚,传统的解释是说好食的饕餮大张其口,有的学者认为缺少下颚是因为它是一种伸展开来的动物形象,下颚被省略掉了,[①]然而,这种现实主义的理解跟商代艺术的精神,还有这种纹饰本身的发展都不符合。事实上,这个纹饰母题是从含糊的脸形,两只眼睛,以及不确定的身子发展演变而来的,[②]那些后来比较写实的动物纹饰是强调饮食主题,它们都是祭祀的祭品(包括人祭在内),即便不是全部的祭牲。在二里冈的青铜器中,有一件的纹饰是带山羊角的面孔,山羊是当时最主要的祭品之一(见插图 23i 和附图 4)。[③]

有时这种无颚饕餮纹母型表现得更加明白,大张的兽口中有一个人,或者是一只鸟,常常是青铜器的把柄上饕餮口中吞有一只鸟,另一种是饕餮纹作虎形,虎口中吞有一人,人的头部很写实。为什么这个母型作虎食人,这无疑跟中国古代传统认为老虎是食人兽有关。甲骨卜辞里有猎虎的记录,这些猎物是用于祭祀的主要祭物。[④] 有时这个母型作食鸟状,关于这种食鸟的动物没有什

---

① 顾立雅:《中国的诞生》,第 248 页。
② 贝格立:《沙可乐收藏的商代青铜礼器》,第 56 页。他从这个母型形式发展的角度反对了这种结论。
③ 见《文物》,1955 年第 10 期上的发掘报告。也见威廉·华森:《中华人民共和国出土文物展览》(*The genius of China: an exhibition of archaeological finds of the People's Republic of China*),第 70 号。
④ 瓦特·伯克特:《古希腊祭祀和神话的人类学》,第 43 页。

么特别的描述,但是,从商人的图腾关系来看,商王把自己跟太阳、太阳鸟联系起来,从这个角度来理解,食鸟跟食人纹饰母型的根本含义都是相同的。

最著名的虎食人纹饰见于现存的两件卣,一件藏于日本泉屋博物馆,另一件藏于法国赛努施基博物馆(见附图 10a)。[①] 虽然这两件卣都不是科学发掘的,但从器形风格来看是南方青铜器,很可能来自湖南。我们还见到在安徽阜南发掘出的一个尊上有老虎食人的纹饰(见附图 9),[②]这纹饰虎作双身,风格写实,但是它的耳朵按惯例作圆形,不像卣上的虎纹尖状,虎口里的人形屈身抱腿作蹲状,这种姿势也见于殷墟出土的白色陶器上;甚至还可以上溯到新石器时期仰韶文化的彩陶(见插图 21)。这种姿势的含义还不太清楚,它也许是赛努施基博物馆所藏的虎食人卣上人作蹲状的一种公式化。

虽然这两件虎食人卣和阜南出土的尊都是南方青铜器,但是这种纹饰母型并非南方独有。安阳发现的司母戊方鼎(见插图 30b)和妇好墓中出土的一把钺(见插图 30a,31a 和附图 11),[③]上面的纹饰也是展开的双身虎纹,大张的兽口中是一个人的头颅,这种纹饰也许不及虎食人卣和阜南那件尊上的纹饰来得直接了当,可是它们都代表了一个共同的母型。

我们再看钺的功能,钺是用来斩首的,在钺上出现一连串相联系的纹饰母型,这从两方面表明了两个问题,一是母型的演变,

---

① 叶里瑟夫(Vadime Elisseeff):《赛努施基博物馆的中国古代青铜器》(*Bronzes archaiques Chinois au Musée Cernuschi*),Paris:L'Asiathèque,1977 年,第 1 册,第 46 号。也见贝塚茂树:《世界美术全集》,东京:1962 年,第 12 册,第 28 号。
② 《安徽阜南发现殷商时代的青铜器》,《文物》,1959 年第 1 期。
③ 《殷墟妇好墓》,北京,中国社会科学院考古研究所,1980 年,第 105—106 页,图表 66—67,彩版 13.1。

另一是它象征着的威力。妇好钺上的纹饰是方钺面有两个虎纹,口中有一颗人头;下端是大张的兽口,有两颗老虎的齿,这样看它像是饕餮纹的上颚,通常都在这里。妇好墓中同时出土的另一件小一点的钺,大张的兽口同样带着两颗犬齿,上面是圆耳饕餮纹(见插图 31a)。① 这两件钺的纹饰都是大张的兽口和刀刃,祭祀中饮食和祭献的含义就这样联系起来了。其他还有一些人面纹饰的钺,例如山东益都苏埠屯发现的两件(见插图 31b,附图 12),柏林收藏有一件,②它们都是饕餮纹,用的是人面的各部分;柏林藏的那件,有头发、鼻子、眉毛、下颚和有犬齿的口。苏埠屯出土的钺也差不多,只是缺少了头发。考查了钺的形式和功能,我们可以得出这样的结论,这个纹饰母型意味着死亡之途,即从人间到神灵世界的过渡。然而,同样应该意识到的是,这种纹饰只是暗示出祭祀的主题,而并非在为故事做插图。

虎食人卣尽管形制复杂,纹饰写实性强,可是它所显示的分解演变跟安阳发现的青铜器是同一类型。例如,卣背上饕餮有牛角和羊角、人耳、眉毛和躯干;下面有一只伸出的象鼻作卣的第三只足,虎食人卣纹饰的两边是两条瓶耳龙,这使人联想到饕餮纹两边常见的龙纹,卣体上也还有不少龙纹和其他动物的纹饰,还有一对尖耳带斑点的动物,也许是豹子。老虎口中的人腿部有蛇纹,臂上有夔纹,虽然看上去他穿了衣服,可是身上都是雷纹,卣体的其他部

---

① 《殷墟妇好墓》,第 105—106 页,图表 66.2,图版 69.1。
② 《山东益都苏阜屯一号奴隶殉葬墓》,《文物》,1972 年第 8 期,第 17—30 页。以及古特比兹(Staatliche Museen Preussischer Kulturbesitz)的《东亚艺术选集》(*Ausgewahlte Werke Ostasiatischer Kunst*),Berlin-Dahlem;Museum für Ostasiatische Kunst,1970 年,No. 1。

180　　　　　　　　　　龟 之 谜

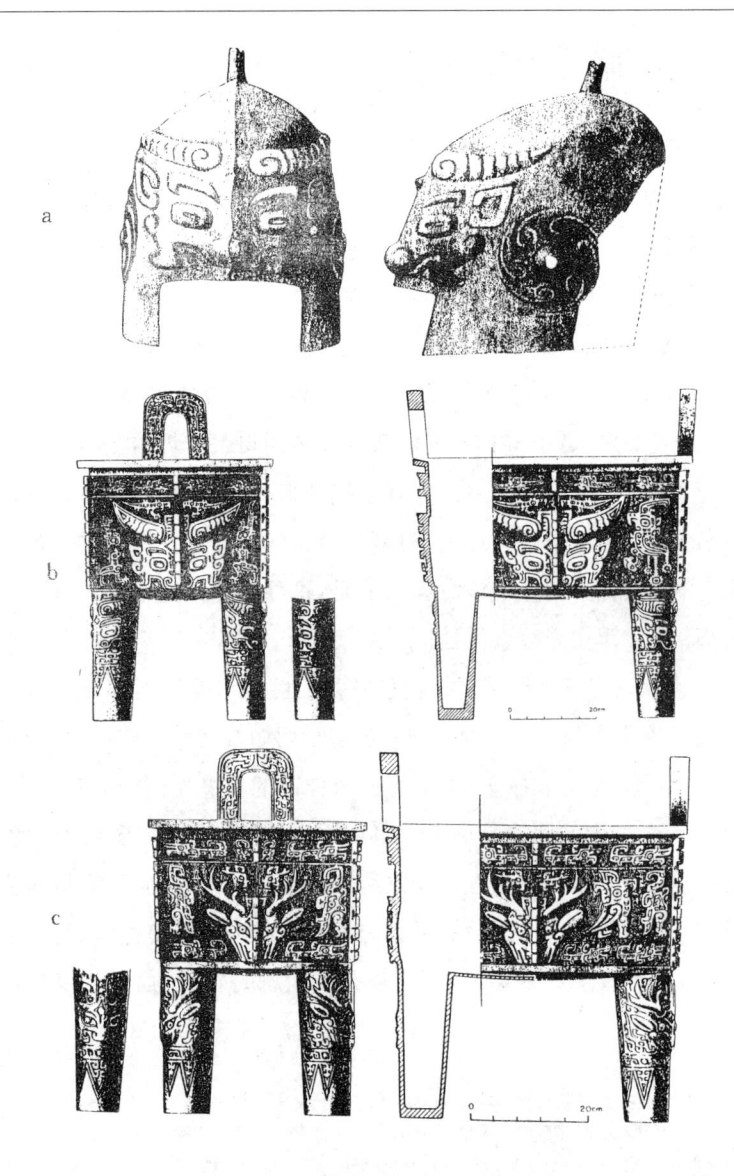

插图 29　侯家庄 1004 号大墓出土的青铜器
引自《侯家庄 1004 号大墓》图版 119，117，110

分也有雷纹。这种雷纹是安阳出土的青铜器上最常见的地纹。

张光直先生曾经指出过,许多文化中都有兽口大张的母型,作为通向另一个世界之途的象征。他还进一步推论说,虎食人纹饰中,老虎口中的是巫(或萨满)。① 可是我认为这个纹饰母型在钺上出现比较明显地暗示了它真正的意思,它不是萨满到另一个世界的通道的再现,它实际上是暗示了死亡之途。归根结底,这种信仰和祭祀是商代祭礼的核心。如果要问这个虎口中的人到底有何所指,我认为更像是表示死人,甲骨文中"尸"写作𠂆,这跟青铜卣和尊纹饰上人的姿势很相似,从这个观点来看虎食人卣纹饰老虎口中人身上为何有夔纹、蛇纹就可以理解了,它们暗示了死者要去的下界有水——黄泉。

3. 龙和有水的下界

我们已经看到了,青铜器上的饕餮纹常常是两条龙纹面对面展开。这种纹饰有许多演变,饕餮的双身也可以分开来作龙形纹;它的角有时也作龙纹;在青铜器主体纹饰的上下左右也常有类似的龙形纹。由于这种纹饰动物通常只有一只足,《说文》:"夔,一足也",于是,从宋代起一直把这种纹饰叫作"夔纹"。可是这个动物从侧面看是一只足,我们不知道它最初的制作者是把它当作一只还是两只足。跟饕餮纹不一样的是这个词没有更早的资料把它与青铜器上的纹饰联系起来,饕餮纹见于文献记载大约是公元前3世纪。

---

① 张光直:《艺术、神话和祭祀》,第73页。

a. 妇好墓大型铜钺（799）

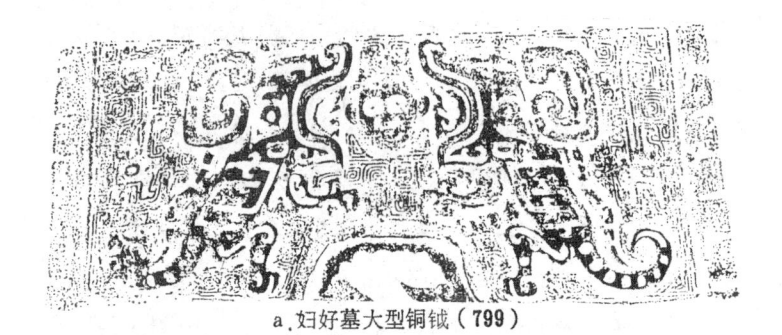

b. 司母戊方鼎，耳部

插图 30　虎食人纹饰

a. 引自《殷墟好妇墓》图 67

b. 引自《商周青铜器纹饰》581

第六章　商代艺术及其含义

在插图 32 到 35 中，我列举了一些青铜器龙形纹饰。跟饕餮纹一样，龙纹也是不断发生改变，很难说它是某种神话性动物的再现。换句话说，这个纹饰母型也不是某些不同动物的集中组合，因为很难区分出它们是什么不同的动物。高本汉曾经试过把青铜器纹饰里龙纹的不同形式加以分类，给美术史学家提供了丰富的词汇，但仅此而已，结果并不比他对饕餮纹的分类成功多少，原因是商代青铜器上的每一件纹饰都是一种演变，一种新形式的创造，它并不是艺术家想像里的某一种实在的、固定的动物。

青铜器纹饰中，特别是在主体纹的上部，鸟纹常常代替了夔纹（见插图 34d,e），有时夔纹本身也带鸟喙（见插图 34a），通常称为"鸟喙龙"（按高本汉的术语）。我认为这个动物是鸟，也是龙，前面已经讨论过了，虽然鸟跟龙是作为天与水、上与下的象征相对立，但是，它们在太阳鸟的母型中结合了起来，太阳鸟能下到充满泉水的下界，又飞翔穿越天空，这种带鸟喙的夔纹虽然不能说是这只鸟的再现，但可以说它是从相同的思想传统和形象中混合而生的。

在一些纹饰里，特别是我们上面所列举的例子，龙纹是蛇身，一边有一只足，头上的角不能跟任何动物的角直接联系起来，它的形状像是英美老式牛奶瓶，于是照惯例称为"瓶形角"。我们在古文字里见到的"龙"字，原形在甲骨文里是龙的象形"𢑳"、"𢑛"。①

---

①　见罗森(J. Rawson)在亚非学院"古代中国讨论会"(1984 年)宣读的《商周青铜器上的龙》("Dragons in Shang and Zhou bronzes")，摘要发表在《古代中国》，1983—1985 年，第 9—10 期，第 371—373 页。

a. 妇好墓出土的两件钺

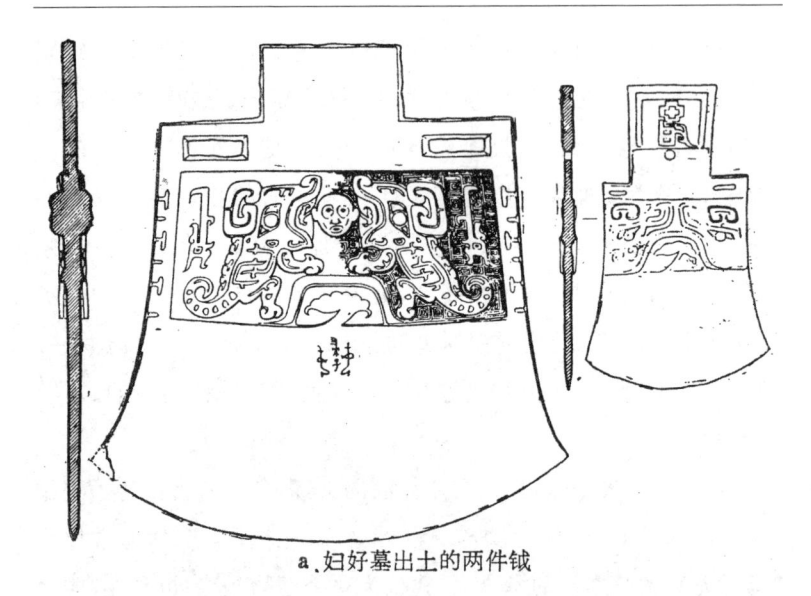

b. 山东益都县苏埠屯一号墓出土的大钺

插图 31　钺

a. 引自《殷墟妇好墓》图 66

b. 引自《商周青器纹饰》985

第六章 商代艺术及其含义

　　结合我上面对"夏"神话的分析看,龙是居住在黄泉的水生物,有的学者说商代的蛇也是水生物。① 我们说龙是一种水生物,不仅是因为它有蛇的身,它的两只足也表明它是在水里游,而不是在陆上行走的动物,更明显的是它出现在青铜器上的部位,这种纹饰常常出现在盘等水器的中间,或是器皿的底部。在相同部位频频出现的另一种纹饰是龟纹,它的含义我在前面第四章已经讨论过了。

　　盘不是用来盛放祭物的,它用于祭祀时的洁净化。祭品要求洁净,这个我们可以从成汤以身求雨的故事里看出,他先是洁身斋戒,然后才以身为祭。商代青铜器中盘的纹饰主要是龙纹、龟纹、鸟纹和鱼纹,纹饰一般位于盘沿和盘中,常混杂在鱼纹之间,这暗示着盘是一个水池,就像是神话里"扶桑"和"若木"下的水池,那里太阳鸟在其中洗浴,那里是通向黄泉,贯流下界的入口。有的盘沿下有很小的蛇纹,也许是神话里"饮黄泉"、"食槁土"的蚯蚓;在那个位置上更常出现的是鱼纹、鸟纹,有时虎纹夹在鱼纹和鸟纹之间。② 虽然这种纹饰跟其他的不同,没有表示水和龙,可老虎是一种食人兽,它跟通向死亡之途的母型联系在一起。于是,正如祭品(食物和酒)盛放在用神灵语言装饰过的礼器中的含义一样,它们在这种象征着神圣水池的器皿里清洗以后,就脱胎换骨,纯洁化了。

　　瓶角龙纹饰另一个经常出现的位置,是在环绕在器皿的底部,

---

① 张聪东:《甲骨文中的商代宗教》。
② 容庚:《商周彝器通考》,北京:哈佛燕京学社,1941年,图表823。

附图 2 爵(郑州杨庄出土)

第六章 商代艺术及其含义　　　　　　　　　187

附图3　斝（大英博物馆收藏）

附图 4 罍（郑州白家庄二号墓出土）

第六章　商代艺术及其含义

附图5　罍（大英博物馆收藏）

附图6 方鼎(安阳侯家庄1004号大墓出土)

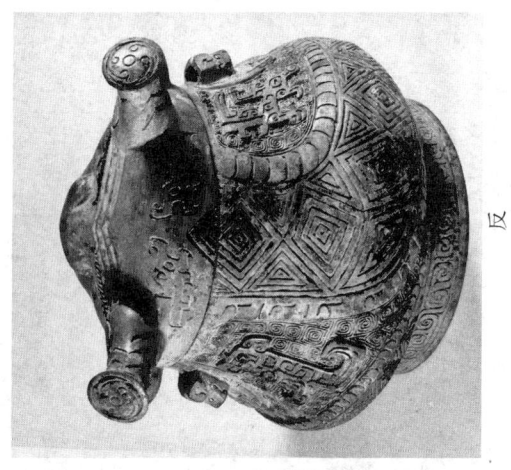

附图 7 盉（美国华盛顿弗利尔美术馆收藏）

附图 8　方鼎（湖南宁乡出土）

第六章 商代艺术及其含义

附图9 尊（安徽阜南县朱砦润河出土）

194　　　　　　　　龟　之　谜

附图 10　卣（法国巴黎赛努施museum馆藏）
a
b（底面纹饰）

第六章　商代艺术及其含义

附图 11　钺（殷墟妇好墓出土）

196　龟之谜

附图 12　钺（山东益都苏埠屯一号墓出土）

第六章 商代艺术及其含义

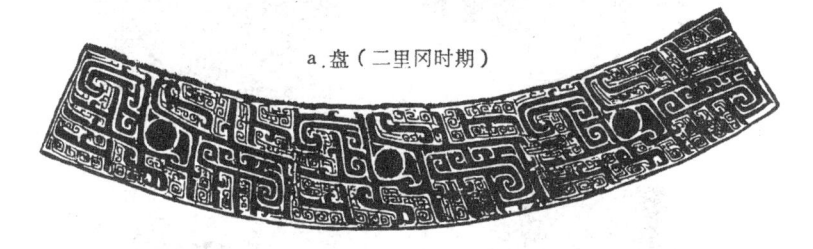

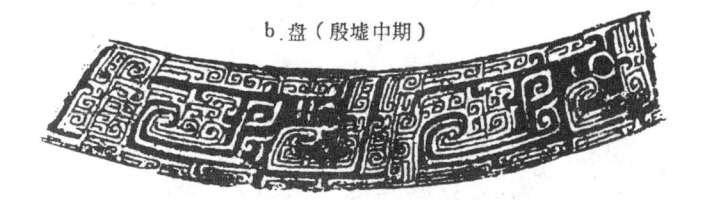

a. 盘（二里冈时期）

b. 盘（殷墟中期）

c. 盘（殷墟中期）

d. 盘（殷墟中期）

插图 32　目纹
引自《商周青铜器纹饰》707,352,497,283

a. 羊觚（殷墟中期） 　　　　　b. 钺（殷墟晚期）

c. 正觚（殷墟中期） 　　　　　d. 戉箙卣（殷墟晚期）

e. 方彝（殷墟晚期） 　　　　　f. 射女鼎（殷墟晚期）

g. 簋（殷墟晚期） 　　　　　　h. 鼎（殷墟晚期）

插图 33　夔龙纹

引自《商周青铜器纹饰》288,400,281,304,145,295,267,294

第六章　商代艺术及其含义　　199

a. 戉鼎（殷墟晚期）

b. 四乎方鼎（殷墟晚期）

c. 羊父厂卣（殷墟晚期） 　　d. 偶方彝（殷墟中期）

e. 聚鼎（殷墟晚期） 　　f. 佥父丁卣（殷墟晚期）

插图 34　鸟纹
　　a,b,c,e,f:引自《商周青铜器纹饰》555,575,488,578,488
　　d:引自《殷墟妇好墓》图 24(d)

a. 妇好墓，853

b. 妇好墓，777

插图 35　盘底蟠龙纹饰
引自《殷墟妇好墓》图 22，21

a. 妇好鸮尊（殷墟中期）

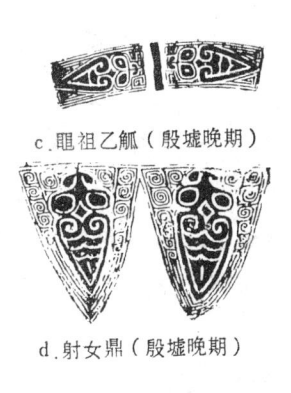

b. 臣䑣方鼎（殷墟晚期）

c. 黽祖乙觚（殷墟晚期）

d. 射女鼎（殷墟晚期）

e. 罍（殷墟晚期）

插图36　其他的纹饰母型
引自《商周青铜器纹饰》612,617,644,641,571

常常配有小一点的夔纹,有时是鱼纹,就跟虎食人卣底部的纹饰一样(见附图10b,插图35)。在相同位置上还经常出现龟纹。这些器皿底部的纹饰母型再一次暗示了它们跟充满泉水的下界发生关系。然而,龙纹也跟商代青铜器的其他纹饰一样,不是一成不变的。在美国弗利尔美术馆(Freer Gallery)收藏的一只盉上,纹饰是人面和两只爪子,盉的嘴部有两条小一点的龙纹面对面展开(见附图7)。

蛇是原始艺术中极为普遍的母型。蛇住在水里,或是穴居土中,冬天长眠,春天蜕皮,于是它成为转化和再生的自然象征。蛇常常有毒,它的行动给所有的灵长类动物,包括人在内带来一种恐惧,不知所措的生理反应。① 还有蛇会有一些生理性的畸变,如双身双头之类的现象,这也容易把它跟神圣、超自然联系起来。② 战国时期的民间传说里有谁要是看见双头蛇,谁就会死的说法。③ 商代青铜器纹饰中,瓶形角(或不带瓶形角)的双体蛇纹十分常见。这也许可以往上推溯,郑州早商遗址发现的残陶片上就有蛇图纹案。④ 这些都提示着人们,虽然双身饕餮纹最早的表现形式还不太清楚,但它一定在某种程度上跟两个身体的动物有所联系,这种

---

① 巴拉基·门柯儿(Balaji Mundkur):《对蛇的崇拜》(*The cult of the serpent*),Albany:State University of New Press,1983年。

② 见上文第77页;也见他的另一篇论文《欧亚大陆北部宗教艺术中的"双头兽"及其西半球的类似物》("The bicephalous 'Animal Style' in Northern Eurasian religious art and its Western hemisphere analogues"),*Current Anthropology* 25.4,1984年,第451—482页。

③ 《新序》(1/1下):"孙叔敖为婴儿时,出游,见两头蛇,杀而埋之,归而泣,其母问其故,叔敖对曰:'闻见两头之蛇者死。'"

④ 《河南偃师二里头遗址发掘简报》,《考古》,1965年第5期,第216—227页,图版3。

动物本身就乖离了自然常规,会被人们视为神圣。

我把蛇、死亡和祭祀联系在一起,这一点可以从甲骨文里一些带"🐍"(蛇)符的字得到支持,例如祖先降灾通常写作"🐍"(害),象形,是一只脚踏在蛇头上,意思是作祟;表示祭祀的一个动词写作"🐍"(祀),三百六十天的年祭也是这个字,有的学者认为这个蛇的象形在这里只是声符,但是我觉得这里用蛇的象形来表示声音不会是一种绝对的偶然。① 我们还可以再列举出一些带蛇符,跟祭祀有关系的例子,"🐍"象一只手握棒打蛇,边上的点表示出血,它在甲骨文中的用法是与"伐"对举(例子见《丙编》7);字义不是"打蛇",而是表示杀人为祭,蛇代表着死亡。这个字释为"叞",后来的字义是把尸体入殓安葬。② "🐍",象形,牙齿间有一条蛇,或者是一条寄生虫,意思是牙病,它是由祖先的诅咒引起的。"🐍"(蛊),器皿中有蛇,或小虫,这是指能引起疾病的一种邪力。

然而,龙并不是蛇,我们在商代青铜器艺术中看见的是,龙加上了蛇没有的瓶形角,这种叫作"瓶形角"的装饰在商代青铜器艺术中已经高度定型化了,它们的顶上常有螺旋纹,含义还不清楚,解释说与火(🔥)有关;有的学者已经观察到了,它可能是鹿脱角后,还没有长角以前的样子。③ 到了安阳晚期,瓶耳角有时作鹿幼角的样子,特别是在簋柄上,觥盖上的纹饰常常有鹿样的耳朵鼻子,这种情况到西周早期增多了。

鹿角每年脱落再生,蛇一到春天就蜕皮,这些都是重新诞生的

---

① 《甲骨文字集释》0067—0070。
② 《甲骨文字集释》1049—1052。
③ 利雷·戴伟森(J. Leroy Davidson):《瓶形角之谜》("The riddle of the bottle horn"),*Artibus Asiae*,1959 年,第 22 期,第 15—22 页。

自然象征。在西伯利亚早期艺术里,把鹿跟蛇联系起来比较普遍;这也许是商代艺术中这个母形的来源吧。这种推测不是没有可能的,中国所见到最早的环身龙形是北方靠近西伯利亚的红山文化玉器(见插图22b)。① 可是,红山文化玉龙并没有瓶形角,而且,把瓶耳跟鹿角明显挂起钩来则是相对较晚的发展了。关于这个瓶形角的来源不太清楚,它使人想到蜗牛和蛞的角,红山文化玉龙的形状是有些像蛞,这也许可以做进一步研究的参考。遗憾的是,我在早期铭文和文献中都没有见到任何关于蜗牛和蛞的材料,在早期神话和民间传说里,它们也看不出有何重要意义和角色。然而,这个"瓶形角"也许有不止一项的含义吧,多重暗示性增加了它的意义和神力。

4. 其他的纹饰母型

饕餮纹、龙纹(龙鸟纹)在商代青铜器纹饰里占了显著的位置,它们持续出现,变化无穷。也有少数一些纹饰是相对写实的,如兔纹、象纹和犀牛纹,我们从甲骨卜辞中看到这些动物都是商王狩猎的对象,也许是用作杀祭。犀牛角和象鼻也混在饕餮纹、龙纹中出现,这里大象也许有特别的意义,我在第三章里谈到过"舜"跟商人祖先"俊"之间有一种等同关系,其兄名叫"象",殷墟发掘还见到埋象为祭的情况。我上面说生理畸变的双头双身蛇会被视为神圣和超自然,同样道理,躯体庞大、鼻子奇特的大象也是对平常现实的

---

① 见《文物》,1984年第6期,第1—5页;《文物》,1984年第11期,第1—11页;《考古》,1986年第1期,第497—510页;《文物》,1986年第8期,第1—17页。

第六章　商代艺术及其含义

超越,使它带上一种超自然的气息。

最后,我还想提一提另外两种商代青铜器纹饰中常见的动物:鸮和蝉,探究这两种动物的含义,对我们关于商代青铜艺术的主题是死亡和演变的诠释作了进一步的补充。

一些商代青铜器的器形像鸮。1976年发掘的殷墟妇好墓中的青铜器,鸱鸮纹占了特别显著的位置,有一个鸮尊,但并不完全写实,它的羽部是蛇纹,尾部带鸮纹,周围是饕餮纹。鸮是夜鸟,也是捕食鸟。在许多文化里,包括中国后来的民俗里,鸮都是一种不祥之兆,死亡的象征。汉代的贾谊(死于公元前168年)在《鵩鸟赋》中写到鵩鸟飞入他的家中。鵩鸟似鸮,是一种"不祥之鸟"。他于是问:"野鸟入室兮,主人将去。请问于鵩兮,予去何之?"一些学者看到鸱鸮与不吉相关,为什么它在商代青铜器上出现,青铜器用于随葬,他们对此感到迷惑不解。其实,鸱鸮之所以对活人不吉利是因为它预告死亡,正是因为这个原因,它才适合作祭祀死人的器皿上的纹饰。

蝉纹在商代青铜器上的位置不十分显著,但却很常见,高度定型化了。例如插图36d、e是从鼎和罍上取下的蝉纹,装饰于主要纹饰的旁边。蝉也是一种死亡和转化的自然象征。最近,布罗冈(Patrick Brogan)在《观察家》上有一段关于蝉奇特的生命周期的描述,我不妨引用如下:

> "这些蝉在它们十七年之久的长眠之后回到了华盛顿。……蜕去旧壳,开始它们的第五轮生命周期;这时它们非常白,约三英寸长,红红的眼睛。接着,它们变成象牙黑带金色,开始爬到树上、玫瑰丛里……当它们的翅膀足够硬时,就飞到高枝上引吭求伴。它们的数目惊人,听上去就像是赤道风暴

残暴地打落在一大片非洲棚房小镇皱巴巴的铁皮房顶上。它们很像是《圣经》里的蝗虫之灾,但是有一个令人宽慰的区别,它们不损坏植物。……母蝉的生命力极弱,它们在树皮缝里下卵。当幼虫出来以后,纷纷落到土里,穴藏树根下;这一睡眠,又是十七年之久。"

虽然中国古代的蝉不是美洲的蝉,蝉生命周期也不一样,三年、七年、十三年,但可以说,蝉确实是再合适不过的转化的象征了。

总而言之,虽然商代青铜器纹饰母型并非再现性的,可是如果把它们放在宗教祭祀器皿这个大前提下,它们的图画意义是可以得到诠释的。这些器皿是用来向祖先神灵奉献祭品,接收祭祀的不是活人,于是,它所用的语言也一定不是这个世界的。这种特殊语言的效果是通过美学性的分解、变形,把不同的动物组合成单体双体的纹饰母型来制造出一种暗示的感觉。这些纹饰母型不断地演变,可是在这种演变里有一种结构上的持续性,人们可以认出它们来自什么母型,它们也持续地暗示着某种固定的内涵。商代青铜器纹饰母型最基本的内涵就是死亡、转化、黄泉下界的暗示。正如神话一样,它们也是在突破着真实世界的限制,以传达出一种神圣的本质。

第七章　结论

　　这本书是我打算写的关于中国古代思想发展脉络系列中的头一部。此书着重于商代，我试图从不同的着眼点，通过分析商代神话性思想及其多样的体现形式，来建立起一幅具体画面。我在本书的开端就指出了，商代时人们的思想是"神话性"的，我的意思是说商人的思维还不是一种自我意识的产物，因为有意识性的分析须伴随着文献化的传统而成长起来。虽然文字书写在晚商安阳时期已完全地发展起来了，我们有那时期的甲骨卜辞为证，可当时文字的使用仍是有限的。现在传下来的所有成篇文献都是周代和周代以后的。我们不能肯定地断言说商代时期没有其他文字记载，但到目前为止，我们知道商人的思维还没有被"文学化"。

　　在一个神话性的文化中，神话、艺术、占卜祭祀、宇宙观念都直接从一个共同的宗教结构生长出来，而不是由文献里中转而来的。它们有共同的母题，对立组合规律，但并没有一部《圣经》似的文献供祭祀时咏诵、或在艺术里进行描绘，也没有文学。文学使得人可以对他们自己的信仰进行分析和批评。我关于商代思想的分析研究不可避免地是推测性的，然而，可以从两个方面来对我的解释进行检验估价。首先，应看我所分析的商代思想不同体现形式之间是否存在一致性，例如，表现在神话里的宇宙观应该跟它在占卜系统里的体现相互一致。再者，我的解释不能仅仅对商代系统自圆其说，还必须符合后来的信仰和思想发展的情况。于是，我使用商代以后的文献去理解商代不仅是需要，除此之外也别无他途。在书里，我还阐述了如何把以后的思想发展脉络作为商代思想的继承来理解。

下面，我简明地归纳一下我对商代神话性思想的看法。神话最普通的定义是它讲的是超自然的故事。这个定义用于中国神话的研究并不合适，不少人借此否定中国古代有神话。我认为，对神话应该有更恰当的定义，神话最重要的特点是突破自然界的限制。对人间现实、常识逻辑的冲破是神圣化的标志，它不是偶然而是必然性的。在书的第二章，我推论了商人起源于玄鸟之卵的始生神话，那些玄鸟其实是太阳的化身。这个神话有几种稍晚的不同体现形式，包括帝喾与简狄、俊与羲和的传说故事；在正史中，还有尧舜禅让，尧嫁二女于舜的记载。因为这个神话的复原重建，所依靠的多是商以后的文献材料，关于商人本来故事的具体形式不太清楚，可是商代甲骨文的字形分析肯定了这个神话的存在。

商人是玄鸟之后，十日交替，出于东方之扶桑，这个信仰具有神话的标记，它是自然界不可能有的事。这个神话后来仍在社会上某种程度地留传着，例如，汉代的理性主义者王充就认出并揭露了故事的非理性因素。他说，如果真像故事里所讲的那样，那么，扶桑树早就被太阳烧焦了，太阳沐于咸池，火会熄灭。另一种程度上，一些文人和史家认为这个神话是一种夸大了的历史，他们将其中幻想成分太浓的因素删除掉。于是，这不仅成为尧舜禅让传说的起因，还引出了一段夏在商之前的历史。其实，黄帝原不过是下界黄泉之帝。

正是这个十日神话的信仰提供了商人祀谱背后潜藏的原因和

根据。商人祖先按十干命名，又依次在干支日祭祀。原始思维中存在的所谓"相连性"原则十分重要，从德克海姆、莫斯到列维-斯特劳斯都广泛地讨论过。图腾主义其实不是一种惯例，而是一种分类系统，在这个系统中，人类社会与自然界是对应关系。就拿中国商代的例子来看，被分类的人类社会不是活着的人，而是死去的商人之祖先，他们分成十组，与天上十日相对应。我们不知道这种对祖先的分类是否也用于他们活着的子孙。这里，十日不是一种自然现象，而是一个文化的观念。

商人的祖先按十个太阳分类，十个太阳又跟十二个月亮对应。商人思想中，二元对应思维十分显著。在这个分类系统中，商人祖先和鸟、太阳、数目十、黑色、扶桑、天空、上界、东方、火这一连串因素相联系，并与月亮、龙、水生物、数目十二、若木、黄颜色、地泉、水、下界等西方这些因素相对应。他们的日历按十干十二支相配来定；占卜的命辞也是由肯定式否定式对贞记录。

神话性叙述以正题、反题、合题的方式螺旋发展，它的特征是二元性对应。但作为宇宙观，仅仅二元论就显得不够了。东西意味着有南北；和谐只能在圆圈中点，或十字交叉处达到，一个点没有具体的对应物，它完美地沟通着上下之界。正是如此，我在第四章里讨论了为什么在古代宗教中世界之山和"地心"论母题如此普遍。在商代的甲骨文里，这座大山的化身是"岳"，可以推定为嵩山，嵩山后来为五岳中的中岳；在大禹治水的宇宙始生神话里它是"阳城"。

在商代，大地被看作是"✛"形，基本四方围绕着中央，四方是神灵之土，风由此而生。这种大地"✛"形的观念表现在商王墓形制和青铜器铭文之中，它暗示着墓里的死者和礼器盛的祭献能够自由地进入另外一个世界。商人占卜喜用龟,作为占卜的媒介。龟甲是"✛"形,圆圆的穹拱形的背甲,四边有四足支撑着,这也正是宇宙的模型。

商代的宇宙观里大地是"✛"形,这不像后来文献所说的地为方形;可是,正是商代的观念自然地导致了这种后来的信仰。我们可以推论一下,人所居住的中央是方形,周围是四方,如果把这个"✛"形的四角包进来(龟足的位置,四岳撑天),这样大地就成了九个部分,八方围绕着中央,后来的信仰就是如此。宇宙模型是"✛"形五方,这可能是为什么商人占卜以五次为多的原因所在,后来以"五"为根本的数术也可能起源于这里。我们再换个角度来看,从中央出发,周围四方加上下两界,一共是六部分,而"六"、"五"相配,正是古代宇宙论和占卜术的基本核心。

对应性思维和原始分类不仅是用于理解和组织自然界及人类社会的方法,它们也帮助人去了解人类普遍知识之外的隐含着的各种关系,是一种控制宇宙的手段。于是,我认为商人思想里龟甲牛胛骨跟外在的物质世界之间存在有一种相连的关系,这是商代占卜的基础。商人在甲骨上制造人为的兆头去跟叙述性的建议相应,于是可以决定奉献什么样的祭品牺牲,以此防止祖先之灵和上帝的恶咒,达到控制自然界暴力的目的,避免它任意地挑选牺牲者。

我说过神话的特征是冲破自然限制,由此我还提出另外一个假说,帮助我们去理解商代,或其他神话性文化之中的艺术。在这种文化中,艺术同神话"✛"一样,也是宗教结构的一种表现。书的第六章里,我讨论了商代青铜礼器的功能,它们用来盛放奉献给祖先神灵的祭品,可见青铜礼器上的纹饰是一种艺术,它表现出神圣化的祭品,可见青铜礼器上的纹饰是一种艺术,它表现出神圣化的功能,暗示着器皿中的食物能够送到另外一个神灵世界里去。这种艺术并不是在给神话做插图,它们具有相同的母题。艺术与神话以相同的方式去冲破自然界限,应用变形组合的技巧把几种不同的动物合成一个形象,或把形象对分开来,创造出一种幻觉感。

商代青铜器纹饰最基本的母题是饕餮纹。它并不代表着任何神灵,它不断地改变着;它其实不能算是一个表现性的形象。可是,我认为这个饕餮纹是有意义的形象,它的特征是双目圆睁,各部分由用于祭祀的不同动物构成,大张的嘴暗示了通往另一世界的通道,奉献的物品由此送上。饕餮纹常常作两体对立,既非一物,又非两合,它是另一个世界的幻觉。同样的道理,龙纹有时构成饕餮纹的一部分,它也自成一体。龙不是一种真实存在的动物,也很难说是一种神物,它不停地变化着。然而,可以看出龙是一种从水蛇演化而来的形象,暗示着死者所去的黄泉下界。有时龙纹作喙形,像鸟,这提醒了我们那些从若木之下,经地下黄泉返回东方扶桑的太阳鸟。鸮纹和蝉纹也暗示着死亡和再生的主题。

随着周初文献记载的发展,人们的思想也相应而改变,起码对那些能使用文学的人来说是这样的。各种不同的传统都有了记录,各有其据,它们已不同于最初的起源,这些来源,一般也很难弄清楚了。这些写下来的记录凝固了,保留了受时间地域局限的特殊内容和形式。同时,没有记录下来的口述传统却沿着另一条道路不知不觉地因时而变。记录下的文献不光是同时代的人读它,也让后来的人可以读它。值得注意的是,这些文献记录并非只有一种版本,它与同一传统的其他录本并存,甚至与它自己的衍生本并存。后来的注家有时注意到了这种关系,但更通常是被遗忘了。

由于这种文献之间的相互影响,我们于是可以试着去推测重建它们所接受的那些传统。当文人开始接受这个神话性传统时,他们一方面持怀疑态度,另一方面对它进行理论化和系统化。

当文人开始意识到神话里的这种非理性因素时,他们有一种解决的方法:就是承认它的神圣性特点,把神话解释为另外一种真实,即玄理化或寓言性的真实,而非实实在在的真实。古希腊的诡辩派学者选择了这种解决方法,这在基督教传统中仍然很普遍。然而,在中国,神就是祖先,祖先就是神,二者之间没有很清楚的划分,没有一个超出自然范围的区别。商人的祖先分为两类,一是"高祖",使用的是他们的私名,没有清晰的年谱次序;他们中的最后一位是王亥,在"亥"字上面,常常书写有一个鸟符。另一类是王亥之后的祖先,他们的名字书写由私名和天干(太阳)名组成。但无论如何,他们都同是祖先,商王祭祀他们的方式根本上相同。另外一种解释所接受的神话传统的方法是古希腊的幽黑默尔发明的,他认为在神话里的高祖都是历史事实,只不过他们的行为和个人品质经过了夸张和虚构。在这种神话即历史的推论下,史家就把这些传下来的故事里幻想成分过浓的因素删除了。

商代以前的"历史",从黄帝到建立夏王朝的传说都可以看作是商代神话在后来的系统化结果和衍变形式。《尚书·尧典》中尧舜禅让的记载是从原来上帝指命商人先祖的故事衍变而来的。周代文献里的宇宙始生之类记载,例如大洪水和不周山崩而天地倾裂的故事一般都说发生在"尧之时",这个历史时期其实是代表了神话性祖先的"很久以前",或"昔"。在这些文献里,夏与商有一种神话性对应关系,夏人属水,跟死亡、下界相联系;我认为是周人把它变成了一个政治王朝的史实。等到了汉代,"黄帝"这位原来神话性的下界之神就被变成了一个历史性人物——夏人的祖先：他和他的儿子颛顼是尧以前的统治者。

由文献传统的发展而带来的思想变化不是步调一致的，与此同时，神话自身也在继续发展并口头流传。这些神话后来还以不同的面貌进入了书写形式。一些文献中有意地保存了这种口述性，没有将其理性化，例如《诗经》、《楚辞·天问》和《山海经》。一些其他的文献也会因为追求文学效果而征引神话材料。周代流传下来的这些文献记载当然经过了文人的某些润色，但仍然给我们提供了稍晚的不同版本。这样，我重建商代神话思想的方法之一，就是对不同的记叙，包括历史文献里的记载，一起拿来比较，以追溯出这些不同面貌的记叙所依据的商代原型；然后再对照商代当时的证据，来推证我的假说。这是一种倒逆关系，理解了周代的不同记叙的历史渊源，才能更深地理解商代材料的真实含义。

文献化不仅带来了神话怀疑派的产生，同时也促成了思想理论化。商代思想中的对立组合结构关系是隐含性的，后来由于文学的发展而变得明显易辨了。在这种发展中，对应性思维原则并没有被抛弃，而是系统化了，成为外露的科学体系。于是，商代神话性思想中的基本因素，水、火、日、月等等的对应后来发展成了"阴阳"论中的基本宇宙力量；大地"十"形，数字"五"具有一种神秘力量，这引出了后来的"五行"说。在"五行"说中，自然界依类划分，方向、时序、颜色、天空的分界，以及自然元素水、火、土，政治王朝都相互联系着，相关相应。

艺术的这种改变也显而易见，我把商代艺术跟周代晚期和秦汉的人物插图进行了比较。在一个时期内，青铜器的纹饰先是逐渐程序化，同时青铜器铭文却变得长了起来，文字的重要性开始超过了图画，但形象还未完全成为文字的图像表现。然而，对这种改变的分析不可能在本书里详尽展开，只好留待我的下一部专论了。

由于材料的困难性，我们任何对商代神话性思想体系的重建都不得不有所保留。证据永远不可能完整无缺，回答不可能完全绝对。面对这幅拼图，其中大半拼块已无可挽回地遗失了。很多问题没有答案。读者们，特别是对材料有专门知识的读者，可能会奇怪为什么我的讨论仅仅集中于商代神话的某些方面，而对其他避而不谈，为什么我不试着对商代神学做一个系统描述。我这样做的原因是只有在这些地方我能将现有的证据综合起来，得出一些有说服力的结论。挂一漏万，我们不得不承认我们所拥有的材料的局限性。

参 考 文 献

(书中所有引文,凡未特别注明者皆引自《四部丛刊》,上海:商务印书馆,1919—1936年版。本参考文献中不再列入。)

Ackerman, Phyllis. *Ritual bronzes of ancient China*. New York: Dryden Press, 1945.

Akatsuka Kiyoshi(赤塚忠). *Chūgoku kodai no shūkyō to bunka: In ōchō no saishi* 中国古代の宗教と文化:殷王朝の祭祀. Tokyo: Kadokawa Shoten, 1977.

Allan, Sarah(艾兰). "Drought, human sacrifice and the Mandate of Heaven in a lost text from the *Shang shu*." *Bulletin of the School of Oriental and African Studies* 47, Part 3(1984), 523-539.

——. *The heir and the sage: dynastic legend in early China*. San Francisco: Chinese Materials Center, 1981.

——. "The Identities of Taigong Wang in Zhou and Han literature." *Monumenta Serica* 30 (1972-1973), 57-99.

——. "The Myth of the Xia Dynasty." *Journal of the Royal Asiatic Society* (1984, no. 2), 242-256.

——. "Sons of suns: myth and totemism in early China." *Bulletin of the School of Oriental and African Studies* 44, Part 2(1981), 290-326.

——. and Cohen, Alvin P., ed. *Legend, Lore and Religion in China: Essays in honor of Wolfram Eberhard on his seventieth birthday*. San Francisco: Chinese Materials Center, 1980.

——. 李学勤、齐文心:《英国所藏甲骨集》,上编(1985),下编(1991),北京:中华书局。

安井衡编:《管子纂诂》,台北:河洛图书出版社,1976年。

《安徽阜南发现殷商时代的青铜器》,《文物》,1959年第1期。

Bachhofer, Ludwig. "The evolution of Shang and Early Zhou bronzes." *Art Bulletin* 26(1944), 107-116.

——. "Reply to Maenchen-Helfen." *Art Bulletin* 27(1945), 243 – 246.

Bagley, Robert W. "P'an-lung-ch'eng: a Shang city in Hupei", *Artibus Asiae* 39(1977), 165 – 219.

——. *Shang ritual bronzes in the Arthur M. Sackler collections*. Cambridge: Harvard University Press, 1987.

Barnard, Noel. *Bronze casting and bronze alloys in ancient China*. Monumenta Serica monograph 14. Tokyo: 1961.

Bidney, David. "The concept of myth." *Theoretical Anthropology*(1953), 286 – 326.

Boltz, William G. "Kung Kung and the flood: reverse euhemerism in the *Yao Tien*." *T'oung Pao* 67. 3 – 5(1981), 141 – 153.

Boodberg, Peter A. "Remarks on the evolution of archaic Chinese." *Harvard Journal of Asiatic Studies* 2. 3(1937), 29 – 31.

Burkert, Walter. *Homo necans; the anthropology of ancient Greek sacrificial ritual and myth*. Berkeley: University of California Press, 1983.

Camaan, Schuyler. "The magic square of three in old Chinese philosophy and religion." *History of Religions* 1 (1961), 37 – 80.

——. "Old Chinese magic squares." *Sinologica* 7(1963), 14 – 53.

——. "Some early Chinese symbols of duality." *History of Religions* 24. 3 (1985), 215 – 257.

陈炳良:《中国古代神话新释两则》,《清华学报》,1969 年第 2 期,第 206—232 页。

Chang, K. C. *The archaeology of ancient China*. 4th edition. New Haven: Yale University Press, 1986.

——. *Art, myth and ritual: the path to political authority in ancient China*. Cambridge, Mass. : Harvard University Press, 1983.

——. *Early Chinese civilization: anthropological perspectives*. Harvard-Yenching Institute Monograph Series 13. Cambridge, Mass. : Harvard University Press, 1976.

——. *Shang civilization*. New Haven: Yale University Press, 1980.

——. 张光直:《商王庙号新考》,《"中央研究院"历史语言所集刊》10 辑,1963 年,第 125—205 页。

——. 张光直:《商周青铜器与铭文的综合研究》,台北:"中央研究院"历史语言所,1972 年。

——. "Some dualistic phenomenon in Shang society." *Journal of Asian Studies* 24(1964), 45-61.

——. 张光直:《谈王亥与伊尹的祭祀并再论殷商王制》,《"中央研究院"历史语言研究所集刊》35辑,1973年,第111—127页。

——. ed. *Studies of Shang archaeology: selected papers from the international conference on Shang civilization*. New Haven: Yale University Press,1982.

Chang Tsung-tung. *Der Kult der Shang-Dynastie im Spiegel der Orakelinschriften: eine palaographische Studie zur Religion im archaischen China*. Wiesbaden: Otto Harrassowitz,1970.

Chavannes, E. *La sculpture sur pierre en Chine au temps des deux dynasties Han*. Paris: Ernest Leroux, 1893.

——. *Le Tai chan: essai de monographie d'un culte chinois*. Paris: Annales du Musee Guimet, 1910.

陈梦家:《商代的神话与巫术》,《燕京学报》,1936年第20期,第485—576页。

——.《五行之起源》,《燕京学报》,第24期,第35—53页。

——.《殷虚卜辞综述》,北京:科学出版社,1956年。

陈槃:《黄帝事迹演变考》,《国立第一中山大学语言历史学研究所周刊》,1925年第3期,第921—935页。

陈显丹:《论广汉三星堆遗址的性质》,《四川文物》,1988年第4期。

Cheng Te-k'un. *Archaeology in China*, Vol. 1(1966); Vol. 2(1960); Vol. 3 (1963). Cambridge, Eng.: W. Heffer & Sons.

Childs-Johnson, Elizabeth. "The ancestor spirit and animal mask in Shang ritual art", paper presented to the international Symposium on the Yin-Shang Culture of China, 10-14 September 1988, Anyang, China.

Cohen, Percy. "Theories of myth." *Man*(1969.4), 337-353.

Conrady, August. *Tien wen*. Leipzig: Asia Major Library(no. 2), 1931.

Couvreur, S. *Dictionnaire de la langue classique chinoise*. Taibei: World Book Co., 1963(facsimile of 1904 edition).

Creel, H. G. *The birth of China*. New York: Ungar, 1937.

——. "On the ideographic element in ancient Chinese." *T'oung Pao* 34.4 (1939), 278-281.

——. *The origins of statecraft in China*, Vol. 1: *The Western Chou empire*.

Chicago: University of Chicago Press, 1970.

——. *Studies in early Chinese culture*. Baltimore: American Council of Learned Societies, 1937.

Cullen, Christopher. "A Chinese Eratosthenes of the flat earth: a study of a fragment of cosmology in *Huainanzi*." *Bulletin of the School of Oriental and African Studies* 39, Part 1(1976), 106 - 127.

Davidson, J. Leroy. "The riddle of the bottle horn." *Artibus Asiae* 22(1959), 15 - 22.

De Saussure, L. *Les origines de l'astronomie chinoise*. Paris: Maisonneuve, 1930.

《登封王城岗遗址的发掘》,《文物》,1983 年第 3 期,第 21—36 页。

Dieny, Jean-Pierre. *Pastourelles et magnanarelles: essai sur un theme litteraire chinois*. Geneva and Paris: Librairie Droz, 1977.

董作宾:《董作宾学术论著》,台北:世界书局,1979 年。

——.《甲骨文断代研究例》,《中央研究院历史语言研究所集刊(外编)》,1933 年第 1 期,第 371—488 页。

——.《论商人以生日为名》,《大陆杂志》,1951 年第 2 期,第 6—10 页。

Dundes, Alan, ed. *Sacred narrative: readings in the theory of myth*. Berkeley: University of California Press, 1984.

Durkheim, Emile and Mauss, Marcel, *Primitive classification*. Translated by Rodney Needham. Chicago: University of Chicago Press, 1963.

Eberhard, Wolfram. *Local cultures in South and East Asia*. Translated by Alide Eberhard. Leiden: E. J. Brill, 1968.

——. *Lokalkulturen in alten China* 1(supplement to *T'oung Pao* 37, Leiden, 1942). 2(*Monumenta serica*, monograph 3, Beijing, 1942).

——Review of *Legends and cults*, by Bernhard Karlgren. *Art Asiae* 9. 4 (1946), 355 - 367.

Ecke, Gustav. *Früuhe Chinesche Bronzen aus der Sammlung Oskar Trautmann*. Beijing: 1939.

Eliade, Marcel. *The myth of the eternal return*. London: Routledge & Kegan Paul, 1955.

——. *Shamanism: archaic techniques of ecstasy*. London: Routledge & Kegan Paul, 1964.

Elisseeff, Vadime. *Bronzes archaïques Chinois au Musée Cernuschi*. Paris:

L'Asiatique,1977.

Evans-Pritchard,E. E. *Magic,witchcraft and oracles among the Azande*. Oxford:Clarendon Press,1976.

范祥雍编:《古本竹书纪年辑校订补》,上海:新知识出版社,1956 年。

Finsterbusch, Kate. *Verzeichnis und Motivindex der Handarstellungen*. Wiesbaden:Harrassowitz,1966(Vol. 1)and 1971(Vol. 2).

Flaceliere,Robert. *Greek oracles*. London:Elek Books,1965.

Fontenrose,Joseph. *The ritual theory of myth*. Berkeley:University of California Press,1966.

Forke,Alfred. *Lun heng*. New York:Paragon Book Gallery,1962.

干宝:《搜神记》,上海:商务印书馆,1957 年。

高明:《古文字类编》,北京:中华书局,1982 年。

高去寻:《殷代大墓的木室及其含义之推测》,《"中央研究院"历史语言研究所集刊》39 辑,1969 年,第 75—188 页。

Girard,René. *Violence and the sacred*. Translated by P. Gregory. Baltimore: Hopkins University Press,1979.

Gombrich,E. H. *The image and the eye:further studies in the psychology of pictorial representation*. Oxford:Phaidon,1982.

——. *The sense of order:a study in the psychology of decorative art*. Oxford:Phaidon,1979.

Goody,Jack. *The domestication of the savage mind*. Cambridge:Cambridge University Press,1977.

——. *The interface between the written and the oral*. Cambridge:Cambridge University Press,1987.

——. ed. *Literacy in traditional societies*. Cambridge:Cambridge University Press,1968.

Graham,A. C. *Chuang-tzu:the seven inner chapters and other writings from the book of Chuang-tzu*. London:Allen and Unwin,1981.

——. *Later Mohist logic,ethics and science*. Hong Kong:Chinese University Press,1978.

——. *Studies in Chinese philosophy and Philosophical literature*. Singapore: Institute of East Asian Philosophies,1986.

——. *Yin-yang and the nature of correlative thinking*. Singapore:Institute of East Asian Philosophies(Occasional Paper and Monograph Series,no. 6),

1986.

Granet, Marcel. *Danses et légendes de la Chine ancienne*. Paris: Presses Universaires de France, 1959.

顾颉刚编:《古史辨》,7卷,北京和上海:1926—1941年;上海古籍出版社再版,1982年。

管东贵:《中国古代十日神话之研究》,《"中央研究院"历史语言研究所集刊》33辑,1962年,第287—330页。

《广汉三星堆遗址》(资料选编)第1辑,四川省广汉市文化局,1988年。

郭宝钧:《1950年春殷墟发掘报告》,《中国考古学报》,1951年第5期,第1—61页。

——.《安阳殷墟奴隶祭祀坑的发掘》,《考古》,1971年第1期,第20—36页。

——.《商周铜器群综合研究》,北京:文物出版社,1981年。

郭沫若:《先秦天道观之进展》,上海:商务印书馆,1934年。

——.《中国古代社会研究》,北京:人民出版社,1954年。

郭沫若、闻一多、许维遹编:《管子集校》,北京:科学出版社,1956年。

郭庆藩编:《庄子集释》,台北:河洛图书出版社,1974年。

Hawkes, David, *Ch'u Tz'u: songs of the south*. New York: Beacon, 1962; revised ed. Harmondsworth: Penguin, 1985.

Hayashi Minao(林巳奈夫). *In Shū jidai seidoki no kenkyū*(《殷周时代青铜器の研究》). Tokyo: Yoshikawa Kobunkan, 1984.

——. *Iwayuru tōtestsumon wa nani o hyō shita mono ka*(《所谓饕餮纹は何を表したものか》). *Tōhō Gakuhō*(《东方学报》)56(March 1984),1-97.

河南文物工作队第一队:《郑州市白家庄商代墓发掘简报》,《文物》,1955年第10期,第3—23页。

《河南偃师二里头遗址发掘报告》,《考古》,1965年第5期,第215—224页。

《河南偃师二里头遗址发掘简报》,《考古》,1965年第5期,第215—227页。

《河南偃师二里头遗址三八区发掘简报》,《考古》,1975年第5期,第302—309页。

《河南偃师二里头早商宫殿遗址发掘简报》,《考古》,1974年第4期,第234—248页。

《河南省博物馆》(中国博物馆·7),北京:文物出版社,1983年。

河南省文化局文物工作队:《郑州二里冈》,北京:科学出版社,1959年。

河南省文物研究所:《河南出土商周青铜器》,北京:文物出版社,1981年。
——.《河南舞阳贾湖新石器时代遗址第二至六次发掘简报》,《文物》,1989年第1期,第1—14页。
——.《郑州北二七路新发现三座商墓》,《文物》,1983年第3期,第60—78页。
郑州市博物馆:《郑州新发现的商代操藏青铜器》,《文物》,1983年第3期,第49—59页。
Henderson, John B. *The development and decline of Chinese cosmology*. New York: Columbia University Press, 1984.
Hentze, Carl. *Die Sakralbronzen und ihre Bedeutung in den fruehchineschen Kulturen*. 2 vols. Antwerp: Die Siktel, 1941.
Ho Ping-ti. *The cradle of the East*. Hong Kong: Chinese University of Hong Kong, 1975.
洪兴祖编:《楚辞补注》,北京:中华书局,1983年。
Hopkins, L. C. "Archaic Chinese characters." *Journal of the Royal Asiatic Society* 16(1937), 27-32.
胡厚宣:《楚民族源于东方考》,《史学论丛》,1923年第1期。
——.《甲骨文商祖鸟图腾的遗迹》,《历史论丛》,1964年第1期,第131—159页。
——.《甲骨文所见商族鸟图腾的新证据》,《文物》,1977年第2期,第84—87页。
——.《甲骨学商史论丛》,成都:齐鲁大学,第1卷1944年;第2卷1945年。
——.《释殷代求年于四方和四方风的祭祀》,《复旦学报》(人文科学版),1956年第1期,第49—86页。
——.《殷卜辞中的上帝和王帝》,《历史研究》,1959年第9期,第23—50页;1959年第10期,第89—110页。
——.《殷墟发掘》,上海:学习生活出版社,1955年。
——.《中国奴隶社会的人殉和人祭》下编,《文物》,1974年第8期,第56—67页。
——.《甲骨探史录》,北京:生活·读书·新知三联书店,1982年。
——.《甲骨文与殷商史》,上海:上海古籍出版社,1983年。
黄晖编:《论衡校释》,上海:商务印书馆,1964年。
黄展岳:《我国古代的人殉和人牲》,《考古》,1974年第3期,第153—70页。
Hubert, Henri and Marcel Mauss. *Sacrifice: its nature and function*. Chica-

go:Chicago University Press,1984.

《湖南省博物馆》(中国博物馆·2),北京:文物出版社,1981年。

湖南省博物馆、中国社会科学院考古研究所:《长沙马王堆一号汉墓》.北京:文物出版社,1973年。

Izushi Yoshiko(出石诚彦):《中国神话传说の研究》.Tokyo:Chūo Koronsha,1943.

贾祖璋:《鸟与文学》,上海:1931年。

《岐山县京当公社贺家村西壕周墓》,《文物》,1972年,第6期。

Kaizuka Shigeki(贝冢茂树):《世界美术全集》12(Chūgoku). Tokyo:Kadokawa Shoten,1962.

Kane, Virginia. "The chronological significance of the inscribed ancestor dedication in the periodization of Shang dynasty bronze vessels." *Artibus Asiae* 35.4(1973),335-370.

——. "The independent bronze industries of the south of China contemporary with the Shang and Western Chou Dynasties." *Archives of Asian Art* 28(1974/5),77-107.

——. "A re-examination of Anyang archaeology". *Ars Orientalis* 10(1975),93-110.

康殷:《文字源流浅说》,北京:荣宝斋,1979年。

Karlgren, Bernhard. "The Book of documents." *Bulletin of the Museum of Far Eastern Antiquities* 22(1950),1-81.

——. "Glosses on the Book of documents." *Bulletin of the Museum of Far Eastern Antiquities* 20(1948),39-315;21(1949),63-206.

——. "Grammata serica recensa." *Bulletin of the Museum of Far Eastern Antiquities* 29(1957).

——. "Legends and cults in ancient China." *Bulletin of the Museum of Far Eastern Antiauities* 18(1946),199-365.

——. "New studies on Chinese bronzes." *Bulletin of the Museum of Far Eastern Antiquities* 9(1937),1-117.

——. "Some characteristics of the Yin art." *Bulletin of the Museum of Far Eastern Antiquities* 34(1962),1-28.

——. "Yin and Chou in Chinese Bronzes." *Bulletin of the Museum of Far Eastern Antiquities* 8(1936),99-156.

Keightley, David N. "Akatsuka Kiyoshi and the culture of early China:a study in historical method." *Harvard Journal of Asiatic Studies* 42(1982),267 - 320.

——. "Ping-ti Ho and the origins of Chinese civilization." *Harvard Journal of Asiatic Studies* 37(1977),381 - 411.

——. "Religion and the rise of urbanism." *Journal of the American Oriental Society* 93. 4(1973),527 - 538.

——. "The religious commitment:Shang theology and the genesis of Chinese political culture." *History of Religions* 17(1978),211 - 235.

——. "Reports from the Shang:a corroboration and some speculation." *Early China* 9 - 10(1983 - 5),20 - 37.

——. *Sources of Shang history:the oracle bone inscriptions of bronze age China*. Berkeley:University of California Press,1978.

——. ed. *The origins of Chinese civilization*. Berkeley:University of California Press,1983.

Kirk,G. S. *Myth:its meaning and functions in ancient and other cultures*. Berkeley:University of California Press,1970.

Langer,Susanne K. *Feeling and form*. New York:Charles Scribner & Sons, 1953.

Levi-Strauss,Claude. *Mythologiques*. Vol. 1:*Le cru et le cuit* (Paris:Plon, 1964)[*The raw and cooked* (London:Jonathan Cape, 1970)]; Vol. 2:*Du Miel aux cendres*(Paris,1967)[*From honey to ashes*(London,1973)]; Vol. 3:*L'Origine des manières de table*(Paris,1968)[*The origin of table manners*(London,1978)]; Vol. 4:*L'homme nu* (Paris,1971)[*The naked man* (London,1978)].

——. *The savage mind*. Chicago:University of Chicago Press,1966.

——. *Structural anthropology*. New York:Basic Books,1963.

——. *Totemism today*. Translated by Rodney Needham. London:Merlin Press,1964.

——. *The way of the masks*. London:Jonathan Cape,1983.

Li Chi(Li Ji,李济). *Anyang*. Seattle:University of Washington Press,1977.

李德永:《五行探源》,《中国哲学》,1980年第4期,第70—90页。

李先登:《关于甲骨文最初发现情况之辨证》,《天津师大学报》,1984年第5期,第51—52页。

李孝定:《甲骨文字集释》,台北:"中央研究院"历史语言研究所,1965年。

李学勤:《帝乙时代的非王卜辞》,《考古学报》,1958年第1期,第43—47页。

——.《关于自组卜辞的一些问题》,《古文字研究》,1980年第3辑,第32—42页。

——.《评陈梦家殷墟卜辞综述》,《考古学报》,1957年第3期,第119—130页。

——.《谈安阳小屯以外出土的有字甲骨》,《文物》,1956年第11期,第16—17页。

——.《小屯南地甲骨与甲骨分期》,《文物》,1981年第6期,第27—33页。

——. *The wonder of Chinese bronzes*. Beijing: Foreign Languages Press, 1980.

——.《中国美术全集》4,《青铜器》,上册,北京:文物出版社,1985年。

李宗桐编:《春秋左传今注今译》,台北:商务印书馆,1970年。

梁思永、高去寻:《侯家庄》第七卷:(西北冈大墓1001号,1002号,1003号,1217号,1004号,1550号)。台北:"中央研究院"历史语言研究所,1962—1976年。

林沄:《小屯南地发掘与殷墟甲骨断代》,《古文字研究》,1984年第9辑,第111—154页。

Loehr, Max. "The bronze styles of the Anyang period." *Archives of the Chinese Art Society of America* 7(1953), 42-53.

——. *Ritual vessels of bronze age China*. New York: Asia House, 1968.

Loewe, Michael. *Ways to paradise: the Chinese quest for immortality*. London: George Allen and Unwin, 1979.

罗振玉:《三代吉金文存》,百爵斋,1936年。

Ma Chengyuan. *Ancient Chinese bronzes*. Edited by Hsio-yen Shih. Oxford: Oxford University Press, 1986.

马薇顷:《薇顷甲骨文原》,云林县虎尾镇,1971年。

Major, John S. "Myth, cosmology and the origins of Chinese science." *Journal of Chinese Philosophy* 5(1978), 1-20.

——. "Notes on the nomenclature of winds and directions in the early Han." *T'oung Pao* 65(1979), 66-80.

Malinowski, Bronislaw. *Myth in primitive psychology*. London: Psyche, 1926.

Maspero, Henri. "L'astronomie chinoise avant les Han." *T'oung Pao* 26 (1929), 267-356.

——. "Legendes mythologiques dans le Chou king", *Journal Asiatique* 204

(1924),11-100.

Miyazaki Ichisada(宫崎市定). "Chūgoku jōdai no toshi kokka to sono bochi—Shōyū wa doko ni attaka"(中国上代の都市国家とその墓地——商邑は何处にあったか). *Tōyōshi Kenkyū*(《东洋史研究》)28(1970),265-282.

——. Hoi 补遗,*Tōyōshi Kenkyū*(《东洋史研究》)29(1970),147-152.

Mizukami Shizuo(水上静夫). "Jakuboku kō"(若木考). *Tōhōgaku*(《东方学》)21(1961),1-12.

——. "Soju shinkō ron"(桑树信仰论), *Nippon Chūgoku gakkaihō*(《日本中国学会报》)13(1961),1-18.

Mori Yasutaro(森安太郎):《中国古代神话研究》,王孝廉译,台北:地平线出版社,1974年。

Mundkur, Balaji. "The bicephalous 'Animal Style' in Northern Eurasian religious art and its Western hemisphere analogues." *Current Anthropology* vol. 24, no. 4(Aug.-Oct. 1984),451-482.

——. *The cult of the serpent: an interdisciplinary survey of its manifestations and origins*. Albany: State University of New York,1983.

Munke, Wolfgang. *Die klassische chinesische Mythologie*. Stuttgart: Ernst Klett Verlag,1976.

Munsterberg, Hugo. *Symbolism in ancient Chinese art*. New York: Hacker, 1986. Needham, Joseph. *Science and civilisation in China*. Vol. 3. Cambridge: Cambridge University Press,1959.

Needham, Rodney, ed. *Right and left: essays on dual symbolic classification*. Chicago: University of Chicago Press,1973.

Nivison, David S. "1040 as the date of the Chou conquest." *Early China* 8 (1982-3),76-78.

——. "The dates of the Western Chou." *Harvard Journal of Asiatic Studies* 43(1983),481-580.

——. "A new study of *Xiaotun Yinxu Wenzi Jiabian* 2416." Paper presented to the International Conference on Shang culture, Anyang, P. R. C., September 1987.

——. "The pronominal use of the verb yu in early archaic Chinese." *Early China* 3(1977),1-18.

——. "The question question." *Early China* Supplement 1(1986),30-31.

Pankeneier, David. "Astronomical dates in Shang and Western Chou." *Early*

China 7(1981 – 1982),2 – 37.

——."Mozi and the dates of Xia,Shang and Zhou:a research note."*Early China* 9 – 10(1983 – 1985),179 – 181.

Paper,Jordan. "The meaning of the 't'ao tieh'." *History of religions* 18 (1978),18 – 41.

齐文心:《关于商代称王的封国君长的探讨》,《历史研究》,1985 年第 2 期,第 63—78 页。

裘锡圭:《论"历组卜辞"的时代》,《古文字研究》,1981 年第 6 辑,第 262—320 页。

——.《说卜辞的焚巫尪与作土龙》,《甲骨文与殷商史》第 1 辑,上海:上海古籍出版社,1983 年,第 21—35 页。Translated by Vernon K. Fowler in *Early China* 9 – 10(1983 – 1985),290 – 306。

饶宗颐:《殷代贞卜人物通考》,香港:香港大学出版社,1959 年。

Rawson,Jessica. *Chinese bronzes:art and ritual*. London:British Museum, 1987.

——."Dragons in Shang and Zhou bronzes."Paper delivered to the Early China Seminar 3(1984),abstract in *Early China* 9 – 10(1983 – 1985),371 – 373.

Rickett,W. Allyn. "An early Chinese calendar."*T'oung Pao* 63(1977),195 – 255.

——. *Guanzi:political,economic and philosophical essays from China*. Vol. 1. Princeton:Princeton University Press,1985.

容庚:《商周彝器通考》,北京:哈佛燕京研究社,1941 年。

Rosemont,Henry Jr. ,ed. *Explorations in early Chinese cosmology*. Chico, California:Scholars Press,1984.

Roy,D. T. and T. H. Tsien. ed. *Ancient China:studies in early civilization*. Hong Kong:Chinese University Press,1978.

Rudolph,R. C. *Han tomb art of West China*. Berkeley:University of California Press,1951.

Schafer,Edward H. "Ritual exposure in ancient China."*Harvard Journal of Asiatic Studies* 14(1951),130 – 184.

Sebeck,Thomas A. ,ed. *Myth:a symposium*. Bloomington:Indiana University Press,1974.

Segal,Robert A. "In defense of mythology:the history of modern theories of myth."*Annals of Scholarship* 1(1980),3 – 49.

《陕西出土商周青铜器》,北京:文物出版社,1979 年。

陕西省博物馆、陕西省文管会:《陕北东汉画象石刻选集》,北京:文物出版社,1959 年。

《山东益都苏阜屯一号奴隶殉葬墓》,《文物》,1972 年第 8 期,第 17—30 页。

山东省博物馆:《山东安丘汉画像石墓发掘简报》,《文物》,1964 年第 4 期,第 30—38 页。

商承祚:《殷契佚存》,南京:金陵大学中华文化研究所丛刊甲种,1933 年。

上海博物馆青铜器研究组:《商周青铜器纹饰》,北京:文物出版社,1984 年。

Shaughnessy, Edward(夏含夷). "Recent approaches to oracle-bone periodization: a review." *Early China* 8(1981-1982), 1-13.

——.《释御方》,《古文字研究》,1984 年第 4 辑,第 97—110 页。

石璋如:《河南安阳后冈的殷墓》,《中央研究院历史语言研究所集刊》13 辑,1947 年,第 21—48 页。

——.《小屯 C 区的墓葬群》,《"中央研究院"历史语言研究所集刊》23 辑,1951 年,第 447—487 页。

——.《小屯,1:遗址的发现与发掘,2:建筑遗存》。台北:"中央研究院"历史语言研究所,1959 年。

Shima Kunio(岛邦男).《殷墟卜辞研究》. Hirosaki: Chūgokugaku kenkyūkai, 1958.

——. *Inkyo bokuji sōrui*(《殷墟卜辞综类》). Tokyo: Kyuko Shoin, 1971.

Shirakawa Shizuka(白川静).《中国の神话》. Tokyo: 1975.

《说文解字诂林》,上海:医学书局,1928 年。

四川省文物管理委员会、四川省博物馆:《广汉三星堆遗址》,《考古学报》,1987 年第 2 期,第 227—254 页。

四川省文物管理委员会、四川省考古研究所、广汉市文化局文管所:《广汉三星堆遗址二号祭祀坑发掘简报》,《文物》,1989 年第 5 期,第 1—20 页。

Soper, Alexander. "Early, middle and late Shang: a note", *Artibus Asiae* 28 (1966), 5-38.

Staatliche Museen Preussischer Kulturbesitz, Museum für Ostasiatische Kunst. *Ausgewahlte Werke Ostasiatischer Kunst*. Berlin-Dahlem: Staatliche Museen Preussischer Kulturbesitz, 1970.

孙淼:《夏商史稿》,北京:文物出版社,1987 年。

孙诒让编:《墨子间诂》,上海:商务印书馆,1936 年。

Suzuki Torao(铃木虎雄).《桑树に关する传说》. *Shinagaku*(《支那学》)1.9

(1921),1-15.

Thorp,Robert L."The date of tomb 5 at Yinxu,Anyang."*Artibus Asiae* 43 (1982),239-246.

Tōdō Akiyasu(滕堂明保).《汉字语源辞典》.Tokyo:Gakutosha,1967.

Vandermeersch,Leon. *Wangdao ou la voie royale:Recherches sur l'esprit des institutions de la Chine archaique*. Paris:Ecole Francaise d'Extreme Orient, 1977(Vol. 1);1980(Vol. 2).

王夫之:《楚辞通释》,北京:中华书局,1959年。

王国维:《观堂集林》,Wu Cheng,Zhejiang:Mi Yun Lou of the Jiang family, 1923。

王云五:《夏考信录》,上海:商务印书馆,1937年。

Waterbury,Florence. *Early Chinese symbols and literature:vestiges and speculations*. New York:E. Weyhe,1942.

Watson,William. *The genius of China:an exhibition of archaeological finds of the People's Republic of China*. London:Times Newspaper Ltd.,1973.

——. *Style in the arts of China*. Harmondsworth:Penguin 1974.

闻一多:《古典新义》,《闻一多全集》,上海:开明书店,1948年。

Wu, Nelson. *Chinese and Indian architecture*. New York:Prentice-Hall, 1973.

吴其昌:《卜辞中所见先公先王三续考》,《燕京学报》,1933年第14期,第1—58页。

吴山:《中国新石器时代陶器装饰艺术》,北京:文物出版社,1982年。

徐复观:《中国人性论史》,台北:1969年。

徐旭生:《1959年豫西调查"夏墟"的初步报告》,《考古》,1959年第11期,第592—600页。

徐中舒编:《夏文化论文选集》,河南:中州古籍出版社,1985年。

徐宗元编:《帝王世纪辑存》,北京:中华书局,1964年。

杨君实:《康庚与夏讳》,《大陆杂志》,1960年第1期,第6—11页。

杨宽:《古史新探》,北京:中华书局,1965年。

杨锡璋:《安阳殷墟西北冈大墓的分期及有关问题》,《中原文物》,1981年第3期,第47—52页。

杨锡璋、杨宝成:《从商代祭祀坑看商代奴隶社会的人牲》,《考古》,1977年第1期,第13—19页。

Yeung Kin-fong(杨建芳). *Jade carving in Chinese archaeology*(《中国出土

古玉》),香港:香港中文大学出版社,1987年。
印顺法师:《中国古代民族神话与文化之研究》,台北:华冈出版社,1975年。
《艺文类聚》,上海:中华书局1965年。
于省吾:《略论图腾与宗教起源和夏商图腾》,《历史研究》,1959年第10期,第60—69页。
袁珂:《古神话选释》,北京:人民文学出版社,1979年。
——.《中国古代神话》,上海:商务印书馆,1957年。
——.《山海经校注》,上海:上海古籍出版社,1980年。
张秉权:《祭祀卜辞中的牺牲》,《"中央研究院"历史语言研究所集刊》37辑,1968年,第181—237页。
张心澂:《伪书通考》,上海:商务印书馆,1954年。
张政烺:《试释周初青铜器铭文中的易卦》,《考古学报》,1980年第4期,第403—415页。
《中国古青铜器选》,北京:文物出版社,1976年。
《中国历史博物馆》(中国博物馆·5),北京:文物出版社,1982年。
中国社会科学院考古研究所:《小屯南地甲骨》,北京:中华书局,1980年。
——.《新中国的考古发现和研究》,北京:文物出版社,1984年。
——.《殷周金文集成》,北京:1985年。
——.《殷墟妇好墓》,北京:文物出版社,1980年。
周法高:《金文诂林》,香港:中文大学出版社,1975年。
——.《金文诂林补》,台北:"中央研究院"历史语言研究所,1984年。
邹衡:《商周考古》,北京:文物出版社,1979年。
——.《商周考古学论文集》,北京:文物出版社,1980年。

附录:商周时期的上帝、天和天命观念的起源

刘 学 顺　译

在商代的甲骨文中,最有权威的神被称为上帝。在英语中,上帝这个词有不同的英语译法,比如 high lord（上主）、lord on high（在上面的主）、high god（上神）、supreme thearch（至上神）,甚至 God（天主）,等等。在流传至今的文献中,从西周（约公元前1050—公元前771年）以来,上帝和天就密切相关,而且它们有时可以互换。当人们把天和自然神灵联系在一起的时候,它的传统英语译文是 heaven（天国）,但天的字面意思却是 sky（天空）。把它们译为"天主"和"天国"之后,上帝和天之间的关系实际上就被讲英语的人放在自己熟悉的犹太—基督教传统的语境下来理解了。[①] 这显然会有误导。那么,上帝到底是什么神？为什么上帝和天可以互换使用呢？

七十多年以前,郭沫若和顾立雅（H. G. Creel）主张,上帝原

[①] 参见艾兰(Sarah Allan):"Tian as Sky: The Conceptual Implications"(《表示天空的天:观念方面的含义》),收入 En suivant la Voie Royale: Mélanges offerts en hommage à Léon Vandermeersch (《遵循王道:纪念汪德迈论文集》),Jacques Gernet and Marc Kalinowski（谢和耐、马克）编, Études thématiques 7 (巴黎:法兰西远东学院,1997年),第 225—230 页。

本是商人的至上神而天是周的至上神。① 这两位学者谁也没提到谁,可他们的论述却很相似:在商代的甲骨文中,上帝是神灵世界中的最高权威,但是,天却没有出现,或者说,至少天没有受祭;然而,在从西周初年以来的传世文献中,天不仅是最重要的神灵,而且被认为和上帝紧密相关。因此,他们提出如下观点:周代的统治者在征服了商人之后,把上帝和自己的至上神"天"等同起来,从而把商人的至上神也变成了自己的至上神。这种假说已经被广泛接受并经常重复。②

在这篇论文中,我拟再次审查上帝是什么样的神的问题,也将提出和前述意见不同的新观点。我要提出的观点是:上帝原本是北极星神。严格说起来,北极星是比十个太阳地位更高的一个天体,而商人则把自己的先祖和这十个太阳联结起来。天是上帝和其他祖先神的居所。这样,天演变成了一个比较宽泛的词语,用来指代上帝;再宽泛一点,它就成为一个指代上帝和受上帝支配的所有天象及神灵的词语。商和周之间的主要区别不在于上帝为商人所独有,而在于商统治者把自己和十个太阳扯上了关系。商周都

---

① 郭沫若:《先秦天道观之进展》,上海:商务印书馆,1936年,第1—18页。顾立雅(Creel, Herrlee G.), *The Origins of Statecraft in China*, Vol. 1: *The Western Zhou Empire*(《中国的诞生》第一册《西周帝国》)的附录C《天神的起源》,芝加哥:芝加哥大学出版社1970年版,第493—506页。在第493页的注1,顾立雅引用了自己早些时候用中文发表的论文《释天》(1935年刊于《燕京学报》第18期第59—71页),但他没有提及郭沫若的那本论著。

② 例如,吉德炜(David N. Keightley)就接受了这种观点,参见其 *The Ancestral Landscape: Time, Space, and Community in Late Shang China*(《先祖的景观:中国晚商时期的时空和社区》),伯克莱:东亚研究所,2000年,第123页。吉德炜并没有引述他们的原文,这正好说明这种观点的普遍流行程度。在我较早发表的论著当中,我也接受过他们的看法,参见艾兰:《龟之谜——古代中国的神话、艺术和宇宙观》,纽约州阿尔伯尼:纽约州立大学,1991年,第39页(注74)和第59页等。

承认,上帝,作为北极星神,是最高的神;天,作为天空,主要被理解为诸天体的居所。天是和时间模式有关连的一种神力,因为天体的运动昭示时间模式。① 因此,"天命"的本义在相当程度上就是其字面意思,即一种天象,文王时期出现在天空的一个"命令"。周王朝就是由他儿子武王建立的。

我的这个新观点并非出于凭空想象,最初促使我构想这一观点的是我的一个发现。在研究战国时期太一的角色时,我看到,钱宝琮在他对夜空的复原中称北极星为帝。② 钱宝琮虽然没有明述他那样命名的资料来源,但是,据称是战国天文学家甘德所划分的北极一带的紫薇院星座中就包括"天皇大帝"。③《史记》也有类似记载:"斗为帝车,运于中央,临制四乡"(北斗是帝的座车,它环绕中心运行,前往并控制四方土地)。④ 把北斗看作帝车的观点可能为式盘占卜使用斗作指针提供了理论基础。北斗是帝车的观念还在东汉时期用图画的形式表现出来,例如,山东省嘉祥出土的画像石中有这样一幅画:上帝身穿皇袍,坐在一辆由四人护卫的星车当中。⑤

---

① 参见艾兰:《表示天空的天:观念方面的含义》,第 225—230 页。
② 钱宝琮:《太一考》,《燕京学报》,1932 年第 12 期,第 2449—2478 页;艾兰,"The Great One, Water, and the *Laozi*: New Light from Guodian"(《太一、水和〈老子〉:从郭店竹简所得新领悟》),*T'oung Pao*(《通报》),2003 年 12 月第 89 本第 4/5 分册合订本,第 237—285 页。
③ 孙小淳(Xiaochun Sun)和 Jacob Kistemaker, *The Chinese Sky during the Han: Constellating Stars and Society*(《汉朝时中国的天空》),莱登:布瑞尔 1997 年版,第 82—83 页。在《史记索隐》中,天帝被确认为太一,见《史记》卷 27《天官书》,北京:中华书局,1969 年,第 1289—1290 页。
④ 《史记》卷 27《天官书》,1291 页。
⑤ 陈美东编:《中国古星图》,沈阳:辽宁教育出版社,1999 年,第 6、39 页。关于四"方"指四个方形区域而不是简单地指四个方向,参见本书第 98—112 页。

星座名称可能已经存在了很长时间,因此,称北极星为帝就会引人联想。虽然如此,人们还是必须审慎看待北极星和帝之间的联系,这是因为,汉朝统治者沿袭了秦的前例而称自己为"皇帝",他们没有使用商周当世统治者所用的称号"王"。这样的话,秦汉时期用帝作为北极星的名称就可能是人间统治者称号的投影,也就是,因为地上的统治者称为帝,所以天上的统治者也用了这样的称号。然而,从另一个角度来看,世间统治者称帝的起源恰恰可能是因为某天体已经被称为帝。果真如此,秦统治者嬴政宣称是第一个"皇帝"的要旨就在于宣称自己统治的神性,而不只是要表明自己的统治是上天任命的。根据 Michael Puett(普明)对中国战国时期自我神化的近期研究来分析,[1]秦国的统治者自称为"皇帝"的意思可能是说他们不只是人王,也是天神。

进一步促使我形成此文所论述的新观点的另一动因是这样一个认识:从哲学和占卜两方面看,天的权威源于它是天空这个事实。在古代中国,无论是哪种形式的占卜,像卜骨上的灼兆、《易经》里的变化和对日书的咨询,它们关注的都是利用时间流逝的模式来明了在某一时间采取什么行动才合时宜并可能成功。在传统文献中,天可以指一种自然现象,也可以指控制人们行为的那种形而上学的力量,但传统文献却从不区分天的这两种不同的角色。确实,它们是一回事。天主要不是指英语单词 sky 所让人很轻易就联想到的"蓝天",而是指居留于天空中的天体。这些天体显示

---

[1] 参见普明(Michael J. Puett)在 *To Become a God*:*Cosmology*,*Sacrifice and Self-Divination in Early China*(《升化为神:古代中国的宇宙学、祭祀和自我神化》)(剑桥:哈佛大学出版社,2002年)中有关战国和汉代时期自我神化观念的讨论。

时间流逝的模式,所以,天就控制着自然界和人类活动的命运。在自然界,天控制着农业所依赖的季节(即古文献中的"时")的来临。当天体运行偶然出现偏差,像出现日月食和流星等,那就是具有特定意义的征兆。如果加以引申,可以说,天控制着人类历史上朝代更替的时间。在人们的观念中,北极星是天的中心,因而也是天的统治者。

我根据商周刻辞推论出上帝是北极星神的观点之后发现,班大为已经提出类似的见解。他的理由和我的理由相关,却不完全相同。从他在《美国东方学会杂志》发表的论文看,他的主要理由是,北极随着岁差而变动,新石器时代晚期和青铜时代早期建筑的方向就反映了这种变化。他进而对甲骨文中的"帝"字提出了新解释,确认它就是北极。① 我将在下文讨论他对甲骨文中帝字的新看法。

郭沫若和顾立雅认为上帝和天是两个不同民族对至上神的不同称号,他们用以支持自己假设的证据都是旁证;我主张上帝和天在当时人看来是一样的,因为上帝是北极星神并控制着天体,我在下文用来支持我的观点的证据也是旁证。虽然如此,但我相信,我的观点可以更简明也更有效地解释相关问题。此外,我也将说明,我的观点还提供了天命(约定俗成地译为 mandate of heaven)观念起源的背景。班大为在早先发表的论文中提出,帝命是周文王

---

① 班大为(David W. Pankenier),"A Brief History of Beiji (Northern Culmen), With an Excursus on the Origin of the Character *di* 帝"(《北极简史:也谈"帝"字的起源》),*Journal of the American Oriental Society*(《美国东方学会杂志》),2004 年第 124 期第 2 分册,第 211—236 页。我的论文的较早版本曾提交给 2004 年 3 月在巴黎人类科学中心举办的"中国古文字中所反映的空间观念"讨论会。游顺钊和其他与会成员对我的论文作了很有帮助的评论,我对他们表示感谢。

时期天空上观察到的实实在在的天象。① 可是,他由此把天命轮转观念上推到夏代的开始;他认为至迟在夏代初建之时(公元前2000年之际),天空中出现了肉眼可以看到的五颗行星同出的异常天象,这跟新朝代的兴起相契合;《今本竹书纪年》和其他一些古书里都记录下这一现象。这种历史耦合也太蹊跷了一些吧。班大为提出一个假说,他推论说:"这些异乎寻常的天兆实际影响了(着重号为我所加)政治军事行为。"② 换句话说,三代的统治者,即使他们的时间之差跨越了半个多世纪,他们都按照某种天兆而发动军事征伐。我认为这个解释未免太过于牵强。我本人所提出的假说是,只有到了周灭商以后,天命轮转的理论才变得流行起来。

接下来,我拟先考察上帝和天在甲骨文中所体现的角色,然后再审视它们在早期西周铭文中的用法。

商　代

在这一部分,我将论述的是,甲骨文中以上帝或帝著称的神即北极星。我的论证如下:第一,上帝位于天上。在天上,帝有一个

---

①　见班大为:《商代和西周的天文明间》("Astronomical Dates in Shang and Western Zhou"),载 *Early China*(《古代中国》)7(1981—1982),第2—37页;他的中文论文《三代的天文观察和五行交替理论起源》,载《殷墟博物苑苑刊》1期(1989),第183—188页;《天命和五行交替理论中的占星学起源》,收入艾兰、汪涛、范毓周编:《中国古代思维模式与阴阳五行说探源》,南京:江苏古籍出版社,1996年,第161—195页。班大为的长文 "The Bamboo Annals Revisited: Problems of Method in using the Chronicle as a Source for the chronology of Early Zhou"(《竹书纪年新探:使用此书作为早周年代学资料的方法论问题》),载 *Bulletin of the School of Oriental and African Studies*(《亚非学院学报》)55.2(1992),第272—297页;55.3(1992),第498—510页。

②　班大为:《天命的宇宙政治背景》,第122页。

由五位"臣"组成的宫廷,他命"令"各种自然现象。因此,上帝是天上仅有的一位统治者,正像国王是人世的统治者一样。第二,商王的先祖从上甲开始就分别被归类到十个太阳之一的名下,他们分别在和自己相对应的太阳出现的那天接受祭祀。上帝和商王的直系先王都使用称号"帝"。因此,他们的先祖和上帝有共同的地方。第三,上帝的地位比上甲高,商人要通过自己的先祖才能接近上帝。在天上,只有一个天体的地位比那些太阳高,它就是北极星。第四,天上群星的分布标示着时间流逝模式,而它们如何排列却是由北极星来控制的。基于这四点原因,我认为上帝即北极星,他既是天上的主宰,也是商的始祖。

1. 上帝:上天的统治者

我们从甲骨文得知,上帝具有"降"或"令"天气现象的神力。他"降"天气这件事暗示他居住在天上。[①] 他"令"天气这件事又显示他在政治上和国王类似,这种类似已经由雨、雷和闪电等天气现象有时被描述为"帝使"等史料加以证实。甲骨文中帝有五"臣"的资料支持与王廷相似的帝廷的存在。关于那些"臣"究竟是谁,甲骨文并未明确记载,但学者们已经对此提出了各种看法。这五臣也许代表北、东、南、西和中五方,代表五方的星座,或是两者都有。

[①] 我下面所作讨论是基于一些对上帝角色和神力的综述,包括陈梦家:《殷墟卜辞综述》,北京:科学出版社,1956年,第561—582页;胡厚宣:《殷卜辞中的上帝和王帝》,《历史研究》,1959年第9期,第23—50页,第10期,第89—110页;岛邦男:《殷墟卜辞研究》,弘前:弘前大学文理学部研究室,1958年,第188—216页;赤塚忠:《中国古代的宗教和文化:殷王朝的祭祀》,东京:角川书店,1977年,第470—530页;和 Itô Michiharu(伊藤道治)与 Ken'ichi Takashima(高岛谦一)合著 *Studies in Early Chinese Civilization*(《中国古代文明研究》),大阪:关西外国语大学,1996年,第4—7页。

他们也可能是代表天上五颗主星的神,或者,他们只是天气现象而已。① 无论如何,词语"臣"的使用暗示帝像人间的统治者那样控制着一个宫廷。在甲骨文当中,除"帝"之外,"令"只有另一个主语,那就是王,王下令给不同的人或不同种类的官吏。② 这种情况可能反映了一个事实:甲骨占卜的范围有限,因为,我们可以假定人间的各种官吏也会给他们的"部属"下命令。虽然如此,这样的卜辞资料仍然暗示上帝和国王的权威是相似的。

在众神当中,帝的神力最大。其他先祖神固然有能力降下不同种类的诅咒,但降"祸"却由帝来负责。帝和天气现象也紧密相关。除了天气和收获,商统治者还通过占卜来判定帝是否将赞同或诅咒一些包括战事和筑邑在内重大事项。这大概暗示,上帝虽然会有其他神力,但异常或不合时宜的天气和庄稼歉收必定是造成破坏的最有效手段之一,这些破坏包括在战争中被打败和筑城的失败。因此,可以说帝的权力核心是他对天的统治能力。天不仅是特定天气的源泉,而且控制着时间及季节的正常更替。随之而来的是,人间统治者的最重大责任就是根据正确的日历来举行礼仪。

岛邦男和伊若泊假设,上帝不是指一个神,它是用来指称一组高祖的一个集体名词。③ 我不认为甲骨文证据会支持他们的假

---

① 参见胡厚宣:《殷卜辞中的上帝和王帝》,第 48 页;陈梦家:《殷虚卜辞综述》,第 572 页;艾兰:《龟之谜——商代神话、祭祀、艺术和宇宙观研究》,第四章。
② 在甲骨文中,宾语常常出现在动词前面。有时候,宾语前置用虚词惟或叀作标志。宾语前置的现象使一些甲骨残辞的意思显得有些模糊,但我还未发现明确的例子显示"令"的主语不是帝或王。
③ 参见岛邦男:《殷墟卜辞研究》,东京:汲古书院,1971 年,第 188—216 页;伊若泊 (Robert Eno), "Was There a High God *Ti* in Shang Religion"(《商代宗教中有一个至上神帝吗?》),刊于 1990 年出版的 *Early China*(《古代中国》)15,1990,第 1—26 页。

说,理由如下:第一,帝像国王那样颁发具体的"令"给众"臣"。这暗示他是一个神。第二,我在下文要讨论的"宾"礼是由商王举行,这种礼仪的对象是单一的先祖,然后再通过先祖来向级别更高的另一位先祖举行。此外,一个先祖也可以向上帝举行这种礼仪。因为在别的场合举行宾礼的对象是单个先祖神,我们可以合理地推测上帝也是单数。第三,上帝是一个集体名词的观点和西周铭文及全部传世文献所记载上帝的角色相矛盾。在那些史料当中,上帝一直被认为是一个神。因此,如果说上帝这个词在商代指一组高祖的话,那么,在周朝建立伊始,它的意思就必定从指称一组商人高祖转变为指一个至上神。这样的事是不太可能发生的。

2. 商和十日

许多学者都注意到,甲骨文和之后的传世文献都显示商和天上的那个太阳或那些太阳之间有密切关系。在《龟之谜——商代神话、祭祀、艺术和宇宙观研究》第二章中,我就商先祖和十个太阳之间的关系提出了一个比较全面的理论。我的论述表明,后世以"天干"著称的十个汉字是十个太阳的名字;一旬十天,每天都有十个太阳中的一个从东方的扶桑树上升起,然后像鸟一样飞越天空。在甲骨文中,这十个字也分别被用作一旬十天的名字,商的先祖则分别被划分在十个太阳的名下并在相应的日子接受祭礼。如果我们把图腾理解为一种用以分类的系统,那么先祖和太阳一一对应就是一种图腾系统。商先祖在特定的日子被献祭并接受祭祀,这是因为他们所归属的太阳在那个特定日子出现。①

这种依据太阳来归类的划分系统很明显地表现在商称呼其先祖的方式上。商进行甲骨占卜的时候,称呼祖先的方式是在父或母等亲称的后面加上甲、乙、丙等十个天干字当中的一个。另一种称呼方式是不用亲称,而是把一个区别字和一个天干字组合起来,报乙、报丙就是两个例子。"父甲"一般译为"父亲甲",但更精确地分析是,它指父辈之中属于"甲"类的那位男性先人。报乙指属于乙日祭礼类中的先祖报。虽然商认为自己和十日有密切关系并按十日来对其祖先作相应的分类,周人却用私名或区别字来称呼自己的祖先。周克商之后,商人据太阳分类来称呼祖先的方式在一些青铜器铭文中还继续使用,但是,这些青铜器可以理解为是由商人的后裔或和商有紧密关系的人所铸造的。在《史记》的"世家"系列中,只有一个封国的世系保留着商人以太阳分类来称呼祖先的方式,具体说就是只有齐国的早期国君采用这种方式。②

如果这种分析正确,那么,宣称自己的先祖和太阳有密切关系就是商人的一个特征。在先祖的称号中使用"帝"字也是商人的风

---

① 参见 1981 年出版 *Bulletin of the School of Oriental and African Studies*《亚非学院通报》)第 44 卷第 2 分册,第 290—326 页。其中的大部分材料已经收入《龟之谜——商代神话、祭祀、艺术和宇宙观研究》。它们都引用了早期的相关研究,特别重要的论著有管东贵的《中国古代十日神话研究》,发表于 1962 年"中央研究院"历史语言研究所集刊"第 33 辑,第 287—330 页。另外,也可参见伊藤道治和高岛谦一所著《中国古代文明研究》第 40 页上伊藤道治关于太阳身份与先祖的讨论及更多的相关引文。

② 见《史记》卷 32《齐太公世家》。

格,这在《史记》中表现得很清楚。西汉时编撰的《史记》的"本纪"部分记录了夏、商和周统治者的世系。在这些世系当中,夏商的统治者以帝相称而周则一直以王相称,王也是周代铭文中所见对周统治者的称号。① 可是,在甲骨文中,当时在位的统治者被称为"王","帝"字是留给王室的先人使用的。例如,殷代的倒数第二王是帝乙,他的父亲就被称为"文武丁","文武帝",或用合文写作"文武帝丁"。② 这意味着,司马迁编世系时所依据的是一份先祖名单,这份名单使用的称号是"帝",他的依据不是当时统治者遗留的原始记录。

汉字"上"的字面意思是"在上面"(high),它的一个引申义是"地位较高"(superior)。它用来修饰先祖的时候则表示最早的意思。这样的话,上帝就可以理解成"在上面的帝"和"地位较高的帝",或者"最早的帝"。在甲骨文中,上帝通常只是称为帝,在传世文献和周代铭文中也是这样。由此可知,上帝就是帝。作为甲骨文中对先祖的称号,"帝"是一种地位标志,用来把一些先祖和其他先祖区别开来,它不是一种亲称,因为并不是所有的商先祖都被称作帝。陈梦家建议,它在甲骨文中的用法反映了庙主在祖庙中的排列情形。③ 现在最有影响的观点是,它是表明直系先王的用语,

---

① 《史记·夏本纪》、《殷本纪》、《周本纪》。
② 《合集》35355、35356、36168、36169、36176、36177。《合集》这个简称在本文指郭沫若等编辑的《甲骨文合集》,北京:中华书局,1982年。
③ 陈梦家在《殷虚卜辞综述》的第440页主张,帝是庙主,其依据是《礼记·曲礼》中的一句话:"主立于庙为帝。"我认为,称号帝所标志的地位固然可能在祖庙中用具体的东西来表示,但是,甲骨文中形容词"文武"出现在"帝"之前的用法暗示,术语"帝"是用来指先祖本身而不是指一个庙主。

不用在旁系先王身上。① 因为周的继承法和商不同,帝作为区分先王地位标志的用法就失去了继续存在的条件,它就不再被用作对先祖的称号。在西周铜器铭文中,帝的用法之一是泛指先祖,例如,在"皇祖帝考"这个词组中,"祖"和"考"都是指祖先的术语。"皇"是个形容词,在铭文中用以修饰那些名字被提及的先祖、上帝、天和天体。② 这一事实暗示人们,他们之间有一些共性。

帝作为先祖的称号或当世在位统治者称号的用法不见于西周时期的铭文或者传世文献,一个例外是殷倒数第二王的称呼。③ 关于他的特别地位,一个可能的解释是,那是因为他是微子启的父亲;作为商的征服者,周分封商王子微子启于宋国以承续商的先祖

---

① 裘锡圭:《关于商代宗族组织与贵族和平民两个阶级的初步研究》,收于《古代文史研究新探》,南京:江苏古籍出版社,1992 年,第 296—342 页(和本文相关的部分,请特别参见第 298—300 页);此文先发表于 1982 年《文史》第 17 辑。胡厚宣:《殷卜辞中的上帝和王帝》提出的观点是,帝直到殷代晚期(廪辛庚丁时期)才作为先祖的一种称号来使用。但裘锡圭指出,在一期卜辞当中,武丁的父亲小乙被称作"父乙帝"。裘锡圭把它和"嫡"联系了起来。黄铭崇《甲骨文金文所见以十日命名者的继统区别字》一文于 2005 年发表于《"中央研究院"历史语言研究所集刊》第 76 辑第 4 分册,见第 625—709 页。他也把帝看作地位标志并详细讨论了它的功能。黄铭崇认为,在有些情况下,帝可能是女性。但是,他的这一看法主要依据是基于对《盂方鼎》铭文所见词组"文帝母日辛"中后三字的分析,并不是基于对第三字的分析。

② 如果"皇祖帝考"本身由两个并列词组构成,"帝"将是"考"的修饰成分。陈初生引用了汉代《独断》对"大"的解释。这个字可以读作"大"或"太",是一个常用的表示地位的区别字。参见陈初生:《金文常用字典》,西安:陕西人民出版社,1989 年,第 10 页。"皇祖帝考"这个词组在铭文中有三例:《殷周金文集成》第 5 卷,第 2705 号(西周早期);第 7 卷,第 4097 号(西周中期)和第 5 卷,第 2743 和 2744 号(西周晚期)。它还见于第 8 卷,第 4129 号(西周晚期),但是,在这篇铭文中,所谓"帝"字的底部有偏旁"口",这个字形一般用作"禘"。

③ 提及"帝乙"的例子见《周易》的"归妹",《尚书·周书》部分的《多方》和《酒诰》。《诗经》的《颂》或《大雅》中没有提到"帝乙"。这里所作分析的依据是"中央研究院"的数据库,网址为 http://www.sinica.edu.tw。

祭祀。① 因此,帝乙的名字中保留称号"帝"的原因可以认为是因为他是居于宋国的商后裔的始祖这种地位。此外,中国历史王朝建立之前的统治者如尧、舜和禹也使用"帝"的称号,但他们的这些称号不见于东周以前的史料。

尽管帝未用作周先祖的称号,周人也抛弃了用太阳来对先祖分类的系统,但上帝却见于周人克商以来的西周铭文中,我在后文将对此加以讨论。这种现象显示,能把商王和周王区分开的是商人与太阳之间的密切关系和他们的世系结构,而不是商人对上帝的依附。

3. 上帝:至上神

陈梦家主张,商王和上帝没有血缘关系,上帝是一个自然神,其主要权力是掌管天气现象和农业,他不是一位先祖。他立论的依据是商王不直接献祭上帝。② 另一方面,裘锡圭论述说,词语"帝"是用来区分直系先王和旁系先王的,因此,上帝是第一位帝而且应该补理解为商的一位直接先祖。③ 我认为,裘锡圭所说词语"帝"的用法意味着上帝是商王—先祖的观点是合乎逻辑的。但是,商是上帝的直接后裔并不意味着商是上帝仅有的后裔,也不意味着他是商世系中的一位神。除商之外,他也可能曾被视为其他族人的始祖,或者说,他曾被视为所有人的始祖。这将可以解释为什么周人在克商时声称自己的征伐获得了上帝的赞同。

在甲骨文中,上甲是最早以十日名之一来命名的先祖,他也是

---

① 参见《史记》卷38《宋微子世家》。为避汉景帝的名讳,微子启在《史记》中被称为"微子开"。
② 陈梦家:《殷虚卜辞综述》,第580页。
③ 裘锡圭:《关于商代的宗族组织与贵族和平民两个阶级的初步研究》,第298—300页。

周祭系统中受祭的第一位先祖。这就暗示,他被认为是缔造商王室世系的先祖。在他之前的"高祖"只是以私名相称,像俊(也隶定作夔或夒)和上甲的父亲王亥就是两位高祖。俊也写作"夋",在后世神话中以羲和的丈夫而著称,他的妻子羲和则是十日的生母。① 上帝处在金字塔似的世系结构的顶端。他比王室先祖们的地位都高,他们有时向他举行宾礼,目的通常被假设是为了给他们的后代祈求恩惠。

"宾"礼是甲骨占卜中很独特的一种仪礼,因为它由在位的统治者来举行,对象是先祖,然后,该先祖再向地位更高而且隶属于同一太阳的先祖举行宾礼,之后,此地位更高的先祖才向上帝行宾礼。例如,父乙(父辈当中名为乙的先人)可以在一个乙日向祖乙(祖父辈中名为乙的先人,他比父乙高一辈)行宾礼(《合集》1657)。此外,宾礼也向出日或落日举行(实际上可能是向同这些太阳有关系的先祖举行宾礼)。宾礼以及在与祖先干名相对应的日子举行祭礼的祭祀习俗可以作为两条证据来支持我在上文所提的看法:向某先祖献祭的日子,只能是该先祖依图腾系统归属的太阳在天空出现的日子,也只有在这样的日子,该先祖才能接受祭祀。

尽管先祖向属于同一太阳的其他先祖举行宾礼,属于不同太阳的先祖却都可以向上帝举行宾礼。例如,我们在一枚龟腹甲上发现一系列从数位先祖中挑选谁将向帝举行宾礼的占卜。那些占卜提议受祭的先祖有一位名甲的先祖(太甲)和两位名乙的先祖(咸,即商朝的缔造者成汤,和下乙)(《合集》1402)。归属不同太阳的先祖都能对上帝举行宾礼这样的事暗示,不管哪位太阳出现在天空,上帝都能在天上出现。如果帝经常出现在天上,他是太阳的祖辈又比太阳的地位高,还和他们的属性相似,那么,他就只能是北极星了。

---

① 有关这些神话人物的讨论,参见本书第一章。

至于上帝是否曾受到商统治者的直接祭祀，这是个聚讼未决的问题。该领域的多数学术研究成果都是这样的结论：上帝从未受祭或上帝受祭的情况极其罕见。导致这种不确定状态的一个重要因素是商人用同一甲骨字形来代表"帝"和"禘"，后者是一种祭礼。另外，甲骨文的句子经常倒装，在宾语是占卜的焦点时，为了强调这个宾语，它就出现在动词的前面。还有一个因素当然是许多句子本身就零散而不太完整。因此，如何决定某条卜辞该怎样理解要常常依赖语法分析、如何标点或同时依赖这两者。① 然而，即使对上帝的献祭不见于甲骨文，我们也不能肯定商没有献祭过上帝。献祭上帝这件事也许不需要占卜，或者甲骨文中不见献祭上帝可能是和考古发现的偶然性有关。②

　　虽然甲骨文中欠缺祭祀上帝的明确证据，但殷代晚期铜器铭文中却有对上帝举行祭礼的证据。20世纪40年代出土了三件殷

---

　　① 当前最盛行的观点是，即使曾向上帝献祭过，这种情形也极为罕见。对这种观点的一个重大挑战见于石韶华、赵德华、郑倖朱和赵福勇《略论卜辞中所见祭上帝之礼》一文。此文原本发表在台中甲骨学会于1993年出版的《甲骨文论文集》，后收入《中国古文字大系：甲骨文献集成》，第485—502页。一个让人迷惑的现象是甲骨文中常见的动宾倒装。例如，"方帝（禘）"这个词组的意思是像本文解释的那样表示对帝举行"方"礼，还是表示对四方举行"禘"礼？在我看来，他们引用的多数例子最好以这种方式来加以处理。岛邦男在《殷墟卜辞研究》的100页里约定俗成地隶释为"丁"的小方块解释成"帝"。伊藤道治对此作了批评，参见伊藤道治和高岛谦一：《中国古代文明研究》第2卷，第11页注5。

　　② 在我对附表所列字形的分析中，我大致假定那个字形指"禘"礼的举行，除非它出现在名词或先祖称号的位置，但也有许多意思难以明确判定的例子。特别让人关注的是《合集》22073和22075上所刻的卜辞，它们的确记载了对帝的献祭，不仅记有举行的祭礼名称，还有用于献祭的动物（参见表3）。但是，值得指出的是，在这两版历组卜辞中，相关文字是很不寻常的异体字形。关于释此字形为帝的资料，参见姚孝遂和肖丁：《殷墟甲骨刻辞类纂》（北京：中华书局，1989年）第422页的隶释和中国社会科学院考古研究所编著：《小屯南地甲骨》（北京：中华书局，1983年）第1147页的考释。这部甲骨著录在本文简称为《小屯》。

代晚期青铜器,二祀、四祀和六祀卯(有人释为卲)其卣。在二祀卣铜器的铭文刚开始流传的时候,张政烺曾怀疑它们是伪造的。这或许可以解释为什么人们在讨论帝不直接受祭时不采用这篇铭文。① 然而,故宫博物院在 1998 年对这些铜器作了 X 射线检测,这次检测证实铭文是真的。②

我把二祀卯其卣上的相关铭文摘录于下:

······才(在)正月,遘

于匕(妣)丙彡(肜)日大乙奭

隹(唯)王二祀,既

祝于上帝。

这段铭文的意思是这样的:

在正月,(国王)出于对大乙的妻子妣丙的敬意而举行彡祭。时间是国王在位的第二年,他已经向上帝举行祝礼之后。③

---

① 张政烺:《卯其卣的真伪问题》,《故宫博物院学刊》,1998 年第 4 期,第 1—5 页。同期《故宫博物院学刊》还发表了张光裕、孙稚雏、连邵名和朱凤瀚等人讨论这些铜器及其铭文的论文。张政烺的论文在发表之前曾于 1987 年在山东省青岛举办的一次古文字会议上宣读。他在这篇论文中讨论了这一件青铜器的历史。他认为二祀卯其卣底部的铭文可能是后加的。他还提到他就此和胡厚宣及其他学者讨论过,他们随后都避而不用这篇铭文。虽然如此,还是有一些杰出学者认为这些青铜器和其上的铭文是真的,比如丁山、郭沫若、董作宾、陈梦家、于省吾和李学勤等学者就持这样的看法。这几件青铜器也以作册夐子卣而著称于世。贝格利(Robert Bagley)在 *Shang Ritual Bronzes in the Arthur M. Sackler Collections*(《沙可乐所藏中国青铜礼器》)(坎布里奇:哈佛大学出版社,1987 年)一书中就使用了这个名字。关于他的讨论,参见第 526—528 和 535 页,注 28—31。

② 参见丁孟和建民:《卯其卣的 X 射线检测分析》,《故宫博物院学刊》,1999 年第 4 期,第 83—85 页。那次 X 射线检测证实,二祀卯其卣上的铭文是作为原器的一部分铸上的。现在看来已经没有合理的理由来怀疑这些青铜器的真伪了。事实上,他们已经被收入当今所有索引及青铜器铭文著录中。

③ 我把这段铭文的最后两个字释为"上帝",但有些学者把它们解释成"上下帝"。他们的这种解释是基于下述假设:帝字上面的一横是合文"上下"的一部分,合文"上下"的字形中省略了一横。关于这种解释,参见中国社会科学院考古研究所编:《殷

附录：商周时期的上帝、天和天命观念的起源　　247

图一　二祀邲其卣

借助于本套青铜器中四祀邲其卣上的铭文，二祀邲其卣上的铭文的年代可定在帝辛时期。① 甲骨文中未见或罕见关于祭祀上帝这种现象暗示，对上帝的祭祀不是常见周祭的一部分。二祀邲

(接上页)周金文集成释文》第 4 册，香港：香港中文大学中国文化研究所，2001 年，第 156 页(5412 号铭文)。但是，和二祀邲其卣铭文有紧密联系的四祀邲其卣铭文提到了"文武帝"，其中的"帝"字上部有两横，这是那个时期的甲骨文中常见的"帝"的字形之一。因此，前面提到的二祀邲其卣铭文中有争议的那一横应该是"帝"字的一划，不能看作合文"上下"字形的一划；那个词组应该读作"上帝"。华东师范大学中国文字研究与应用中心编辑的《金文引得：殷商西周卷》(南宁：广西教育出版社，2001 年)就是这样隶定的，见第 156 页(2823 号铭文)。我怀疑人们之所以常把它释读为"上下"是因为他们受了商人不直接祭祀上帝这个观念的影响。

① 夏商周断代工程专家组编：《夏商周断代工程 1996—2000 年阶段成果报告：简本》，北京：世界图书出版公司，2000 年，第 58 页。

其卤铭文中提到的对上帝的献祭可能是新增礼仪,也可能是帝辛感到有必要举行特殊祭祀以便挽救他那走向末路的政权。这正像我们将在后文看到的那样,周朝的统治者曾祭祀上帝以便确立自己获得了帝的权威。

4. 帝的甲骨字形

关于表示"帝"的甲骨字形的起源及其意义,学术界已经提出了一些观点。可是,如果不仔细分析帝的异体字,我们就不能理解它在古文字方面的意义。我在上文已经指出,是否曾直接向上帝献祭的问题就被用同一个甲骨字形来表示先祖、上帝及禘礼等不同的词搞复杂了。长久以来,人们一直以为,当此字用来表示礼仪的意思的时候,有时就会出现异体字。但是,就我所知,现在还没有人对它的异体字作综合研究。另外,像岛邦男的《殷墟卜辞综类》和姚孝遂的《殷墟甲骨刻辞类纂》等甲骨文索引并不对字的不同用法作系统区分,或者可以这样说,它们并不对异体字作系统区分。①

为尝试弄懂这许多异体字,我们对以下三部甲骨著录中所见有关帝的异体字作了调查:《甲骨文合集》(在本文中简称《合集》)、《小屯南地甲骨》(《小屯》)和《英国所藏甲骨集》(《英藏》)。② 花园庄东地出土的甲骨上未见帝的异体字。③ 在这些甲骨著录中出现

---

① 一个更进一步的问题是,《甲骨文编》和其他甲骨字典把独特的异体字和普通异体字混列在一起,结果,独特异体字的重要性就显得和普通异体字一样,许多学者也就利用这些混杂在一起的资料来构建关于该字形起源的理论。

② 李学勤、齐文心和艾兰合著:《英国所藏甲骨集》,北京:中华书局 1985 和 1991 年版。方安琪帮助我检索主要资料和制表,特此致谢。对这三部甲骨著录的通用简称分别是《合集》、《小屯》和《英藏》,本文在引述三部甲骨著录时就使用这些简称。

③ 这是检查过中国社会科学院考古研究所编著:《殷墟花园庄东地甲骨》(昆明:云南人民出版社,2003 年)之后得出的结论。

一次以上的所有相关异体字都罗列在表 1—4 中。我们略去了一些很独特的例子,因为它们很可能反映了契刻者的个人癖好而不是什么模式。因此,各表未收《甲骨文编》和其他汇集甲骨字形工具书中所列举的一些异体字。①

殷墟各期的甲骨字形会有所变异,各贞人组的甲骨字形也会有所不同。为方便对相关字形加以讨论,我在这里依据李学勤和彭裕商的"新分期理论"复制一份关于贞人组的表格。这张表取自汪涛的论文《商代祭牲:颜色及意义》。②

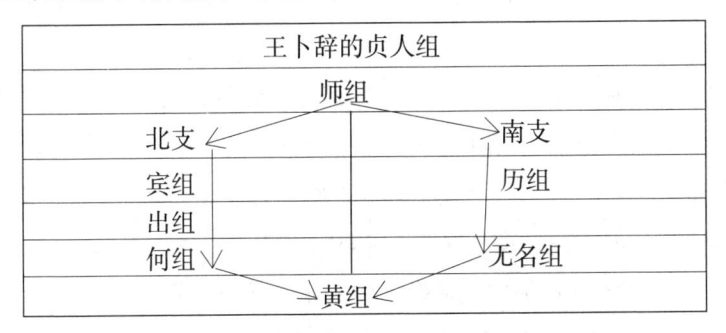

王卜辞的贞人组	
师组	
北支 ←	→ 南支
宾组	历组
出组	
何组 ↓	无名组
↘ 黄组	

从这张表可以看出,师组卜辞是最早的王卜辞。之后,王卜辞分作两组发展。北支的卜辞数量最大,宾组卜辞中所见甲骨文形体常被认作标准的甲骨字形。然而,南支卜辞,特别是历组卜辞中,也有许多"禘"的例子,而且,许多"帝"和"禘"的特别字形也见于南支卜辞。除王卜辞外,殷墟甲骨文还包括非王卜辞,但我还没

---

① 《甲骨文编》(北京:中华书局,1965 年)的编者为中国社会科学院考古研究所。它只是列举了所有已知异体字。因此,对于常见和罕见异体字,它同等对待。这可能会造成误导,以致出现一些据罕见异体字而对字形的起源与发展所作的推测。我的看法是,任何有关帝字演变的观点的依据都应该是它的正常字形和使用模式。

② 汪涛:《商代祭牲:颜色及意义》(*Shang Ritual Animals: Colour and Meaning*) 发表在《亚非学院学刊》(*Bulletin of the School of Oriental and African Studies*),70.2 (2007),第 317 页。

有在非王卜辞中发现"帝"或"禘"的例子。这或许是偶然现象,但它也暗示只有商王才占卜和上帝相关的事,也只有他使用"帝"作先祖的称号。另外,它还暗示向四方举行"禘"礼是王室拥有的特权。

让我们先看一下"帝"的甲骨字形。甲骨文中标准的"帝"字写作:釆。到现在为止,这是所有时期和贞人组中最常见的字形。这个字形代表的字用来表示先祖和上帝的称号。它也可作为"禘"的一个异体字形来使用,但它不是"禘"的标准字形(参见表1和表3)。

在这种字形的基础上,在它的顶部添加一横就是"帝"的异体字釆。这个异体字在晚期甲骨文中比较常见。颇有意义的是,根据此字出现的上下文,把它释读为"帝"(上帝或一个先祖)比读作"禘"更合理。在标准的帝字上部所加的一横会让人联想到 二(上)。但是,这添加的一横是帝的异体字形的一部分,并非表示这个异体字是"上帝"的合文,因为甲骨文有"上帝"这个词语,其中,二 就刻在那个字的上面。这个异体字形也见于二祀邲其卣的铭文以及最近发现的版方鼎的铭文。在二祀邲其卣的铭文中,它出现在"上帝"这个词语中(见前文拓片的最后一行)。另一方面,在四祀邲其卣和版方鼎铭文中,它又是帝辛的父亲"文武帝乙"称号的一部分(见后文铭文拓片的第二行)。[①]

[①] 《殷周金文集成》,第10卷,第5412和5413号。严一萍编:《金文总集》,台北:艺文出版社,1983年,第5492、5493页。关于版方鼎,参见李学勤:《试论新发现的版方鼎和荣仲方鼎》,《文物》2005年第9期,第59—65、69页。至于二祀邲其卣铭文中帝字顶部的一横,有的学者认为它是合文"上下"的底部的横,因此,他们把那个词组读为"上下帝"而不是"上帝"。可是,四祀邲其卣铭文中的帝字的顶部也有同样的一横,所以,那一横应该被看作帝字的一部分,和"上"没有关系。

附录：商周时期的上帝、天和天命观念的起源

图二　四祀 ⚘ 其卣

　　帝还有一个异体字形是 ❈（参见表 2），这个字形中部的竖画显然没有把上面的三角中分为二。这个异体字并不常见，如果把一些模棱两可的例子排除不计，它就更是少见。① 早期的师组卜辞中有一个用它指上帝的例子（《合集》34149）。其他例子都见于历组卜辞中，用作"禘"。很有意义的是，当这个字表示"禘"这种礼仪的时候，四方的"方"就是这种祭礼的对象。此外，方的字形是 ❖（下文将讨论这样的释读，例见《合集》21074、21076、21077、34158、34160 和《英藏》1137）。尽管帝的这种异体字形出现在南支卜辞中，它却是另一异体字形 ❈ 的基础，后者显然只是在前者的顶部添加一横而形成的。和 ❈ 一样，根据异体字 ❈ 的上下文可以推知，把 ❈ 读作"帝"很合适（参见表 3）。

　　在西周铜器铭文中，多数"帝"字的上部有两横而不是只有一

---

① 模棱两可的例子（可能是拓片不清楚或字体漫不经心造成的）包括：《合集》862、14148、14172、30391（拓片中间那条卜辞中的异体字上部有一横）。它们在附表中用斜体表示。《合集》21074、21076—21077、34158、34160 和《英藏》1137 上的这个异体字都应隶定为禘。

横。竖画将顶部三角中分为二的异体字 ※ 还是常见字形,而且还在周原甲骨文所见商先祖名字"文武帝乙"中出现一次(H11:1)。然而,在包含此字的另两例周原甲骨文中(H11:82、H11:123),其字形是 ※,它的竖画并未把上面的三角一分为二。在一个例子中,它指由文王和武王来举行的一种礼仪;另一个例子就只有这一个字。它成了铜器铭文中帝的标准字形,也是《说文》中 ※ 和现代汉语中"帝"的祖字。①

5. 字形分析

关于"帝"字的起源有四种主要解释。② 除汉代许慎在其所编字典《说文解字》中提供了解释以外,其他观点都假定它不是个会意字而认为它是个象形字或者是用于假借的象形字。

1."帝"在《说文》里的字形是 ※。许慎对它作了如下分析:"谛也,王天下之号。从二束声。古文作 ※。古文诸丄字皆从一,篆文皆从二,二,古文上字。"许慎的意思是,帝是审视的意思。它是统治天下的王的称号。这个字属一部,束是声符。它的古文字形是 ※。在古文中,所有一部的字都属二部,二是上的古文字形。

许慎在解释帝时所说的古文并不是指甲骨文。他对帝字的分析已经被现代研究成果所否定。但从我在下文的论述来看,他把

---

① 曹玮:《周原甲骨文》,北京:世界图书出版公司,2002年,第1页(H11:1)、62页(H11:82)、84页(H11:123)。也可参见陈全方、侯志义和陈敏:《西周甲文注》,上海:学林出版社,2003年,第1、21、47页。在这部著作中,那个狭长的字形被解释为"上帝"的合文。但正如我指出的那样,那只是一个独立出现的字形,没有什么证据可以支持它是"上帝"的合文。

② 参见李孝定编著:《甲骨文字集释》,台北:"中央研究院"历史语言研究所1965年版,第25—31页;于省吾编著:《甲骨文字诂林》,北京:中华书局,1996年,第1082—1086页。

此字顶部的"二"视为一个独立偏旁是值得注意的。

2. 继王国维之后,郭沫若也认为帝是现代写作"蒂"的假借字,甲骨文"蒂"是个象花萼形状的象形字(花的茎和叶长在花或果实的下面)。① 这种对"帝"字的隐喻性解释对理解帝为万物之祖的角色很有帮助,但是,我发现很难把"帝"字中部的 H 合乎情理地想像为花萼的一部分。

3. 叶玉森和其他人提出的观点是,帝字应该被分析为一束绑起来(或放在一框架上)用于燎祭的木柴。这是把帝字中间的交叉线视作"燎"字的提示。燎是商人占卜中所见一种重要祭祀,在甲骨上刻作 茶 或 䊦。与此类似,高岛谦一把帝字中间的那个偏旁视作表示绑或捆的符号,他还认为意思为捆或编在一起的动词"缔"名词化之后就形成了"帝";如果宇宙本像一些散乱的木柴,帝就是"把(宇宙)捆到一起的那个神"。② 和上一种观点一样,这样分析也不能充分说明帝字中间的那个横刻的成分。至于说帝字顶部横线的意义,这种观点也没有清楚说明。

4. 班大为提出了下面的假说:帝字代表一个星图或一个手段,具体来说,把小熊座勺子上的三颗主星和大熊座勺把上的三颗主星联起来之后,这些线会在和北极很近的位置交叉。他进而认为帝字中间的横线是用来联结距离最近的两颗星的,它们是紫薇垣右一的右枢(它可能是新石器时代的北极星)和天龙座的 κDra(这可能是汉代宗教的北极星)。他认为帝字的 H 的两条短竖线只是用来标示那两颗星的位置。③ 如果参照我自己的观点来看,这种解释

---

① 参见《甲骨文字诂林》,第 2502—2511 页。
② 参见伊藤道治和高岛谦一:《中国古代文明研究》,第 145 页。
③ 班大为:《北极简史:兼论帝字的起源》,《美国东方学会杂志》,2004 年第 124 期第 2 分册,第 211—236 页。

很吸引人,它很可能是正确的。可是,这些星星并不是一个星座,而且也没有其他证据来证实标示北极的这种手段曾经存在过。

以上这四种观点有一个共同的不足,那就是它们都没有充分说明帝字中间的成分 H。我在上文已经指出,帝的标准字形 呆 也可以用来表示"禘"。可禘的更常见的写法是 呆。① 因为帝字中间的 H 可以和方框在这种情形中互换,我相信,它明显应该被视为一个意符。这个看法已经得到一系列甲骨字形的证实。例如,"方"的甲骨字形是 㑇。方通常表示正方形或长方形,禘祭的对象也常常是北、南、东和西四方。正如我先前论述的那样,在商人的宇宙观中,大地被理解为"亞"形,即四个想像的方块从四个主要方向围着中间的一个方块。②

帝字中间的横向偏旁 H 可以理解为木匠用来画方形的一种工具。③ 这种工具也见于"矩"的甲骨文形 㞢,那个站立的人手中拿的就是这种工具。两个这样的工具交叉在一起就构成了甲骨文 𢆉。这个字形通常隶定为"巫"。然而,宾组卜辞中有"㑇 禘"和"禘(于)㑇"两个词组,而在师组和历组卜辞中则有"𢆉 帝"和"禘(于)𢆉"两个词组。例如,在"禘于北方"(向北方行禘礼)中,方的甲骨字形就写作 𢆉。因此,我主张,甲骨字形 𢆉 在这些贞人组的卜辞

---

① 相关例子包括:《合集》8、368、371、405、418、456、478、505、905、940、974、1140、2334、2580、3504、3506、3671、5662(顶部有个小圈)、7061、8649、10001、10939、10976、11018、11842、12855、14130、14159、14295、14298—14300、14303—14305、14307—14308、14310、14313、14320、14323、14326—14328、14332、14360、14363、14470、14531、14773、15703、15950—15959、15962、15964—15968、15970、15972—15985、17252、19243、21073、21084、21387、22088、30590、35720;《英藏》12、86、149、1223—1229、1751。
② 参见本书第三章和第四章。
③ 参见李孝定:《甲骨文集释》第 5 卷,第 1539—1544 页。

中用作方（𣥂）的一个异体字。此外，偏旁 H 还见于观念上和方相关的央字的甲骨字形 𣑱（央的意思是中心）。①

这些甲骨字形中所描述的木匠所用的工具矩，我认为，就是汉代石画像中伏羲和女娲手中所持用来画方形的 T 形丁字尺或 L 形曲尺的比较原始的形状。② 这些工具的用途都是通过设定完美的直角来画方形。L 形的曲尺总有一条短棒连接直角的两边，它可能比 T 形丁字尺更先进，因为它要求人们具有校准直角的能力（而 T 形丁字尺只要求人们具有等分为二的能力）。也许，当时人们已经发现了直角三角形的数学定理：当三角形的边长比率分别为 3、4 和 5 的时候，这个三角形就是个完美的直角三角形。古埃及人就知道这个定理。甲骨字形中所描述的那种矩比较简单，把两段短棒垂直固定在一条水平棒上就制成了这种工具。利用这种工具的角可以画出两组完美的平行线，进而作出方形。另外，这种工具还可用作规来画圆。

如果我们把 H 释为表示"方形"（现代写作"巨"）的意符，那么，"帝"字的其他部分就有两种可能的解释。第一、如果我们把这个意符 H 从一期宾组卜辞的标准字形 𣑱 中拿开，剩下的就是 𣎳，也就是"木"（即树）。如果我们说帝是北极星神的假设是正确的

---

① 参见艾兰：《亞形与殷人的宇宙观》，《中国文化》，1991 年春第 4 期，第 31—47 页。也可参见艾兰：《龟之谜——商代神话、祭祀、艺术和宇宙观研究》英文版，第 78 页。不幸的是，第 78 页第 12 行的一个印刷错误让我在那本英文书中的说法可能会引起误解。那篇论文曾提交给 1985 年在安阳举办的国际学术讨论会，最早发表的版本是《谈殷代的宇宙观和占卜》，刊于《殷墟博物苑苑刊》1989 年，第 189—198 页，但是，原作的部分内容却给删除了。

② 关于这种工具的图解，参见巫鸿：《武梁祠——中国古代图像艺术的意识形态》，斯坦福：斯坦福大学出版社，1989，第 246—247 页。

话,它就是指位于地心的通天树。① 帝就是在这通天树的上部被添加了一横线。就帝的异体字 示 而论,它在上面添加了两条横线。在甲骨文中,"上"字正好写作 二,在《说文》中,这样两条横线就是被这样理解的。字形 示 中的两条横线可能也有这样的意思,即使字形 示 中只有一条横线,也应该是表示同样的意思。一个相似的例子是甲骨文的"天"字。天的甲骨字形的顶部既可以只有一道横线,也可以有两道横线(参见下文)。H、米 和 二 这三个偏旁都不会是音符。把它们看作表示"帝"的会意字的三个意符倒很合适。

第二,王国维把帝释为蒂的假借字,认为帝的甲骨字形实际上象花萼(茎和叶在花或果实底部)之形。看起来,王国维的解释所根据的是中间竖画没有把顶部的三角中分为二的那个字形。如果我们把字形中部的偏旁 H 拿开,剩下的就是 𐤗。𐤗 在甲骨文或铜器铭文中释读为"不"或"丕"。"丕"表示大或辉煌的意思,被解释为花萼和蓓蕾的象形字。这就和"蒂"所表达的花的形象联系了起来,从而加强了把帝释为蒂的假借字的观点的合理性。②

郭沫若注意到,帝的标准字形中间的竖画把顶部的三角中分为二。他对王国维的观点作了修正,他把上面的那部分释为带蕊的子房。③ 但是,这种假说用来解释中间竖画没有把顶部三角中分为二的字形来才最让人信服。我在上文已经指出,这种字形最初和南支卜辞有密切关系,后来才变成了标准字形。因此,它的历

---

① 参见本书第一章。
② 参见《甲骨文字诂林》第 3 卷,第 2502—2503 页。
③ 参见《甲骨文字诂林》第 3 卷,第 2502—2511 页;周法高编:《金文诂林》第 1 卷,香港:香港中文大学出版社,1974 年,第 36 页。

史和中间竖画把顶部三角中分为二的那个字形的历史可能并不相同。无论如何,字形中部的那个偏旁 H 的意思还是难以理解。郭沫若说它像花的萼片。但是,正像上文指出的那样,人们难以作那样的想像。

6. 禘

在甲骨文中,最常见的表示禘的甲骨字形是 ※,也就是,用一个方框取代帝字中间的那个横向的表示木匠所用的那个工具的偏旁就变成了禘。它一般用为动词。我们已经看到,※ 也常常这样使用。我们对主要甲骨著录的调查发现了几个较不常用的异体字形,这些异体字形在甲骨文中的上下文显示,它们应该释读为"禘"而不应解释为指上帝或先祖的"帝"。最常见的禘的异体字形是 ※,它的中部是一个圆圈而不是一个方框。① 我怀疑,这个字形只是书体上和标准字形不同,在字义方面并没有什么区别。很有意义的是,木匠使用的那个工具也可当作圆规使用。有这样几个例子(主要是历组卜辞的例子),禘的字形写作 ※ ②(中间的偏旁显然把两头的短竖给省略了)或 ※ ③(中间的偏旁全部省略掉了)。这些省略可能是漫不经心所致,也可能是某种速写形式。值得提醒注意的是,它们只用来表示"禘"。还有一些异体字形是在字的上

---

① 《合集》14302、14309、14312、14345、14370、15960—15961、15963、19710。《合集》264 显得模棱两可。

② 《合集》1108、32063、34145、34153—34154 和《小屯》2161、3664、4524。《合集》21080 的字形相似,但其中间竖画的顶部有一个小圆圈。《合集》34158 的例子也相似,但其中间竖画并未中分顶部的三角。

③ 《合集》32012 和 34145。

面添加短画,如 ☒,①也有的把短画加在三角内,②它们的意思是什么并不清楚,可它们都是指一种礼仪。因此,我猜测它们是合文,那些短画或许是意指大米的"米"字(参看《合集》33230 和 33231。这两版甲骨上刻有"米禘",它们分别刻成两个字)。

  我在上文已经说明,甲骨文中禘礼的对象一般是位于北、南、东和西四个方向的四个方形区域。它们是四方风的居所,关于禘礼的占卜也经常提到"宁风"(让风息怒)。接受禘礼的还有鸟和虎(《合集》21387 和 14360)。它们可能是南方天空的朱雀和西方天空的白虎。据此可推知下面一种可能性:四方由天空的四象掌管,对四方的献祭实际上是对统治四方的四象的献祭。③ 这样的话,我们可以用图表清楚显示这样一种理解,作为北极星神的上帝被掌管四方的四象环绕着。

  尽管甲骨文中的这种礼仪约定俗成地隶定为"禘",但人们并不清楚这种商礼是否和西周铜器铭文或后世传世文献中所见禘礼一脉相承。西周铜器铭文中的"禘"的字形是 ☒,它的底部有一"口",以便把它和"帝"区分开。因此,"禘"的铭文字形不是从甲骨文中表示"禘"的任何异体字形演变来的。此外,西周铜器铭文中禘礼的功能和商代禘礼很不相同。在甲骨资料中,有些例子中的

---

  ① 《合集》32012、34155、34157 和《小屯》804。

  ② 《合集》34156 和 34615。也可参见 *Oracle Bone Inscriptions from the White and Other Collections*(《怀特所藏甲骨集》),多伦多,加拿大:皇家安大略博物馆,1979 年版,第 1565 号甲骨。

  ③ 四方也可能由帝掌管。《合集》34156 和《怀特》1565 所记占卜有关于"于北帝(禘)"的,它的意思可以理解为"给北方的帝"。但是,如果这样解释,这些占卜中就不见礼仪名了。因此,这更可能是个倒装词组,意思是"举行禘礼给北方"。无论如何,从对四方的祭礼所推断的宇宙观和我对帝的字形分析是相符合的。

禘礼是献给商的先祖、自然神和一些面目不明的神,但商代的禘礼主要是和四方及四方风相关的礼仪。另一方面,西周的禘礼献给周人的先祖而不对四方行禘礼。因此,对于周的禘礼是否是商禘礼的直接沿续这个问题,现在还没有明确的答案。

传世文献中有关禘的礼仪功能的记载互相抵触,而且这些记载和商甲骨文或周铭文中所见禘的礼仪功能也不相符。传世文献中对禘礼的一种解释说,它是国王对其世系的始祖所举行的仪礼。因此,我们可以在《礼记》中看到殷商对喾举行禘礼的文字。唐代的注家赵匡解释说,《礼记》的那种说法表示喾是殷人的始祖[①]。这可能是孔子说灌祭之后他不想再观礼的原因。[②]

在《合集》14748的一条卜辞中,禘礼的对象是高祖王亥,即上甲的父亲,而上甲是第一个以十日名号来命名的商人先祖。卜辞有时会把"鸟"字加在"亥"字的上面,这件事让人联想到喾的神话:按照传世文献的记载,喾是商的始祖,他通过吞下玄鸟蛋而生育了商族人。[③] 然而,禘祭王亥的卜辞只有这一个例子。西周禘礼的对象的确是他们的先祖,但铭文中却没有禘祭他们世系的始祖的记载。

孔子在《论语》中声称,能解释禘礼的人要想治理天下就会很容易,就像天下在他的掌心一样。[④] 另一种对禘礼的传统解释是经学家郑玄对《诗经·商颂·长发》所作注的注解,为前人的注作注是注疏的传统做法。这种解释说禘是国王对天的一种祭祀[⑤]。

---

① 孙希旦编:《礼记集解》,北京:中华书局,1989年,第1192页(卷45《祭法》13)。
② 程树德编:《论语集释》,北京:中华书局,1990年,第164—167页(《八佾》,3.10)。
③ 参见本书第一章。
④ 《论语集释》,第168—172页(《八佾》,3.11)。
⑤ 参见清人龙起涛编著:《毛诗补正》,台北:力行书局,1970年,第1701页。

许多学者都假定意指上帝的"帝"和"禘"之间有密切关系,因为两者共用同一字形。例如,有的学者认为,禘是"上帝"中所见"帝"的动词形式。然而,如果这两者在词义方面真的有点联系的话,这种联系也隐晦不明。在现存的甲骨文和铭文资料库中,没有禘祭上帝(或天)的例子。

7. 甲骨文中的天

在把讨论主题转到青铜铭文中所见上帝的角色之前,让我们看一下商代甲骨文中的天。正如我们已经看到的那样,上帝降下闪电、雷鸣和其他天气现象的资料显示上帝居住在天上。我提出的观点是,作为北极星神,上帝掌管天体,从而掌管了日、月和季节。许多学者都已经观察到这个现象:天在甲骨文中不是举行礼仪的对象,也不是上帝的代名词。为了理解周代初年天和帝之间的关系,我们将在讨论西周证据之前先看一下天在商代甲骨文中的角色。

像我们分析帝时所遇到的情形那样,字形的混用再次使对相关卜辞的意思的分析变得困难起来。引起混乱的问题现在有两个:第一,表示"天"的甲骨字形可以和表示"大"的字形互换。在相关字形用作形容词的上下文中,解释成天或大都讲得通。但是,甲骨文中有一些和天气有关的例子,我相信,这些例子中的那个通常读作"大"的甲骨字形应该被理解为"天"。第二,天在甲骨文和商代铭文中是个相当常见的名字。这样的话,对天的献祭就可能是对某先祖或者对天的祭祀。

"大"的甲骨字形写作 ↑,像一个伸臂分腿而站立的人形。"天"的字形和它相似,两者的区别在于天的甲骨字形的顶部添加了一个方块,圆圈或一横,写成 ↟ 或 ↑。在某些甲骨文中,天字的顶部有两横写成🈩，这和"帝"字的情况一样。同样，这个偏旁也可能表示"上"（即上面）的意思。这些字形也见于西周青铜铭文而被隶定为"天"，意指天空或天堂。①

在另一个通常被理解为天的字形🈩中，竖画把上面的两横中分为二。这种异体字形见于小屯南地遗址中发现的非王卜辞的午组卜辞。② 午组贞人所作占卜的年代被定为安阳占卜的最早时期（约公元前14世纪到公元前13世纪）。有一条卜辞是关于行御祭礼仪时奉献一头牛的占卜（《小屯》2241）。由于这次占卜是非王贞人组的贞人做的，这次祭祀就不是王室进行的祭祀。这条卜辞中的天可能像河和山一样是一个自然神。再从另一角度来看，在奉献给先祖的商周青铜器上，天是一个常见的人名，因此，它可能是非王贞人组的某先祖神的名字。

《说文》用天的同音字"颠"（意指头顶、前额或开始）来定义天。它还解释说天是"没有什么能够在它的上面，最高的是（其字形）从'一'和'大'"（原文是："颠也，至高无上，从一大"）。另一个常常隶定为天的甲骨字形是🈩：站立的人形上面有一横和一方块。这个字形出现在关于"疾朕🈩"（使我的🈩生病）的占卜中。把这个字形读作天是讲不通的，最好把它读为颠，意指前额。

正如顾立雅已经观察到的那样，在多数使用隶定为天的甲骨

---

① 关于此字形的诸种学术研究汇总，参看《甲骨文字诂林》，第1卷，第210—214页，《金文诂林》，第1卷，第24—35页；周法高编：《金文诂林补》第1卷，《"中央研究院"历史语言研究所专刊》（台北："中央研究院"历史语言研究所，1982年），第1卷93—105页。

② 《小屯南地甲骨》的编者在下册第一部分992页把此字隶定为"天"并加注说，天在这里是祭祀对象，这是午组的特别现象之一。《殷墟甲骨刻辞类纂》第3卷第84页也以同样方式来隶定这个字。还可参见《甲骨文字诂林》第214页，它和常见的"天"的甲骨字形分列为不同的词条，但也被隶定为"天"。

字形的例子中,它表示一个地方或人名,并不是指天空或天堂。他进一步论称,在那些卜辞中,该甲骨字形的语法位置是一个形容词出现的位置,而且这个字形可与 ↑（大）互换。因此,他得出结论说,所有这些例子中的那个甲骨字形都应该释读为大,现存甲骨文资料库中没有表示天的字。这一发现支持他的结论：天是周克商后和上帝等同起来的一个周神。

顾立雅说甲骨文中所见的天都不表示"天空"或"天上的"等意思,这种观点并不令人信服。在商代末期,通常隶定为大和天的甲骨字形的确像顾立雅指出的那样可以互换。最重要的例子是,在第五期的占卜中,词语"天邑商"（《合集》36535 及 36544,《英藏》2529）也写作"大邑商"（《合集》36422）。可以推测,这和一期卜辞中出现的邑是同一个城邑,一期卜辞中有大量关于国王（或我们）是否应该"作邑"（即筑城）的占卜。一期卜辞也常常提到建筑并居住于"兹邑"（这个城邑）,这样做需要获得帝的同意；帝可以同意他们这样做,但也可能降厄运给那个城邑（《合集》14200—14207）,帝甚至可以终止那个城邑（例见《合集》14209 和 14210）。①

最近几年,考古人员在洹河北面发现了一座有城墙的城邑,它是在武丁（约公元前 1250—公元前 1192）前后废弃的。史料记载,殷是盘庚确立的都城,但在小屯遗址大规模地居住却始于武丁统治时期。根据这些新发现来分析,我推测那些关于"作邑"的占卜与从洹北的城邑向小屯的迁移有某种关系。还有,一个需要帝的同意才能建造的城邑被称为"天邑"是支持帝和天之间有关系的进一步证据。

---

① 有关这种卜辞回顾和一些例子的英译,参见吉德祎:《祖先的景观》,第57—61页。吉德祎还讨论了把"兹邑"和小屯的发现等同起来的问题。

我不想在此建议说大和天曾是同音字,但大的甲骨字形原本确实有两种读法。关于字形 ↟ 有时读作天的更多证据见于一些关注天气状况的卜辞中。在甲骨文中,启是指天上没有云彩,和多云或阴雨相对。有些卜辞中有"大启"这样的词组(见《合集》5843、11499、20957、21022、27226 和 28663)。"大启"和单独的"启"究竟有什么不同?现在还没有明确的答案。但是,如果把"大"读为"天",那么,那个词组就成了"天启",即天空将变成没有云彩的状态。甲骨文中和启相对占卜的是雨。我们也发现了"大雨"这样的词组。说下大雨固然文通字顺,但古代汉语中有关将要下雨的惯用说法是天雨,即天空将要下雨。假如我在这里的假设是正确的话,天的甲骨文字形顶部的方块或两横可能是作为在字形上把天和大区别开来的手段而附加到字形 ↟ 上的。

无论如何,顾立雅的观点有它内在的问题。当然,表示天的词语未见于甲骨文并非什么不可想像的事。但是,甲骨占卜关注的主要是对具体神灵举行恰当的献祭。它还关注如何判断神灵将不会让商受害而赐福商人要做的诸项事情。因此,甲骨文中所见词汇都和占卜的目的有关,这是它在词汇使用方面的局限。然而,商必定有一个表示天的词语。如果这个词不是天,那它到底是什么?考虑到商周语言及文字的连续性,这么一个常见的词是不可能在周初完全消失的。此外,据我所知,周代铭文和传世文献中并没有其他表示天的词语。这样的话,既然在甲骨文中的天和后来表示天的那个词之间存在连续性,天看来可能就是商人用来指示天的那个词。

总之,在甲骨文中,天的确指天空这种自然现象。不仅如此,天空还是上帝的居所。后来成为商的最后一个都城的那个大邑曾获得帝的赞同,所以可以被称为"天邑"。毫无疑问,当时还存在其他商人指称"天"的语言环境,但这些语言环境都在甲骨占卜所涉及的狭窄范围之外。

西　周

　　商周史料在本质上有很大的不同。由于这个原因,常常难以判定商周两族人之间到底有多大程度的连续性。商代的主要当代书面史料是甲骨文,周代的则是西周铜器铭文。甲骨文是关于确保举行适当礼仪和预防灾难的占卜的记录,铸于铜器上的铭文则是对先祖的献词。直到商代末期,铜器铭文篇幅简短,提供的信息也少,但许多周代铜器上面都有长篇铭文。这些长篇铭文通常都记叙值得铸此铜器来纪念的事件,也常常描述铸器者参与过的重要礼仪。因此,虽然甲骨文是在占卜的情形下刻下单个句子,铜器铭文倾向于是包含一定数量的叙述成分的历史记录。在传世文献中,我们也有一定数量的西周文献,它们包括《尚书》中的几篇文诰,《诗经》里的颂和年代定为西周的《易经》的卦词。尽管人们一直都得谨慎对待这些文献,它们还是为西周铭文提供了更完整的背景,这类文献背景是商代甲骨文完全没有的。

　　在论述天是周人的神而商人并不祭祀他的时候,郭沫若和顾立雅都观察到,天在甲骨文中不是祭祀对象。可是,对天的祭祀也不见于西周铜器铭文。此外,由于甲骨占卜主要关注的是对具体的神灵举行祭礼的情况以及是否能确保神灵赞同王室的各种活动,甲骨文中提及天的语言环境便相当有限。然而,在周代铜器铭文中,天的用法是指人们可以找到上帝和先祖的地方。这样的话,天就变成了上帝的代名词,很像英语平常用"heaven"(天堂)作"God"(上帝)的代名词一样。

　　我在这里提出的看法是,作为北极星神,上帝是颁布命令或授权给周的至上神。商周之间的主要区别不在于他们的至上神的名字,而在于商用十日来把自己的祖先分类,周则把自己的祖先和星辰相联系。所谓的天命原本是文王在位期间天体的一种排列或一个天文事件。文王的儿子武王却利用它来合法化他对商的征伐。这个天文事件可能是今本《竹书纪年》中提到的五星聚于房,但西周文献却没有给我们任何关于此事件的本质的提示。这件天文事件引出了天命变化和朝代循环连在一起的那种天命。①

现在,让我们来看一下上帝和天在西周铜器铭文中的角色。

1. 上帝和周人的先祖

提到"上帝"的西周早期铭文有两篇:天亡簋和井(邢)侯簋。在这两篇铭文中,上帝是居住在上面即天上的至上权威,就像他在甲骨文中的角色那样。天亡簋是一件很早的西周铜器,其年代可能推定于克商的武王在位时期。天亡是作器者的名字,他描述自己接受武王的赏赐之前他如何在一次祭祀中为国王服务:

乙亥,王又(有)大豐(禮),王凡(汎)三方,王
祀于天室,降,天亡又(佑)王
衣(殷)祀于王不(丕)显考文王,
事喜(糦)上帝,文王监在上,不(丕)
显王乍(作)省,不(丕)肆王乍(作)庸(?),不(丕)克
气(訖)衣(殷)王祀。丁丑……

---

① 张玉春:《竹书纪年译注》,哈尔滨:黑龙江人民出版社,2002年,第167页。班大为在《商和西周的天文学年代》一文中利用这一事件来推定周克商的年代,原文发表于《古代中国》1981—1982年第7辑,第2—37页。此后,大量的学者也都利用它来推算周克商的年代。可是,即使今本《竹书纪年》不是伪书,它的年代也只是战国时期。

图三 天亡簋

这段铭文的意思是:

> 在乙亥那天,国王在举行一种盛大祭礼时奉献祭品。他(乘着辟雍的船)在水面漂荡,环绕而行,经过了三个方向。国王在天室举行祭祀。他走下来,天亡在对国王的显耀先父文王献上丰盛祭祀的时候作国王的的一个助手。他很尽职并向上帝行喜(糦)礼。文王高高在上地观察着。极其显耀的(文)王以身作则;伟大的武王完成了大业。他取得了极大的胜利,终止了殷王的祭祀。在丁丑那天……①

---

① 《殷周金文集成》第 8 卷,第 4261 号;《金文总集》第 4 卷,第 2777 号,马承源编:《商周青铜器铭文选》第 3 卷,北京:文物出版社,1986—1990 年,第 23 页。这里和下面的释文并非对原铭文的直接隶定,释文中所用的现代汉字是我自己对各铭文字形的释读。文王后面的那个字形(第 3 行第 7 个)残缺,难以释读,一些学者把它释为"德"而不是"监"。

这篇铭文中描述的那种礼仪是在一座依据宇宙观而定向的宫殿里举行的。对上帝的宣告是在天室完成的，由此可以假定，这样做就显示上帝的位置是在天上，由武王的父亲文王陪伴，俯视着他。

根据这篇铭文，武王向上帝举行了喜礼。我们已经看到，甲骨文中几乎没有直接祭祀上帝的证据，但二祀邲其卣这件商代晚期青铜器的铭文却记载了商代最后一位国王纣辛于他在位的第二年向上帝行祭礼的事情。根据《史记》，微子启被封于宋之后，商人被允许继续他们对先祖的祭祀。所以，被武王终止的殷（也就是商）礼必定是对上帝的那些祭祀而不是他们自己对祖先的祭祀。对于喜礼，我们所知甚少。但是，《诗经》中一篇据称是商后裔所作的颂诗（即《商颂》）是为了纪念汤所举行的一次盛大糦礼。传统认为汤是商王朝的建立者。① 既然天亡簋铭文记载武王终止了商礼，那么武王对上帝行此糦礼可能是用来宣称帝对他的支持，从而宣告他拥有对商人的统治权。

天亡簋的铭文说，上帝和周人的先祖从他们在天上的位置俯视周王。这样的场景也见于较晚的西周铜器铭文。例如，先祖处在上帝的附近就由西周中晚期的牧狄钟上的铭文所证实。原铭文有句话是"先王其严在帝左右"（祝愿先王恭敬对待帝的左右）。② 其他铭文也显示上帝和先祖的居所是在天上。例如，西周中期的史墙盘铭文有句话是"上帝降懿德大屏"（上帝降下完美的道德和

---

① 《毛诗补正》《商颂·玄鸟》，第1696页。这里有关终止殷王祭祀的记载不会是指对先祖祭祀的终止，因为微子启被封于宋并被允许在那里继续对先祖进行祭祀。这样的话，就是商人确曾献祭上帝的进一步证据。我以为，字形喜和糦代表同一个词，或者说，它们指同一种祭祀。

② 《殷周金文集成》第1卷，第49号；《金文总集》第9卷，第7006号。

一帮[辅助大臣])。① 史墙盘铭文还提到"上帝后稷尢保受天子"(上帝和后稷纠正并保护上天之子)。②

后稷是周人世系的始祖。这个神话最早出现在《诗经》的《大雅》,其创作年代可能在西周中期。后稷的出生也像商的始祖那样神奇。商的始祖是帝命玄鸟让他的母亲受孕而生,后稷的母亲是在她踏上帝的大脚趾印后奇迹般妊娠。根据《诗经》的叙述,虽然后稷的母亲把婴儿后稷分别抛弃在隘巷、山林和冷冰上,三次让他经受自然界的苦难,但上帝却在保护他。这个神话明白地暗示后稷是上帝的儿子。③ 如果上帝是北极星而他又由周先祖陪伴着,那么,我们可以根据逻辑猜想,周先祖都是星辰。

西周早期的古文字证据零零散散,但西周晚期铭文中却有证据支持周人的先祖被看作众星的假说。西周晚期的猒钟宣称他们有光芒明亮的上帝和百神("皇上帝百神")的支持。同时提到的还有在天上的天和先王。相关铭文有:

……,隹(唯)皇上帝

---

① 《殷周金文集成》第16卷,第10175号,《金文总集》第8卷,第6792号。这件器物于1976年出土于陕西省扶凤县法门公社庄伯的一处窖藏(H1),其年代可能是恭王时期,参见李学勤:《论史墙盘及其意义》,收入《新出青铜器研究》,北京:文物出版社1990年版,第73—82页(据《考古学报》1978年第2期重印);马承源:《商周青铜器铭文选》第3卷,第153—158页。这句话也见于西周中期的兴钟(《殷周金文集成》第1卷,第247—250号)上的铭文。

② 我对这句话的解释采纳了马承源的看法。至于相关文献资料,可参见前一条注文。

③ 《毛诗补正》,1222页(大雅的生民之什的《生民》)。关于商神话的讨论,参见艾兰《龟之谜——商代神话、祭祀、艺术和宇宙观研究》第二章。最早提到商诞生神话的是《诗经》商颂部分的《玄鸟》和《长发》,见第1694—1708页。虽然《玄鸟》开篇就说"天命玄鸟生商"(天命令黑鸟降临并创造了商),但给商王朝建立者下命令的却是帝,即"古帝命武汤"。《长发》也说:"帝立子生商"(帝选派自己的儿子去创造商)。

附录:商周时期的上帝、天和天命观念的起源

百神,保余小子,朕(朕)
猷又(有)成亡兢,我隹(唯)
司配皇天,王對乍(作)宗周宝钟,仓仓息息,雝雝雕雕,
用卲各不(丕)显且(祖)
考先=王=(先王,先王)其严才(在)上.

我把它的意思翻译如下:

……,正是光芒明亮的上帝和百神保护着我这个小子才使我的计划取得了无与伦比的成功。祈望我们能继续匹配光芒明亮的上天。先王在天上也心存恭敬。……①

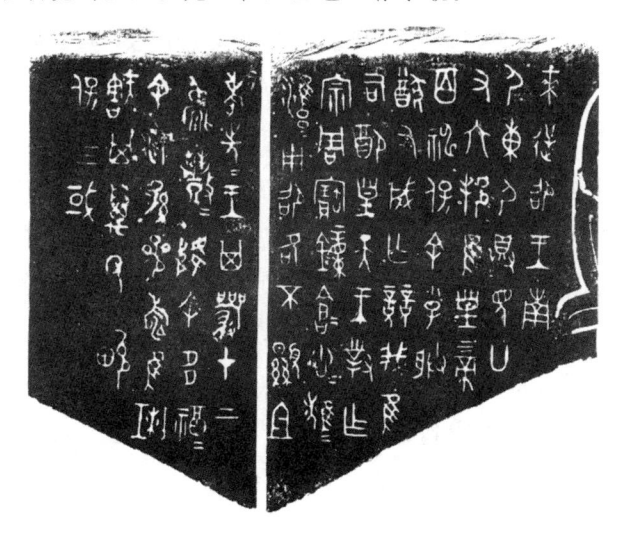

图四 㝬钟

在这篇铭文中出现的词语"神"在其他铜器铭文中用以指先祖

---

① 《殷周金文集成》卷1,第260号;《商周青铜器铭文选》第一册,第405号;《金文总集》卷9,第7176号。此器的年代可能是厉王时期。

的神灵,这个时期的"百"很像后世的"万"。因此,这里的"百神"可能指所有的先祖神,包括王室的先祖在内。这里描述的情景让人联想到他们就是天上的众星。

类似的语言描述也见于《诗经》的大雅。依据大雅的描述,创立周朝的先王都在天上明亮闪烁。例如:①

> 文王在上,於昭于天,周虽旧邦,其命维新,有周丕显,帝命不时,文王陟降,在帝左右。

它的意思是:

> 文王高高在上,他在天上闪耀多么明亮。虽然周国存在已久,他的使命却仍是崭新。周国极其著名,帝命也非常及时。文王上升或下降,总在帝的身旁(辅助)。

这种文王在天上闪耀的描述很清楚地让人联想到一颗明星,而且,那些约定俗成地用来描述先祖神的形容词如"明"和"显"等也是描写光的。至于"皇"(其甲骨字形是 皇),虽然它通常被译为"堂皇"(august),我却把它译为光芒明亮。在铭文和早期文献中,它是用于修饰上帝、先祖神和天的形容词。

对于先祖是天上可见星辰的观点,后世文献中还有一条具体证据支持它。猷钟提到的"上帝百神"让人想起战国文献《鹖冠子》里面把北极星称为太一的那句话:"中心是太一的位置,成百的神都仰视着它"。② 这句话又让人进一步联想到《论语》中的一句话:"为政以德,譬如北辰,居其所而众星拱之"(利用道德来进行统治

---

① 《毛诗补正》,第 1222 页(大雅中文王之什的《文王》)。
② 《字汇》版本,重印于 Carine Defoort(戴卡林),*The Pheasant Cap Master*(《鹖冠子》),第 345 页(第 10 卷《泰鸿》,71 上)。

就像北斗那样，它只是居住在自己的处所，众星却会向它倾心）。①这些资料的时代都比较晚，虽然如此，它们却显示把祖先视作北极星宫廷中的星辰的传统思想还在当时延续着。

虽然在此提出这一假说，但我并不是要暗示文王去世之后他就成了西周早期天空的某个具体星星；我想说的是，天上的众星总体上被当时的人们视作了先祖神。天上出现新星的情形很少见，也很难想像人们真的能把某个刚去世的统治者，无论他在生前曾多么重要，和天上的一个新星对应起来。虽然如此，周世系的始祖后稷还是被认为是天上的一个星座，至少在较晚的时候有这种看法。② 我认为，这个星座的名字看来不太可能是汉代起的，这个名字可能是周人自己起的。如果各周王没有属于自己的星体，那么，后稷的星座可能被当作他们死后在天上的归宿。

既然上帝作为北极星神掌管着天（天上诸神的居所），那么，在他向周颁发命令的时候，他应该把它在天上显现出来，这样做才合乎逻辑。换言之，给予文王的天命最好理解为天体的一种排列或一种天文事件，天体的这种排列或这个天文事件被人们视作上帝所命的体现。的确，另一篇提及上帝的西周早期铭文即井（邢）侯簋也提到了给予周的"命"。

    佳（唯）三月，王令荣眾内史
    曰：割 井（邢）侯服，易（赐）臣三
    品：州人、重人、庸人。拜
    稽首，鲁天子复厥濒

---

① 《论语集释》，第 61 页（《为政》2.1）。
② 孙小淳和 Jacob Kistemaker，第 157 页（见于《石氏星经》）。

福,克奔走上下,帝无冬(终)令
于有周,追考对,不敢
坠,卲朕福盟,朕臣天子,
用典王令,作(乍)周公彝。

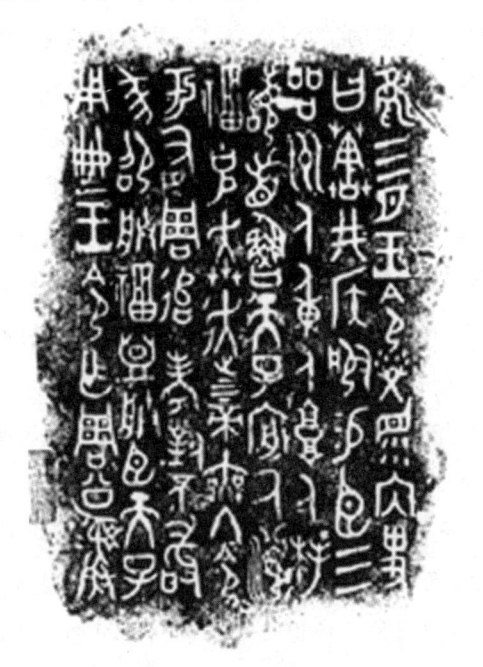

图五 邢侯簋

井(邢)侯簋铭文中有下面一段话,它描述了周王策命邢侯官舍和臣仆时的场面:

这段话的意思是:

时在三月,国王命令榮和內史说:我赏赐邢侯官舍和三种臣仆……我(即邢侯)跪拜并叩头。因为慷慨天子的大方赐福,我将尽心于我对上下的职责,帝将不会终止周命。我将继续尽孝于先祖,不敢再有疏忽。为了表达对慷慨赐福的感激,我将永远为天子服务。为记录国王的策命,我铸这件器物给(我的祖先)周公。①

这段铭文该如何标点并不是一件很肯定的事。我在"上下"后面加了个逗号,但许多学者认为"上下"是帝的修饰成分。可"上下帝"在这里到底是什么意思,他们也说不清楚。一个可能性是,下面世界(黄泉)的帝,就是黄帝的前身,我已经在《龟之谜——商代神话、祭祀、艺术和宇宙观研究》提出了自己的观点。另一种可能性是下帝是受上帝支配的周的先祖神。这些解释尽管有其吸引人的地方,但因为没有别的金文证据支持"下帝"这种说法,把"上下"看作前一小句的结尾看来是更安全的读法。② 帝可能终止周命这种说法也让我们联想起上文对甲骨占卜所作的讨论,那些占卜表明帝可能终止大邑商。

井(邢)侯簋铭文既提到了王朝对作器者的策命,也提到了给予周的天命,两者的平行显得很突出。此外,这篇铭文很清楚地显示,上帝的青睐并不是理当如此的事情,他可能会终止周命。

西周铭文并未清楚描写文王在位时期那次天体的排列或天文事件的性质。它固然可能是一种非常罕见的事件,比如像今本《竹书纪年》中提到纣辛三十二年有五星聚,许多现代学者都利用这次五星聚来推算商灭亡的年代,或者是一次少见的彗星现象,但它也

---

① 井(邢)侯簋也称为荣作周公簋或周公簋。著录于《殷周金文集成》第8卷,第4241号;《金文总集》第4卷,第2764号;《商周青铜器铭文选》第3册,第66号。这篇铭文的年代,我认为是康王时期,李学勤定在成康时期,参见李学勤和唐云明:《元氏铜器与西周的邢国》,《考古》,1979年第1期,第55—59、88页。

② 许多学者认为,合文"上下帝"见于二祀邲其卣的铭文,但这种看法和有关字形并不相符。此外,西周铜器铭文或传世文献中也没有"上下帝"的例子。同样,那些资料中也没出现"下帝"这个词语。

可能是一次现代学者无法追踪的事件，例如超新星。超新星都是突然出现，持续几天或几个星期，而且一天比一天亮，然后就消失了。它们的亮度可能很强，比其他星星，甚至比太阳还亮。这当然可以被理解为上帝所给的一种命令。如果它出现在和周人祖先后稷有联系的星座附近，它就特别让人信服。然而，我们根本无法验证这样的事件，因此，那次天体排列的本质还确定不了。

2. 天命

如果我在此提出的观点正确无误的话，那么，帝命原来是文王时期天上出现的一次真实的天象。具有重要意义的是，所有西周铭文和传世文献都一致记载，天命给了文王；没有什么资料记载天命给了文王的儿子武王。那些史料中的记载还都表明，武王是实际推翻商朝末王纣辛的周统治者。这些因素暗示，天命原本指文王时期天上所出现的一种特殊天象。武王把那个天象解释为确立他用武力征服商的合法性的征兆。这样一来，那个天象就成了标志克商之始的决定性事件。后来，具体时间已经模糊难明了，它又成了王朝循环模式的一部分。

我们在上文已经看到，上帝在商代掌控着一个天庭。动词"令"和名词"命"只是在西周的某个时间才开始在字形上被区别开。它们在词的意思上有着紧密关系（用以翻译它们的英语词语也是这样），也就是，一个人如果被"令"，那这个人就可能有了"命"。颇有意义的是，许多青铜铭文的目的是为了记录一次"命"（即周王对作器者的策命）或者纪念早些时候的一次"命"。因此，给予周朝创建者的"命"和周王给他的贵族的"命"在观念上是平行的。

附录：商周时期的上帝、天和天命观念的起源

周铜器铭文中不是指人名的"天"的例子并不多见。实际上，这样的"天"字所出现的具体上下文在周代铭文中只有两种：文王所接受的天命和称号天子。它们是理解天的角色的关键。

上文讨论过的天亡簋和井（邢）侯簋都把上帝视为给周王庇佑的神。在井侯簋铭文中，这种庇佑的形式是"令"。在另一件西周早期青铜器大盂鼎的铭文中，"天"被描述为传达此令的场所。大盂鼎铭文中所见对殷代末期几位国王的谴责和《尚书》的《酒诰》篇的叙述也相符合。大盂鼎铭文和《酒诰》都指控商代统治者因为酗酒和宫廷中的放肆行为而失去了天命。大盂鼎的铭文中有这样一段话：

佳（唯）九月，王才（在）宗周，令（命）盂。王若曰："盂，不（丕）显玟（文）王，受天有大令（命），在武王嗣玟（文）乍（作）邦，闢

厥匿（慝），匍（敷）有四方，畯（允？）正厥民，在雩（于）御事，䟻，

酉（酒）无敢酖，有髭（祡）蒸祀，无敢醻。古（故）天異（翼）临

子，灋（法）保先王，□有四方。我闻殷述（坠）令（命），佳（唯）

殷边侯田（甸）雩（与）殷正百辟，率肄（肆）于酉（酒），古（故）丧

师……

……敏朝夕入谰（谏），（享）奔走，畏

天畏（威）……"

……王曰："盂，若敬乃正，勿灋（废）朕令。"盂用

对王休，乍（作）且（祖）南公宝鼎。佳（唯）王廿又三祀。

图六　大盂鼎

我把这段铭文的意思翻译如下：

　　国王在宗周命令盂的时间是九月。国王说："盂，杰出的文王接受了天上显现的大命。当武王继文王之后成为国王时，他创立了一个国家，驱除了邪恶，（他的善行）扩展到了四方，大规模地把他们的人民连在了一起。在尽官责的过程中，他们不敢酗酒；奉献烤蒸的祭品时，他们不敢喝醉。因此，天像他保护先王使他们拥有四方那样注视并保护着他的儿子我。我听说，殷商丢失了他们的命是因为他们的四面八方的地方官和朝廷的所有官吏都酗酒并因此丧失了领导能力。

　　……做事要勤恳，也要敬畏天的权威……"

　　……国王说："盂，你要心存恭敬，行事正确，不要废弃我的命令。"蒙受了国王的恩典，我，盂，为我的先祖南公铸造了这件宝鼎,时间是国王在位的第二十三年。①

值得特别注意的是,这篇铭文并没有提到王朝循环或夏代。事实上,没有哪篇西周铭文曾提及"夏",更未提及夏代的覆灭。因此,武王称作显示推翻商的天命的天象在什么时候开始被认为是可以重复发生的事,也就是,王朝循环理论是什么时候出现的,还是个搞不清楚的问题。

在大盂鼎铭文中,天和命之间有一种联系,但天看起来还是一种自然现象,而不是一个拟人化的先祖神。这样的话,这篇铭文中提到的天就可以直接理解成各神灵的居所和显示帝命的处所。颇有意义的是,这篇铭文描述文王接受天命的词语不是"天命"而是"天有大令(命)",所以,天应该是命的地方,不是给"命"的主语。②我这样理解是想说,文王接受的是天上排列出的来自上帝的预兆。

何尊是另一件西周早期青铜器。在何尊的铭文中,天被描述为文王的运气源泉。这件铜器的一个关键部分受损。多数学者把残损的两个字补成"大令",我在此采纳这种意见。下面是何尊铭文中的一段话:

> 隹(唯)王初遷,宅于成周,復禀
> 武王,豐福自天,在四月丙戌,
> 王诰宗小子于京室,曰:昔在
> 尔考公氏,克弼玟(文)王,肆玟(文)
> 王受兹□□(大令),隹武王既克大

---

① 《殷周金文集成》第5卷,第2837号;《金文总集》第2卷,第1328号;《商周青铜器铭文选》第1册,第62号。

② 有的学者把"有"释读为表示佐助的"佑",但我发现,这样理解在语法上很难讲得通。

邑商,则廷告于天,曰:余其

宅兹中国……

这段铭文的意思可翻译如下:

当国王开始……他住在成周。他接受了祭祀武王的祭品和天的赐福。在四月丙戌那天,国王在京室向我们这些同宗的孩子宣告说:"以前,你们的祖先公氏对文王的辅助很大。文王接受了这个'大命'。武王征服了大邑商。然后,他在廷院向天宣告说:'我将居住于这个中心城市。'"①

铭文中的"天",我理解为帝和先祖神的居所,它不是一个名字。此外,宣告是在一个没有遮盖的廷院里举行的,这也是很有意义的一点。武王向文王时期出现征兆的地方——天,宣告他将居住在那个中心来统治,实际上是在请求上帝的庇佑。

文王接受了一个天命的观念也见于《尚书》的几篇早期文诰中。在那几篇文诰中,它被称为"上帝命"和"天命"。② "帝命"也出现于《诗经》的周颂和大雅这较早的两部分诗歌中。③ 这些固然可能意味着周人曾用商人的术语来称呼自己的至上神,就像郭沫

---

① 《殷周金文集成》,第 11 卷,第 6014 号,《金文总集》,第 6 卷,第 4891 号,《商周青铜器铭文选》,第一册,第 32 号。我的译文是根据李学勤的《何尊新释》做的,他那篇论文重印于李学勤《新出青铜器研究》,第 38—45 页。李学勤把它的年代定为康王五年。

② 《尚书》的周书部分的《大诰》、《康诰》、《酒诰》、《洛诰》、《多士》、《君奭》和《多方》等七篇被大家认为是编写于西周的作品。其中,《大诰》和《多士》把命归于上帝所赐,《大诰》、《康诰》、《召诰》和《洛诰》认为命为天所降赐。参见 Bernhard Karlgren（高本汉）, The Book of Documents（《尚书》）(斯德哥尔摩:远东古物博物馆,1950 年)。关于"上帝命",参见第 37 页第 8 和 13 行。关于"天命",参见第 34 页第 1 行、第 38 页第 3 行、第 47 页第 17 行和 50 页第 14 行。

③ 《毛诗补正》,第 1518,1222 页(周颂清庙之什的《祀文》,大雅文王之什的《文王》)。"帝命"也出现在商颂的《玄鸟》和《长发》中(第 1694 和 1704 页)。

若和顾立雅所声称的那样,但一个更简洁的解释是,天命为上帝所赐但在天空出现。这样的话,帝命就可以被称为"天命"。

《召诰》中有这样的语句:"皇天上帝,改厥元子兹大国殷之命。惟王受命,无疆惟休,亦无疆惟恤"(居于光明的天上的上帝改变了他的主要儿子和这个大国殷的命。现在,国王接受了命,它的恩典无穷无尽……)。① 这两句话是理解西周时期称号"天子"的意思的关键。商周的统治者在生前都被称为"王",而"天子"这个词语是从西周初年才由青铜器的作者在铭文中用作对国王的一种礼貌敬语。在铭文和传世文献中,周代的贵族有时谦卑地自称为"小子",可以假定,这个词语是指他们在先祖世系上所处的被称为孩子的那个位置。② 在周代铜器铭文中,青铜器的作者通常从他们的统治者那里接受"命"去充任某种官职。这样,官吏和统治者之间就存在一种未明言的平行关系。通过称国王为"天子",青铜器的作者承认周王是已经接受天命者的"儿子",这个天命和他自己接受的"命"相似,只是天命当真出现在天上。我在上文已经论述,甲骨文缺"天子"这个词。这不一定说明商人没有这个说法,但周人肯定用"天子"来宣称自己统治的合法性。

结 论

一旬有十日,一天有一个太阳升起,商人用这十个太阳来对先祖分类,这就是商的一个图腾系统。在众太阳和先祖神之上,是上

---

① 高本汉:《尚书》,第47页第9行。译文是我自己作的。
② 参见李学勤:《新出青铜器研究》所收《何尊新释》,第42—43页。

帝,即北极星神。他统治着上天,掌管着商人繁荣所依赖的天气现象。因此,他们请求他庇佑自己要着手的重大事项,但他们得通过自己的先祖才能接近上帝。在周人宇宙观中,作为北极星神的上帝也是至上神。帝可以指先祖,他被想像为商周两族的最原始的祖先,而且,他也可能是其他族人的最原始祖先。可是,周人并不像商那样把先祖和十日相连系。他们视先祖神为天上的众星。反过来说,众星就是先祖神。因此,天既是上帝的代名词,也是泛指帝支配下的众神的一个词语。

天在商代甲骨文中作为一种自然现象即天空而出现。和十日相关连的先祖神是诸种祭礼的对象,天本身并非祭祀对象。西周也没有献祭天的记载。但在后世的中国传统观念中,天主要被理解为居于天上的天体而不是上面的空间,时间的构成也受天所控制。这样的话,当提到天的时候,它或者是指控制天空的上帝,或者是泛指神灵世界,即上帝支配的众星,他们的排列可以显示他的意愿。只是在天约定俗成地变为上帝的代名词之后,国王才直接献祭他。

西周早期的铜器铭文和传世文献视"命"或"令"为文王在位期间的一种天象,也称之为"帝命"或"帝令"。这就暗示它本是文王时期的一种特定天体排列或天文事件。周人把它视为一种征兆,并利用它来宣称周族获得了取代商族的大命。对文王下令去推翻商的是北极星神上帝,天是显现这个命令的地方。在周支配的官吏称周统治者为"天子"的时候,他们就承认了这个天命。所以,天命观念的来源本是文王在位期间的一个具体事件,它被周人视为一种征兆,而且是他们利用它来确立他们政治统治的合法性的手段。

附录：商周时期的上帝、天和天命观念的起源

西周王朝持续了大约四百年。在这一时期内，天命观念由文王在位期间的一个具体天文事件（这一事件支持周人对自己合法性的宣传）演变为和王朝循环理论紧密相关的天命可变的观念。因为上帝统治着上天，是他在下令，在天上显示自己的意图。因为这样的命展现于天上，它也可以被描述为"天命"。随着时间的流逝，它逐渐变得更抽象而成了一种宇宙理论的一部分，天命也就变成了一种更抽象的观念。此外，它还被解释成一种循环的一部分。这就是天命变易观念的起源。

附表

表1（表均型的字）
帝（also used for 禘）

《合集》34157	《合集》94、217、418、672、721、902、1140、1402、2273、5658、6093、6270、6271—6273、6473—6474、6497、6498、6542、6543、6549、6664、6734、6736、6737、6746、7061、7075、7407、7440、8330、9731、9919、10164—10169、10171、10172、10174、10175、10976、11552、11553、12852、13572、14127—14129、14133—14147、14149—14157、14160—14165、14167、14168—14171、14173—14180、14182—14188、14190、14191、14193—14201、14203、14204—14212、14216—14220、14222、14224—14230、14232—14237、14239—14243、14245、14246、14248—14256、14296、14297、14432、14671、14686、14748、15969、17991、21073、21078、21079、21085、22246、30386、32112、33086、33230、33231、33291、33309、34050、34146、34157、34159、34482、34991、36421。《小屯》723、930。《英藏》354、374、1133—1135、1137—1143、2086。

表2:帝,禘

《合集》34149	帝:《合集》862、14148、30391、34149。 禘:《合集》21074、21076、21077、34158、34160.《英藏》1137。

表3:帝

(a) 《合集》24979	《合集》24900、24978—24981、34147、36175、36176、38230。
(b) 《合集》36171	《合集》24982、27972、30298、30388—30391、30591、30592、32443、35931、36168、36169、36171、36173。 《英藏》2286.周原H11:82、H11:122。
(c) 《合集》22075	《合集》22073、22075。

表4:禘

(a) 《合集》14320	《合集》8、368、371、405、418、456、478、505、905、940、974、1140、2334、2580、3504、3506、3671、5662(loop at top)、8649、10001、10939、10976、11018、11842、12855、14130、14159、14295、14298—14300、14303—14305、14307—14308、14310、14313、14320、14323、14326—14328、14332、14360、14363、14470、14531、14773、15703、15950—15959、15962、15964—15968、15970、15972—15985、17252、19243、21073、21084、21387、22088、30590、35720。 《英藏》12、86、1223—1228、1751。

(b) 《合集》14312	《合集》14302、14309、14312、14345、14370、15960—15961、15963、19710。
(c) 《合集》21175	（颠倒的字）《合集》21087、21175。
(d) 《合集》34145	《合集》32063、34145、34153—34154。 《小屯》2161、3664、4524。
(e)	《合集》32012、34145。
(f) 《合集》34157	《合集》32012、34155、34157。 (《小屯》804 is similar but with crossbars at ends of central vertical)。
(g) 《合集》34156	《合集》33230、34156、34615。

参考文献

[凡在《龟之谜——商代神话、祭祀、艺术和宇宙观研究》参考文献中（本书第215—229页）列出的参考书，不再列入附录的参考文献中]

艾兰（Sarah Allan）：《谈殷代的宇宙观与占卜》，《殷墟博物苑苑刊》，1989年第1期，第189—198页。

艾兰：《亞形与殷人的宇宙观》，《中国文化》，第4期（1991年春卷），第31—47页。

Allan, Sarah. "The Great One, water, and the *Laozi*: new light from Guodian" *T'oung Pao* 89. 4/5 (December 2003), 237 - 285.

Allan, Sarah. "*Tian* as sky: The conceptual implications." In Jacques Gernet and Marc Kalinowski, ed. *En suivant la voie royale: mélanges offerts en hommage à Léon Vandermeershch*. Études thématiques 7 (Paris: École Française d'Extrême-Orient, 1997), 225 - 230.

Bagley, Robert. *Shang ritual bronzes in the Arthur M. Sackler Collections*. Cambridge, Mass.: Harvard University Press, 1987.

班大为（David W. Pankenier）：《三代的天文观察和五行交替理论的起源》，《殷墟博物苑苑刊》，1989年第1期，第183—188页。

班大为：《天命和五行交替理论中的占星学起源》，收入艾兰、汪涛、范毓周编：《中国古代思维模式与阴阳五行说探源》，南京：江苏古籍出版社，1996年，第161—195页。

曹玮：《周原甲骨文》，北京：世界图书出版公司，2002年。

陈美东编：《中国古星图》，沈阳：辽宁教育出版社，1999年。

陈全方、侯志义、陈敏：《西周甲文注》，上海：学林出版社，2003年。

丁孟、建民：《卬其卣的X射线检测分析》，《故宫博物院学刊》，1999年第1期，第83—85页。

Eno, Robert. "Was There a High God Ti in Shang Religion." *Early China* 15 (1990), 1 - 26.

黄铭崇：《甲骨文金文所见以十日命名者的继统区别字》，《"中央研究院"历史语言研究所集刊》，76卷4期（2005年），第625—709页。

Itô Michiharu and Ken'ichi Takashima. *Studies in early Chinese civilization*.

Osaka: Kansai Gaidai University, 1996.

Keightley, David N. *The ancestral landscape: Time, space, and community in Late Shang China.* Berkeley: Institute of East Asian Studies, 2000.

李学勤、唐云明：《元氏铜器与西周的邢国》，《考古》，1979 年第 1 期，第 56—59,88 页。

李学勤：《何尊新释》，收入李学勤：《新出青铜器研究》，北京：文物出版社，1990 年，第 38—45 页。

李学勤：《论史墙盘及其意义》，收入李学勤：《新出青铜器研究》，第 73—82 页（《考古学报》1978 年第 2 期，第 149—158 页）。

Pankenier, David W. "A Brief Hiatory of Beiji (Northern Culmen), with an excursus on the origin of the character *di* 帝." *Journal of the American Oriental Society*, 124.2(2004), 211 – 236.

Pankenier, David W. "Astronomical dates in Shang and Western Zhou." *Early China* 7(1981 – 82): 2 – 37.

Pankenier, David W. "The *Bamboo Annals* revisited: problems of method in using the chronicle as a source for the chronology of early Zhou." *Bulletin of the School of Oriental and African Studies* 55.2,3(1992), 272 – 297, 498 – 510.

Pankenier, David W. "The Cosmo-political Background of Heaven's Mandate." *Early China* 20 (1995), 121 – 176.

Puett, Michael J. *To Become a God : Cosmology, Sacrifice and Self-Divination in Early China.* Cambridge: Harvard University Press, 2002.

钱宝琮：《太一考》，《燕京学报》1932 年 12 期，第 2449—2478 页。

裘锡圭：《关于商代的宗族组织与贵族和平民两个阶级的初步研究》，收入裘锡圭：《古代文史研究新探》，南京：江苏古籍出版社，1992 年，第 296—342 页。（《文史》1982 年第 17 辑）

石韶华、赵德华、郑倖朱、赵福勇：《略论卜辞中所见祭上帝之礼》，《中国古文字大系：甲骨文献集成》，第 485—502 页（台中甲骨学会：《甲骨文论文集》，1993 年）。

Sun, Xiaochun and Jacob Kistemaker. *The Chinese Sky during the Han : Constellating Stars and Society.* Leiden: E. J. Brill, 1997.

Wu Hung. *The Wu Liang Shrine: The Ideology of Early Chinese Pictorial Art.* Stanford: Stanford University Press, 1989.

夏商周断代工程专家组编：《夏商周断代工程 1996—2000 年阶段成果报告：简本》，北京：世界图书出版公司，2000 年。

张政烺：《㠱其卣的真伪问题》，《故宫博物院学刊》，1998 年第 4 期，第 1—5 页。

译者后记

这部稿子是在1988年至1989年之间译出的。当时根据的是艾兰博士的手稿，在翻译过程中，译者力求忠实原文，但对原稿的布局安排和某些叙述部分作了不同程度上的改动，主要原因是中文英文的读者不一样，故要求也相异。应该声明的是，所有的改动都得到了作者本人的首肯和鼓励；而且，艾兰博士还专门为中文读者写了第一章，介绍西方对中国神话已有的研究成果，所以，更恰当地说，这份译稿是作者和译者共同合作的结果。读者还会发现一点跟通常中文书不同的地方，就是书里所有引文，都注明了《四部丛刊》本的卷数和页码：卷数/页码，并注上、下，表明是正页和背页，这种认真负责的态度，对读者极为方便。

翻译西方汉学家的著作目前还不太多见，西方学者治学有自己的方法和专长，常有独到之见，发吾人之所未发，对国内学者颇有启发借鉴之功。译者在翻译此书期间，曾受到许多中国学者的关心和具体帮助。北京大学的高明先生、北京师范学院的宁可先生、中国社会科学院的李学勤、王孖、齐文心先生、南京大学的范毓周先生、四川省社会科学院的袁珂先生、伦敦大学亚非学院的赵毅衡先生都阅读了译稿并提出了不少宝贵的意见；特别是李学勤先生，不仅把译稿和原稿校读了一遍，还惠然为本书赐序。借此机会,再次向诸位先生表示深深的谢意。我们的目标都是共同的,希望中华学术在海内外发扬光大。

译者 汪涛
一九九一年二月于伦敦

(汪涛博士现为伦敦大学考古学院与亚非学院考古与美术史系的教授,亚非学院中国研究中心的主任。)